노무현 시대와 디지털 민주주의

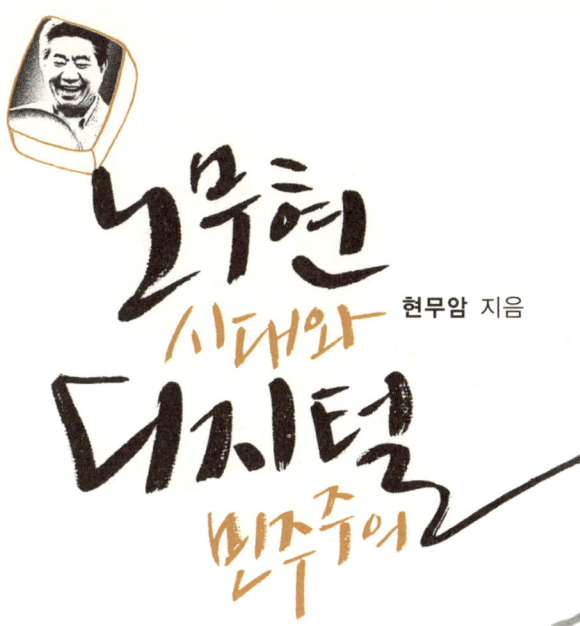

# 노무현 시대와 디지털 민주주의

현무암 지음

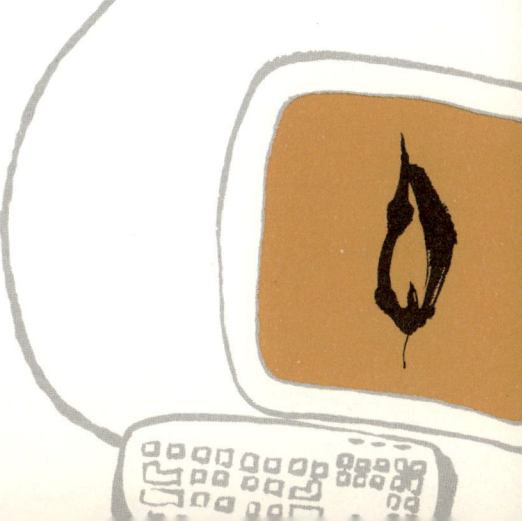

실천문학사

이 책은 일본의 슈에이샤(集英社)에서 2005년에 출간된 『한국의 디지털 데모크라시(韓国のデジタルデモクラシー)』의 한국어 증보판입니다.

## 서장

### 한국 정치에서 지금 무슨 일이 일어나고 있나 • 13

한국 민주주의와 네티즌 · 디지털 민주주의의 실험장 · 한국 민주화 투쟁의 특징 · 노무현 정권이 왜 새로운 정치의 심벌인가? · 다시 민주주의를 위해 싸우다 · 한국 정치 이해하기

## 1장 디지털 민주주의 전사前史
### —군부독재에서 권위주의적 민주주의로(1960년대~1990년대)

### 지역주의의 탄생 • 29
1961년, 군부독재의 시작 · 지역차별이라는 권력 장치 · 지역주의의 고착화

### 민주화의 성지—광주 • 34
1979년, 신군부의 대두 · 서울의 봄 · 〈오월의 노래〉

### 미국을 묻다 • 40
반미라는 터부로부터의 탈피 · 반미의 무풍지대에서 열풍지대로 · 대중화하는 반미운동

### 승리와 좌절 • 45
1987년, 6월항쟁 · 대통령 직접선거와 노태우 당선 · 광주청문회 · 3당합당에서 양김 대결까지

### 미디어와 민주화운동 약사略史 • 53
1960년대, 권언유착의 시작 · 1974년, 자유언론실천선언 · 1980년대, 어용화되어가는 언론 · 부상하는 신문권력과의 싸움 · 파업하는 방송 · 격렬해지는 방송민주화운동 · 언론권력의 출현과 1990년대 시민언론운동 · 인터넷신문의 탄생

### 정치의 후진, IT의 선진 • 68
1995년, 체포된 대통령들 · 김영삼의 문민정부에 잔존했던 정경유착의 구조 · 1998년, 김대중 정권 출범과 3김정치의 한계 · IMF경제위기와 IT선진국으로의 탈피

## 2장

## 인터넷과 대통령선거
—언론권력 vs 인터넷권력(2002년)

### 국민이 '만든' 대통령 • 79
2030세대의 활약 · 새로운 정치 참가의 틀 탄생

### 언론권력과 안티조선 • 81
조중동에 대항하다 · 『오마이뉴스』와 『프레시안』 · 격변하는 한국의 미디어 상황 · 안티조선운동 · 『조선일보』가 없는 아름다운 세상 · 왜 거대신문이 언론권력이라 불리나 · 언론개혁 요구의 내용

### 조직 vs 네트워크 • 93
노무현 정권을 떠받친 '노사모'와 '노하우' · e-대선 · '신속반응팀(rapid reaction team)'으로서의 네티즌 · 한국 정치사상 초유의 인터넷 선거 · 네티즌 혁명 · 온라인과 오프라인이 결합된 새로운 정치문화

### 주류가 교체되다 • 103
새로운 주류 · '북풍'의 퇴조 · 일방통행에서 쌍방향의 커뮤니케이션으로 · 언론권력은

교체되었는가 · '민주당 살생부' 파문 · 문화로서의 인터넷 · 인터넷은 주력 미디어의 보조장치가 아니다 · 인터넷 정치의 계절

## 3장

## 민주사회의 변용
### —신정권 발족하의 보수세력(2003년~2004년)

### 정쟁 속의 개혁 ● 119
지지율의 급속한 저하 속에서 · 노무현 정권 제1기와 변화하는 시민사회

### 광장과 온라인의 보수세력 ● 121
통합신당 결성 전후와 사이버스페이스의 보수세력 · 보수의 월경적 네트워크 · 보수세력의 '자발적 데모' · '네티즌'은 이미 개혁파의 전유물이 아니다 · 국가를 떠받치는 시민운동이라는 뒤틀림 · 보수 아이덴티티 창조 · 보수, 반공주의로 가장한 기득권

### 정치의 패러다임이 변화하다 ● 133
실패한 '상생의 정치' · 새로운 정치 패러다임 · 권력을 포기한 대통령 · 구시대의 막차 · 승복의 정치 · 2004 낙선운동 · 우익판 낙선운동 · 궁지에 몰린 야당에 의한 불길한 예언

## 4장

## 탄핵정국과 부활하는 시민 파워
### —격화하는 신문과 방송의 대립(2004년)

### 유린당한 민주주의 ● 153
2004년 3월 12일, 대통령 탄핵소추안 가결 · '제2의 대통령선거'와 열린우리당의 약진

### 탄핵정국의 배경 ● 155
야당이 든 탄핵소추의 세 가지 근거 · 딜레마에 빠진 야당 · 공천방식을 둘러싼 명암 · 탄핵극 코미디 · AGAIN 1987 · '조중동'과 '한경대'의 논조 차이 · 데모에서 축제로

### 방송과 신문의 대결 ● 171

'친일'의 권언유착 · 한나라당의 기관지 · 야당 vs 방송 · 신문 vs 방송 · 창밖의 거대한 집회를 보도하지 않는 신문 · MBC의 반격

## 5장 온라인 민주주의
―규제와 저항 사이에서

### 패러디 정치 • 187
패러디 사이트의 등장 · 정치 패러디의 진원지 · 조중동의 시사만화 · 보수 사이트의 패러디 작품 · 〈무적의 투표부대〉

### 사이버스페이스에 드리워지는 규제의 그림자 • 198
처벌받는 패러디 작가들 · 규제와 불복종 · '전기통신사업법' 제53조 · '인터넷 실명제'의 성립 · 인터넷선거보도심의위원회의 관리 · 인터넷언론사란 무엇인가

### 인터넷언론의 현재 • 209
정치비평 사이트 · 분열하는 개혁파의 정치비평 사이트 · 더욱 진행되는 분열과 통합 · 정치비평 사이트는 정당의 응원단에 지나지 않는가 · 수구를 비판하기 시작한 보수사이트

### 인터넷은 권력인가 • 221
2004년 총선 후의 언론개혁에 대한 열망 · 개정신문법의 성립 · 과거청산, 미래를 위한 싸움 · 한나라당 그리고 박근혜 지원 사이트 · 공감의 정치 · 네트워크 권력

## 6장 인터넷과 미디어의 공공성
― 황우석 현상에서 본 여론과 정치(2005년)

### 격변하는 미디어의 공공성 • 237
두 신화의 붕괴 · 흔들리는 방송 시스템

### 한국의 공영방송 시스템 ● 241
위기의 MBC · 언론탄압 속의 공영-민영 시스템 · MBC의 '왜곡된' 소유구조

### 황우석 사건 ● 245
X파일 사건 · 〈PD수첩〉 · 국익과 진실의 게임 · 반전, 그리고 되살아난 〈PD수첩〉

### 인터넷 여론과 포털사이트 ● 255
포털 권력의 대두 · 감정이 주도하는 인터넷 여론 · 분화하는 이데올로기 · '서프라이즈'의 일탈

### 민주주의의 버전 업을 위해 ● 262

## 7장

## 인터넷 선거에서 인터넷 정치로
—2002년 대통령선거와 2007년 촛불집회의 현장에서

### 기로에 선 '디지털 민주주의' ● 267

### 추락하는 인터넷 선거 ● 269
인터넷이 사라진 2007년 대선 · '인터넷 실명제'라는 괴물 · 공직선거법의 규제

### 발흥하는 인터넷 정치 ● 278
디지털 민주주의는 파탄했는가 · 출범 3개월 만에 '아웃'을 들이댄 시민들 · '촛불은 이념방송과 인터넷이 만든 유령' · KBS 사장 축출공작 · 인터넷에 대한 단속 · 미네르바 사건의 본질 · 대립을 조장하는 조중동 · '인터넷 실명제' 확대와 '사이버모욕죄' 도입

### '인터넷 선거'에서 '인터넷 정치'로 ● 299

**종장**

## 일본에서 본 한국의 디지털 민주주의

### 퍼블릭 액세스의 실현과 좌절 • 301
한국식 퍼블릭 액세스 · 시민미디어의 한일연대 · 시민미디어의 새로운 모델

### 노무현 추모에서 일본이 놓친 것 • 308
추모열기에 당황한 일본 · 정치에 있어서의 '진정성'

**작가 후기** • 315

서장

# 한국 정치에서 지금 무슨 일이 일어나고 있나

### 한국 민주주의와 네티즌

이 책은 한국에서 전개되고 있는 민주화와 정치 개혁 현상을 미디어와 정치의 관계를 중심으로 살펴본 것이다. 특히 인터넷을 사회적 커뮤니케이션의 공간으로 활용하는 세대의 새로운 정치 참가 스타일에 초점을 맞추었다.

한국에서는 2000년대 들어 민주화와 개혁의 움직임이 급속히 진행되었다. 인터넷이라는 전자 미디어가 기존의 미디어 권력과 대항하면서 새로운 정치적 공론장으로 생성된 것이다. 만약 이러한 움직임들을 전자민주주의라 한다면 한국은 그야말로 세계사 가운데에서 민주주의의 새로운 시대를 개척해나가고 있다고 할 수 있을 것이다. '브로드밴드 강국'으로 불리는 한국은 민중들이 스스로 쟁취한 민주주의를, 정보 네트워크를 적극적으로 활용함으로써 지켜내고 발전시켜왔던 것이다.

이것을 확인시키는 결정적인 사건이 2002년 말의 대통령 선거였다. 이 선거에서 한국의 네티즌들은 인터넷을 매개로 하여 기존 정치조직에 대항하는 시민 네트워크를 형성함으로써 시민세력을 기반으로 하는 대통령을 만들어낼 수가 있었다. 바로 노무현 대통령이다.

그렇다면 이와 같은 전자민주주의, 혹은 디지털 민주주의라고 하는 지평에는 도대체 어떠한 획기적 의미가 포함되어 있는 것일까?

영국 신문 『가디언 The Guardian』은 노무현 대통령의 취임(2003년 2월)에 맞춰 「세계 최초의 인터넷 대통령이 로그온하다」라는 제목의 기사를 게재했다. 『가디언』은 네티즌의 파워가 대통령선거에서 수행한 역할에 흥미를 보이며, '웨보크라시webocracy'의 등장이 한국에 예측 불가능한 변화를 가져왔다고 보도했다. '모든 시민이 기자'를 모토로 한 인터넷신문 『오마이뉴스 OhmyNews』와 '노사모'라는, 대통령선거에서 활약한 노무현 후보 지원 네트워크가 특히 주목을 받았다.

웹web과 민주주의democracy의 합성어인 웨보크라시는 그다지 친숙하지 않은 말이지만 이 책의 타이틀이기도 한 디지털 민주주의, 혹은 e-폴리틱스라는 말은 한국에서도 통용되고 있는 용어이다. 2002년 대통령선거도 'e-대선'이라 불릴 만큼 인터넷의 활약이 눈부셨다. 비주류 정치가로 국회 내에 별다른 세력도 없는 노무현이 대통령에 당선될 수 있었던 것은 인터넷의 힘이 없었다면 불가능한 일이었을 것이다.

### 디지털 민주주의의 실험장

이러한 '디지털 민주주의의 실험장'은 2004년 3월에 한국을 뒤흔들었던 탄핵사태와 그에 저항하는 시민들의 평화적 촛불집회, 그리고 탄핵이 초점이 된 총선에서도 작동했다. 프랑스의 『르몽드 *Le Monde*』는 「한국에서 디지털 민주주의가 작동 중」이라는 제목의 총선 관련 기사에서 "한국의 민주주의는 아직 역사가 오래되지 않았으나 국민의 뜻을 표현하는 방식들에 있어서는 첨단에 있다"며 그 모습을 전했다.

지금까지 한국에서는, 압도적인 점유율을 자랑하는 이른바 '조중동'(『조선일보』·『중앙일보』·『동아일보』)이라 불리는 보수신문들이 여론을 주도해왔다. 이러한 가운데 인터넷신문이나 정치칼럼 사이트가 활발해지면서, 보수신문에 대항해 이제까지와는 다른 미디어 환경을 연출하기 시작했다. 그리고 그러한 사이버 공간에서의 토론과 정보교환을 통해 지금까지 정치에 무관심했던 젊은 층이 자발적으로 선거운동에 참여해 탄핵에 반대하는 행동을 취하게 되었다. 온라인과 오프라인이 결합한 새로운 정치문화가 한국의 민주주의를 떠받치게 된 것이다.

왜 이러한 온라인 문화가 한국에서 꽃을 피우게 된 것일까?

그 이유로, 먼저 보수적 주류 미디어에 대한 실망감을 들 수 있다. 그에 대항하는 대안 미디어에 대한 요구에 새롭게 등장한 인터넷이라는 기술이 융합되어 활용된 것이다.

그러나 기존 미디어에 대한 비판이 바로 인터넷 미디어의 활성화로 이어졌다고 단정 지을 수는 없다. 인터넷을 단순한 선전매체나 홍보 도구로서의 기술 장치 정도로만 본다면 이러한 결합성은 일과성에 지나지 않았을 것이다. 하지만 인터넷상의 사이버스페이스를 토론을 교환하고 의견을 수렴하는, 쌍방향적 커뮤니케이션의 장으로 받아들였다면 어찌 될까? 그렇다면 이러한 정치적 의견의 표명과 토론에 최적의 장을 제공한 인터넷은 단순한 기술 장치 이상의 것이 된다. 즉, 인터넷은 기존의 권력구조를 탈구축하여 새롭게 재편하는 원동력으로서 기능하게 되었던 것이다. 그것을 실용화한 것이 한국의 개혁적 성향의 네티즌이었다.

인터넷 정치에서, 정보는 독점하는 것에서 공유하는 것으로, 한 방향에서 쌍방향의 흐름으로 변한다. 결국 생산과 소비, 전문가와 비전문가의 경계는 희박해지고 정보를 독점해온 기존의 권위는 위기에 직면하게 된다. 한국의 네티즌은 인터넷이라는 도구를 정치무대에 도입해 독특한 탈권위적 정치문화를 창출하게 되었다.

인터넷 권력이라는 말이 타당한지에 대한 판단은 다소 성급할지도 모르겠다. 하지만 한 가지 분명한 점은 한국에서는 인터넷을 구사하는, 분산적이면서도 자발적인 참가 네트워크를 통한 민주주의의 미래형이 기존의 주류 미디어와의 대결을 통해 모색되고 있다는 것이다.

### 한국 민주화 투쟁의 특징―언론에 대한 시민운동

그렇다면 한국에서 여론을 독점해온 보수적 주류 미디어란 도대체 어떠한 것인가?

한국 민주화의 역사는 언론의 자유를 획득하기 위한 역사이기도 하다. 한국의 역대 군사정권은 언론에 대한 철저한 탄압을 통해 신문이나 방송을 권력의 통치수단으로 삼아왔다. 그러한 미디어에 대한 투쟁과 내부 저항이 한국의 민주주의를 발전시키는 하나의 동력이 되어온 것이다.

그것은 급속한 민주화를 이루어낸 한국 사회의 한 특징이라고도 할 수 있을지 모르겠다. 한국에서는 남북으로 분단된 이래 오랫동안 반공주의가 지배 이데올로기로서 권력과 일체화되어왔다. 그러는 동안 언론기관은 권력의 입장에서 정보를 생산·수집·가공·배급하였고, 사상을 검열함으로써 민주주의의 싹을 잘라왔던 것이다. 그 대가는 언론기관의 독점적 이익과 언론 종사자의 높은 사회적 지위로 대변된다. 이러한 권력과 언론과의 밀월관계를 한국에서는 '권언유착'이라 부른다.

물론 미디어의 통제, 혹은 미디어를 통한 통제는 독재주의 국가뿐만 아니라, 정도의 차이는 있겠지만 민주주의가 발전한 사회에서도 볼 수 있는 광경이다. 지금 자본주의와 일체화된 글로벌 미디어는 국가적 권력의 이데올로기 장치로 변해가고 있다. 이러한 미디어에 대한 탄압과 통제, 혹은 조작이라는 측면에서 보더라도 한국의 언론 상황이 아주 특이하다는 것을 알 수 있다.

한국에서 기자는 최고로 선망받는 직업이면서도 "기자와 정자는 인간이 될 가능성이 희박하다는 점에서 공통점이 있다"고 야유받을 만큼 경원의 대상이기도 하다. 한편 언론의 자유는 민주주의의 근간을 이루는 만큼 그러한 언론탄압에 저항했던 저널리즘은 민주화의 심벌이 되어온 것도 사실이다. 그러나 지금도 마찬가지로 언론은 가장 시급한 개혁의 대상이 되고 있다. 필시 한국만큼 언론에 관한 시민운동이 활발한 국가도 지구상에 없을 것이다.

물론 예전처럼 정치권력과 언론의 단순한 합세로 사회 지배력이 좌지우지되는 상황이라고 할 수는 없을 것이다. 오히려 거꾸로 국가권력은 한국 민중의 민주화 투쟁에 의해 눈에 띄게 축소되었고, 그러한 민주화의 물결을 타고 언론은 권력에 의해 속박받던 입장에서 권력을 규정하는 존재로 변모했다.

한국에서 민주화라는 과실을 가장 많이 맛봐온 것이 다름 아닌 사유화된 족벌언론, 특히 독재정권과의 유착 속에서 성장하였고 반공주의로써 분단과 대립을 획책하며 권력창출에 여념이 없었던 '수구언론'이라는 것은 아이러니다. 이들 신문은 자기들의 손을 피로 물들이지 않고 시민들이 투쟁 끝에 쟁취한 언론의 자유를 독점적으로 누려왔던 것이다. 말하자면 그것은 '언론'의 자유가 아닌 '언론사'의 자유였다. 마침내 신문을 통제하는 국가권력이 쇠퇴하자 신문은 스스로가 권력화되어갔다.

이른바 '언론권력'의 등장이다.

이러한 상황이 세계적으로도 예가 없는, 일반 시민으로부터의 '모금'에 의해 창간된 『한겨레신문』이나, 최근에 시민권력에 의해 권력을 창출해낸 인터넷언론의 등장을 촉진했다. 수구언론의 대부격인 『조선일보』에 반대하는 안티조선 운동이 일종의 시민문화로서 정착되게 된 것도 한국의 독특한 미디어 상황에 연유한다.

한국처럼 이데올로기적으로 분단되어 있고 아주 최근까지 색깔론적인 사상검열이 횡행하던 분단국가에서, 정치권력은 정보를 장악하고 지배함으로써 그 통치기반을 확고히 해왔다. 그런 의미에서도 한국의 미디어에 대한 이해는 그대로 현대 한국의 민주주의를 이해하는 열쇠가 된다.

그렇다면 민주주의라고 하는 진부하게 들리는 이념을 새삼 이 책에서 말하는 이유에 대해서도 기술해야 할 것이다.

### 노무현 정권이 왜 새로운 정치의 심벌인가?―프로세스의 중시

한국의 민주주의 경험은 아직 일천하다. 그렇기 때문에 역으로 1970~1980년대의 독재권력에 맞서 싸운 시민권력이 한국 민주주의 운동의 잠재적 파워로서 사회에 침투하였고, 그것이 결과적으로 노무현 정권을 탄생시킨 원동력이 되었다고 할 수 있다.

김대중 정권의 탄생(1998년)으로 정권교체를 이루기는 했지만 한국의 본격적 민주주의의 역사는 노무현 정권의 탄생을 경계로 하여 구분된다고 봐야 한다. 김대중 대통령이 민주화의 심벌이기는 했지만 결국 그 정권은 보스형 정치, 금권정치, 지역주의 정치라는 낡은 정치 시스템에 의존했기 때문이다. 군사독재로부터 민간정부로, 권력의 외형적 모습은 변했다 할지라도 집중된 권력을 기반으로 하고 있다는 점에서는 과거와 다를 바 없었다. 이런 상황 속에서 사회의 근본적 민주화의 문제야말로 정책의 주안점이 되어야 했다. 고려대학교 교수 최장집이 지적했듯이, 1987년 이후의 '민주화 이후의 민주주의'는 표면적인 것으로 한국 사회는 안락한 보수주의에 물들어왔다.(『민주화 이후의 민주주의』, 후마니타스, 2005) 그 이유로 민주화에 따른 일련의 성과에도 불구하고 개혁 성과만이 중시되어 민주주의를 보장하는 프로세스를 소홀히 해왔다는 점을 들 수가 있다.

그렇다면 노무현이 지향하는 대화의 정치는 가장 본질적인 민주화의 초석이 될 것이다. 그런데 노무현 지지자들은 대통령이 권력을 휘둘러 개혁을 추진한다는 '개혁독재'의 유혹에 빠져들기도 한다. 대통령과 개혁세력 사이에 때때로 엇박자가 나타났던 것도 방법론에 차이가 있었기 때문이다. 노무현 정권의 본질은 제도적 개혁에 있다기보다는 민주적 커뮤니케이션의 확립에 있었다.

노무현은 공공적 토론의 장이 보장되고 그것을 기능시킬 수 있다면 보다 성숙한 사회를 만드는 '프로세스로서의 민주화'를 이끌어낼 수 있다고 생각했던 것이다. 그것은 동시에 기존 권력구조의 해체를 의미했다. 그렇기 때문에 기득권층은 경험해본 적이 없는 위기의식을 느끼게 된 것이다.

### 다시 민주주의를 위해 싸우다—2004년 3월 12일, 대통령 탄핵소추

노무현 대통령은 2004년 3월 12일 거대 보수야당연합의 탄핵소추가 가결되면서 직무정지라는 궁지에 몰렸다. 공무원으로서의 정치적 중립 의무를 지키지 않았다는 것이 주된 이유였다. 탄핵소추안 가결에 성공한 야당의원들은 '의회민주주의의 승리'라며 만세를 외쳤다.

그러나 대다수 사람들은 야당의 주장이 국민의 투표에 의해 선출된 대통령을 몰아내는 근거가 된다고는 생각하지 않았다. 야당의 강공책에 대해 한국 국민은 거꾸로 민주주의 유린이라며 분노했다. 대다수의 언론은 이것을 '의회 쿠데타'로 규정했다. 지역주의에 뿌리를 둔 보수 야당의 담합에 의해 대통령이 탄핵의 위기에 처했다는 미증유의 사태에 국민들은 들고일어났다.

탄핵에 반대하는 사람들은 손에 촛불을 들고 남대문에서 광화문 교차로에 이르는 대로를 가득 메웠다. 1987년 6월항쟁으

2004년 3월 20일 '탄핵반대·민주수호 100만인 대회' | ⓒ오마이뉴스

로 쟁취한 민주주의가 '의회 쿠데타'에 의해 짓밟히는 것을 똑똑히 지켜본 국민들은 마치 그때처럼 거리로 뛰쳐나온 것이다. 그러나 이번에는 당시와 같은 최루탄과 화염병이 난무하는 물리적 충돌 대신 아이들까지도 참가하는 문화축제로 나타났다. 사람들은 민주주의를 광장에서 구가했다.

 탄핵소추안이 통과된 지 대략 1개월 후인 4월 15일에 실시된 총선은 이른바 대통령 탄핵을 둘러싼 국민의 심판이었다. 대통령이 자신의 신임과 결부시키겠다고 공언한 총선에서 실질 여당인 '열린우리당'이 과반수를 차지했다. 이것으로 대통령의 복권은 확실해졌다. 그리고 탄핵소추안은 5월 14일 예상대로 헌법재판소의 판결에 의해 기각되었고 대통령은 직무에 복귀했다.

 이와 같은 일련의 위기를 체험하기까지 한국 국민들은 스스로가 이루어온 민주주의의 성과에 어느 정도 자부심을 갖고 있었다. 그러나 의회의 다수를 점하고 있던 야당의 담합에 의해 정당한 절차와 이유가 결여된 '의회 쿠데타'에 직면함으로써 민주주의의 무력함을 통감했다. 그래서 한국 국민들은 '민주주의의 승리'가 탄핵안을 가결시킨 야당의 성명이 결코 될 수 없음을 분명히 보여주기 위해 탄생한 지 얼마 되지 않은 열린우리당의 후보들에게 당의 간판만을 보고 투표해 대통령의 복권을 이끌어냈다.

 탄핵정국이 초점이 된 2004년의 총선은 민주 대 반민주 식의 1987년 체제의 재편이라는 측면이 있었다. 그 역사적 의의를 찾자면, 5·16군사쿠데타(1961년)에 의해 잘린 민주주의의 싹을 43년이라는 긴 세월 끝에 마침내 민주세력이 되찾아왔다는 점에 있을 것이다.

### 한국 정치 이해하기

일본에 있으면 돈 오버도퍼(『두개의 코리아』의 저자)가 '정치혁명'이라 표현한 한국의 다이내믹한 정치사회의 변화는 거의 보이지 않는다. 그것은 일본 언론이 한국의 보수신문의 논조를 그대로 답습하여 정쟁의 수면하에서 진행되고 있는 노무현 대통령의 '살을 도려주고 뼈를 부러뜨리는' 개혁에 전혀 눈을 돌리려 하지 않기 때문이다.

일본에서도 한국의 2004년 총선에는 관심이 높았다. 그러나 늘 그러하듯이 일본의 관심은 앞으로의 북한과의 관계, 또는 한미관계에만 초점이 맞춰져 있었다. 그래서 한국의 총선 결과로부터 「여당의 약진으로 우려되는 안보정책」(『요미우리신문』, 4월 17일자 사설)과 같은 논점밖에는 보이지 않는다.

이와는 대조적으로 선거 전날 영국의 『타임즈 The Times』의 「탄핵할 수 없는 논리 : 한국 야당은 응징받을 준비를 해야 할 것」이라는 논설은 "한국 국민은 유치원생들 수준보다 성숙한 국회를 필요로 한다"라며 글을 맺고 있다. 또한 4월 16일자 기사 「노무현 대통령의 기도에 응답한 한국」에서는 "총선 결과는 노 대통령으로 하여금 지금껏 모든 기회를 방해해온 야당이 지배하는 의회의 굴레로부터 자유롭게 해줄 것이다"라고 전망했다.

일본 언론의 한국 총선에 대한 보도는 공허하다 못해 씁쓸했다. 한국 관련 정보량으로는 일본의 신문기사가 영국의 것보다 월등히 많다는 것은 말할 필요도 없을 것이다. 그러나 『타임즈』가 한국 국민의 눈높이로 선거 결과를 예측하고 그 의의를 평가하고 있는 것에 비해 일본의 보도는 자국의 안전보장과 국제정세 및 한일관계에 미칠 영향만이 극단적으로 클로즈업되고 있다.

2004년 총선에는 탄핵 사태로까지 번진 한국 정치의 온갖 모순을 짊어지고 미래로 나아가느냐, 아니면 그것들을 전부 털어내고 나갈 것이냐 하는 정치개혁의 과제가 걸려 있었다. 김종필의 낙선에 따른 '3김정치'의 종언은 한국 정치의 최대 폐해인 지역주의에 뿌리내린 보스형 정치의 폐막을 의미하는 것으로, 이에 따른 '한일 파이프'에 대한 지장은 세대교체에 따른 시대의 추세로 볼 때 어쩔 수가 없다. 그러나 일본의 유력한 일간지를 보면, 세력구도를 축으로 한 단순한 선거 결과 분석만이 눈에 띄었다. 한국의 정치 및 선거를 일상적인 정치 과정으로만 파악하려 한다면 본질로부터 동떨어지게 된다. 또한 총선의 결과가 북한을 유리하게 만든다는 식의 논조는 한국에서는 이미 미풍이 되어버린 '북풍'이 다시금 휘몰아치고 있는 듯이 비칠 뿐이다.

과거 독재정권하에서 신음하던 시기에 일본의 시민사회가 한국 내 민주화 투쟁을 지지했던 것처럼 일본의 미디어는 한국 국민의 선택을 대북관계와 정치구조의 변화로만 파악할 것이 아니라 민주화 본래의 문맥으로 전달할 수도 있었을 것이다.

한국에서 민주주의는 아직 진부한 말이 아니다. 그것을 진부하게 만들면 안 된다는 메시지를 한국 국민은 보여주었다. 인터넷의 보급이 더욱더 발전하는 가운데 이미 한국의 민주주의는 일방통행의 관계로는 존재할 수 없게 되었다. 그러한 상황을 정확히 전달하는 것도 일본 미디어의 책무라 나는 생각한다.

한국에서는 구조화된 기득권에 저항하는 시민참가형이라는 새로운 정치의 틀이 실험되고 있다. 그리고 요즘 다양한 영역에서 한일 시민사회의 교류와 연대가 진행되고 있는 상황에 비추어보면 일본에서도 말뿐인 개혁만으로는 권력을 지탱하기 힘들어지지 않을까. 만약 그렇게 된다면 한국 시민사회의 파워가 일본 시민사회에 '역수입'됨으로써 일본 정치가들이 무시할 수 없는 존재가 될 날이 닥쳐올지도 모를 일이다.

시민사회가 뒷받치는 한국의 정치개혁은 일본 시민사회와의 교류와 연대를 통해 어떠한 월경적 공공영역을 구축해나갈 것인가. 이 책이 그러한 전망에 일조할 수 있기를 마음으로부터 기대해본다.

## 디지털 민주주의 전사 前史
— 군부독재에서 권위주의적 민주주의로
(1960년대~1990년대)

## 지역주의의 탄생

### 1961년, 군부독재의 시작

2004년 5월 18일, 노무현 대통령은 탄핵으로부터 복권되어 첫 공식행사가 된 광주민주화항쟁 기념식에서 다음과 같이 말했다.

> 5·18은 독재에 대한 시민의 저항이기도 했지만, 한편으로는 과거 군사독재 정권들이 장기 집권을 위해서 또는 장기 집권의 결과로 호남을 따돌리고 국민을 지역으로 가르고 분열시켰던 **반역적 범죄행위**에 대한 저항이기도 했습니다. 그리고 그것은 정당한 것이었습니다.(강조는 필자)

한국 남부 전라남북도의 호남지방과 경상남북도의 영남지방 사이에는 선거 때마다 현저히 드러나듯 '망국적 지역감정'이라는 불신의 벽이 놓여 있다. 이날 행사에는 한국에 지역분열을 가져온 장본인인 박정희 전 대통령의 딸로 한나라당의 대표를 맡고 있는 박근혜도 함께했지만 그녀조차도 노무현 대통령의 기념사를 긍정적으로 평가했다.

한국의 지역주의는 독재정권을 유지하는 통치기술이 낳은 정치적 산물이다. 시민의 민주화에 대한 요구를 유혈진압했던 광주학살은 그 절정이었다 해도 좋을 것이다.

현대 한국의 전자민주주의에 대해 이야기하기 전에 먼저 한국에서 지역차별이 어떻게 구축되었으며, 그리고 오늘날에 이르기까지 어떠한 상처와 분열을 남기게 되었는지에 대해 설명을 해야 할 것이다.

박정희가 군사쿠데타를 결행한 것은 1961년 5월 16일이었다. 학생이 중심이 되어 이승만 정권을 무너뜨린 1960년의 4·19혁명에 의해 의원내각제를 채택한 제2공화국 장면 정부가 출범했다. 그러나 불과 9개월 후에 박정희를 중심으로 하는 군부세력은 '반공을 국시의 제1의'로 하는 '혁명공약'을 기치로 내걸어 쿠데타를 일으킨다. 많은 희생을 치르고 획득한 민주주의는 그 꽃망울을 피워보기도 전에 군홧발에 짓밟혀버렸다.

쿠데타 세력은 국가재건최고회의를 설치하였고 이윽고 박정희가 의장 자리에 앉았다. 다음 해에 박정희는 사임한 윤보선 대통령을 대신해 그 권한대행을 겸임하게 된다. 민정이양을 약속했던 군부는 정치조직으로서 민주공화당을 창당하고 그 운영을 위해 부정한 정치자금 조달도 서슴지 않았다.

더욱이 정치적 경쟁상대를 배제할 심산으로 정치활동정화법을 제정하고 대통령에게 강력한 권한을 보장할 수 있도록 헌법을 개정하는 등 여러모로 집권 준비를 마친다. 그리고 1963년 10월에 실시된 선거에서 박정희는 대통령에 당선된다.

### 지역차별이라는 권력 장치

쿠데타에 의해 성립한 박정희 정권에 있어 경제발전은 권력의 정통성을 보장해주는 유일한 방법이었다. 박 정권은 국민의 반대운동을 무릅쓰고 체결한 한일협정(1965년)에 따라 일본으로부터 경제차관을 도입하여 기업에게 이권이나 특혜를 주는 방법으로 경제성장을 꾀했다. 그런 한편으로, 노동자 임금과 곡물가격은 철저히 억제되었다. 개발독재 과정에서 성장한 재벌은 경제발전의 기반이 되었다. 그와 동시에 정경유착과 같은 불공정한 방법으로 부를 축적함으로써 부패구조의 온상으로서 비뚤어진 한국 경제의 한 단면을 초래하였다.

베트남 파병은 소위 '베트남 특수'를 가져와 한국 경제 비약의 결정적 계기가 되었다. 그동안에 실시된 경제개발 5개년 계획은 경제발전을 급속히 추진시켰지만, 한편으로 한국 경제의 대외의존도는 높아졌으며 지역격차와 계급격차는 더욱더 확대되어갔다.

1967년 선거에서 박정희는 재선에 성공하는데, 거기에서 멈추지 않고 1969년에는 대통령 3선을 가능케 하는 이른바 3선개헌을 강행한다.

이에 대한 국민의 저항은 강렬했다. 게다가 1971년의 대통령선거에서는 부정과 관권개입에도 불구하고 신민당의 김대중 후보에게 근소한 차까지 추격을 당했다. 고전한 끝에 박정희는 세 번째 당선에 간신히 성공했다.

승리가 위태로웠던 박정희는 이 대통령선거에서 호남 출신의 김대중에 대해 경상도의 대통령상을 어필하는 등, 노골적으로 지역감정을 부추겼다. 이 대통령선거에서 신승한 박정희는 김대중을 자신의 권력에 최대 위협이라 인식하게 되었다.

이를 계기로 하여 산업화와 공업화라는 측면에서 호남 차별이 정착되어갔다. 지원과 특혜를 집중시킴으로써 혜택을 입은 영남지역에 비해 호남지역은 인프라와 설비투자에서 뒤떨어졌다. 인사도 편중되어 호남 출신자는 요직에서 제외되었다. 이리하여 박정희는 인구 면에서 우위에 있는 자신의 지지기반을 만들어감으로써 정치적 기반을 다지는 '반역적 범죄행위'를 저질렀던 것이다. 현재의 '망국적'이라는 수식어가 붙는 지역감정은 다름 아닌 '영구집권'을 획책했던 정치권력에 의해 조장되고 증폭된 것이었다.

### 지역주의의 고착화

1971년의 대통령선거와 총선에서 '사실상의 패배'를 맛본 박정권은 위수령을 발동시켜 국가비상사태를 선포하는 등, 더더욱 독재의 색깔을 더해갔다. 그리고 유신헌법하에서 단독 출마한 박정희는 제8대 대통령으로 선출되었다. 헌법에 대한 토론 자체를 금지하는 제1호를 시작으로 하는 '긴급조치'는 대통령 사후 제9호가 해제될 때까지 강권적 집권권력을 지탱하는 수단으로 악용되었다.

1960, 70년대의 역대 대통령선거의 도별 선거분포에 의하면 지역주의는 오늘날과 같이 극단적이지는 않았으며, 더욱이 호남의 결집력보다는 영남의 결집력이 더 강했었다는 것을 알 수 있다. 1960년대에 두 번 행해진 대통령선거에서 호남에서의 박정희 대통령에 대한 지지도는 결코 낮지 않았다. 1971년의 선거에서 박정희는 영남과 호남에서 각각 68.7퍼센트와 32.8퍼센트를 득표했다. 김대중도 각각 26.9퍼센트와 58.6퍼센트를 획득했다. 그러나 직접선거가 된 1987년 대통령선거에서 지역적 분할현상은 극단적으로 나타난다. 김대중은 호남지역에서 86.2퍼센트를 획득한 반면 영남지역에서는 5.4퍼센트 득표에 그쳤다.

이러한 지역주의는 말할 필요도 없이 1980년 5월에 전라남도 광주에서 발생한 광주학살이 결정적으로 작용했으리라 생각한다.

'영남정권'에 의한 경제적·정치적 소외가 마침내는 영남 출신 군부세력에 의한 광주시민의 학살로 이어지면서 호남 사람들은 피차별 운명공동체가 되었다.

게다가 호남 사람들을 '폭도'로 여기는 듯한 전반적 사회 분위기는 좌절과 비분 사이에서 방황하던 호남 사람들로 하여금 독재정권에 탄압받으며 민주화의 심벌이 된 김대중에게 희망을 걸게 만들었다. 김대중에 대한 호남의 압도적 지지는 비호남의 호남에 대한 거부반응으로 나타나면서, 나선적 지역주의를 고착화시켜갔다.

그러면 광주학살이 왜 광주에서 일어났으며 한국 정치에 어떠한 의미를 가져다준 것일까?

## 민주화의 성지—광주

### 1979년, 신군부의 대두—암약하는 하나회

1979년 10월에 박정희 대통령은 측근이었던 중앙정보부장 김재규에 의해 사살되었다. 이로써 민주주의를 압살했던 유신독재가 막을 내렸다.

김재규는 내란목적의 살인 등의 죄명으로 형이 확정된 수일 후에 전격 처형되었다. 이 일련의 과정에서 국가보안사령관으로서 수사지휘권을 장악한 이가 쿠데타를 통해 군을 장악하고 민주화운동을 유혈 진압해 정권을 찬탈한 전두환이다.

전두환 소장은 12월 12일 계엄사령관이었던 정승화 육군참모총장을 내란에 관여했다고 하여 연행한다. 이른바 '12·12사태'인데, 이것이 쿠데타에 의해 군부를 장악한 전두환의 권력찬탈 시나리오의 시작이었다.

당시 군 수뇌부에는 국무총리였던 최규하를 대통령으로 옹립하여 점진적으로 민주화를 추진하려는 복안이 있었다. 실제로 보궐선거에서 대통령에 취임한 최규하는 악명 높은 긴급조치를 해제하고 정치범을 석방했다. 시민들의 민주화에 대한 기대는 높아져갔다. 그러나 전두환을 중심으로 하는 신군부는 정치군인을 배제하려 하는 군 수뇌부에 반기를 들었고 민간정부 수립은 요원해져갔다.

전두환이 주도하는 반란과 권력 탈취는 군부 내 사조직이었던 '하나회'가 결정적인 역할을 했다. 1963년에 전두환과 노태우 등의 영남지역 출신자를 중심으로 해 결성된 '하나회'는 긴밀한 유대관계를 유지하면서 1993년에 김영삼 정권에 의해 해산될 때까지 군의 요직을 독점해왔다. 이 공공연한 비밀 사조직은 박정희의 지원과 보호하에 성장해왔다. 전두환은 5·16 쿠데타 직후부터 박정희의 신뢰를 얻고 있었는데, 군부의 세력다툼 과정에서 둘의 친밀도는 보다 높아졌다. 1978년에 보안사령관이 될 수 있었던 것도 박정희의 배려에 의한 것으로, 그때 전두환은 차지철 경호실장, 김재규 중앙정보부장, 김계원

비서실장과 함께 박정희의 네 측근 중의 한 사람이었다. 전두환은 유신체제가 낳은 후계자였던 것이다.

### 서울의 봄

신군부에 권력이 집중되는 와중에 유신체제의 붕괴를 민주화로 이어가려던 야당과 시민세력은 계엄령 철폐를 요구하며 신군부와 대립하게 된다. '서울의 봄'이라 불린 민주화에 대한 열망이 분출하던 시기에 야당과 학생, 노동자들은 각지에서 대규모 데모를 벌였다. 이때 후에 '3김'이라 불리게 되는 야당 신민당 총재 김영삼, 여당 공화당 총재 김종필, 막 연금이 풀린 재야의 리더 김대중은 각각 차기 대권을 꿈꾸고 있었다.

그런 가운데 전두환은 규정을 무시하고 중장으로 승진하여 중앙정보부장 서리직을 겸임하는 등, 착착 권력기반을 다져갔다. 대통령이 되려는 전두환의 야망을 확신한 미국도 한미연례 안보협의회를 연기하는 등 '항의'의 뜻을 나타냈다. 그러나 신군부는 질서유지를 위해 군대 투입도 가능하다는 뜻을 밝히며 북한의 위협설을 들고 나와 오히려 미국을 견제했다. 학생들은 서울역 앞에서 10만 명이 운집한 대규모 시위를 벌였지만 군 투입을 막기 위해 해산을 결정해야 했다.

계엄령 해제와 유신 잔당의 퇴진을 요구하는 학생들의 민주화운동과 노동자들의 생존투쟁이 전국적으로 번져나가는 가운데 신군부는 5월 17일에는 비상계엄령 전국 확대 조치를 발표한다. 그것은 군부를 중심으로 한 정부기능이 사실상 공식화되는 것을 의미했다.

계엄사령부는 포고령 10호를 발령함으로써 정치활동을 금지하는 동시에 김대중 등 유력 정치지도자들의 체포를 감행한다. 언론·출판에 대한 사전검열이 시행되고 대학도 폐쇄되었다. 비상계엄령의 전국 확대 이전부터 데모를 진압하도록 훈련받은 특수부대는 속속 각 대학에 집결하고 있었다.

광주에도 서서히 비극의 그림자가 드리워지고 있었다.

### 〈오월의 노래〉—광주의 한

1980년 5월 18일, 신군부에 의한 살육의 폭풍이 남도를 집어삼켰다.

'화려한 휴가'라 명명된 이 진압작전이 바로 민주화를 요구하는 시민들을 특수부대를 투입해 무참히 살육한 '광주항쟁'이다.

군사정권의 연장을 꾀하는 전두환의 퇴진과 김대중 석방을 요구하는 학생과 시민들의 민주화 요구에 대해 계엄군은 과잉진압으로 답했다. 시민들은 경악했다. 특수부대는 곤봉으로 시위대의 머리를 타격했고 학생들뿐만 아니라 일반 시민들도 피를 흘리며 쓰러졌다. 이때 광주에서는 군인이 백주에 시민을 도검으로 찌르는 일까지 벌어졌다.

시위를 진압하는 경찰은 오히려 특수부대원들에게 잡히면

죽음을 당하니 속히 집으로 돌아가도록 눈물을 머금고 시민들에게 호소했다고 전해진다. 그러나 군사작전을 능가하는 만행을 두 눈으로 똑똑히 지켜본 시민들에게 있어 싸움은 이미 민주화만의 문제가 아닌 인간으로서의 존엄을 둘러싼 저항이기도 했다. 마침내 그 저항은 시민항쟁의 양상을 띠게 된다.

광주는 고립되어 있었다. 광주시민이 KBS나 MBC 등의 방송국에 불을 지른 것도 광주에서 무슨 일이 벌어지고 있는지 전혀 외부에 알려지지 않는 것에 대한 분노의 표출이었다. 그러한 이들을 언론은 폭도로 몰아갔다. 계엄군의 작전은 이제 시위 진압이 아닌 폭도 소탕이 되었다.

계엄군의 발포에 대항하여 시민들은 경찰서 등에서 총기를 반출하여 시민군을 편성했다. 그러나 시민 사상자는 속출하였고 관에 들어갈 수 있었던 자들은 그나마 행복한 편이었다. 광주 교외에서도 일반인들에 대한 학살이 자행되었다. 전두환은 계엄군을 격려하며 지휘관에게는 위로금을 전달했다.

사태를 수습하기 위해 종교지도자 등으로 구성된 광주수습대책위원회는 신군부와 대화를 시도했다. 그 결과, 수습위원회는 무기를 회수하고 '평화적' 해결을 도모하게 된다. 하지만 살아남기를 거부한 투쟁파는 도청 사수를 위해 27일 미명 계엄군의 도청 진격과 함께 비장한 최후를 맞았다.

광주 민주화투쟁을 무력으로 진압한 전두환은 '광주항쟁'이 한창일 때 초법적 기관인 국가보위비상대책위원회를 설치해

찬탈한 권력의 제도적 정비에 착수했다. 그리고 유신헌법하에서 대통령에 취임하자마자 바로 헌법을 개정하고 연초에 7년 단임제의 선거인단에 의한 간접선거로 제12대 대통령에 취임한다. 제5공화국의 시작이었다.

피비린내 나는 공포 분위기의 5공 치하에서 죽은 이들에 대한 추모조차 제한받은 광주의 좌절과 체념 어린 한은 노래를 통해 이어갈 수밖에 없었다.

> 꽃잎처럼 금남로에 뿌려진 너의 붉은 피
> 두부처럼 잘리워진 어여쁜 너의 젖가슴
> 오월 그날이 다시 오면 우리 가슴에 붉은 피 솟네
>
> 왜 쏘았지 왜 찔렀지 트럭에 실려 어디 갔지
> 망월동에 부릅뜬 눈 수천의 핏발 서려 있네
> 오월 그날이 다시 오면 우리 가슴에 붉은 피 솟네
>
> 산 자들아 동지들아 모여서 함께 나아가자
> 욕된 역사 투쟁 없이 어떻게 헤쳐 나가리
> 오월 그날이 다시 오면 우리 가슴에 붉은 피 솟네

이 〈오월의 노래〉는 프랑스의 샹송 가수 미셸 뽈나레프의 곡 〈Qui A tue Grand-Maman?〉을 원곡으로 해서 만들어졌다.(NHK에서 방영된 한국 드라마 〈겨울연가〉의 삽입곡 〈When the love falls〉라 하는 편이 익숙할지도 모르겠다.) 한국에서는 1970년대 중반에 〈사랑의 추억〉이라는 노래로 불리기도 한 이 곡에 누군가가 광주학살을 생생히 묘사하는 가사를 붙인 것이다. 이리하여 신록이 피로 물든 광주는 민주화의 성지가 되었다. 그 후 5월의 광주를 추모하고 민주화로 승화시키는 노래가 많이 만들어졌으나 〈오월의 노래〉는 광주를 상징하는 가장 대중적 민중가요로서 5월의 한국을 분기시켜왔다.

## 미국을 묻다

### 반미라는 터부로부터의 탈피─광주학살에 대한 미국의 관여

광주항쟁은 한국 사회에 있어 미국이란 어떠한 존재인지를 묻는 역사적 전환점이 되었다. 당시 한미동맹에 있어 작전통제권은 전시뿐만 아니라 평시에도 한미연합사령부의 소관이었다. 즉, 한미연합사령부 통제하의 군대의 이동은 주한미사령관의 승인 없이는 불가능한 상황이었다. 그럼에도 불구하고 그 지휘하에 있던 제20사단이 광주에 투입돼, 그것이 한미관계를 근본적으로 되묻는 계기가 되었다.

과연 미국은 전두환의 쿠데타에 있어 어떠한 역할을 했던 것일까? 이러한 물음이 한국에서의 반미라는 터부를 깨버린 것이다.

2002년 6월에 두 여중생이 미군의 장갑차에 깔려 사망한 사건은 연말의 대규모 추모 촛불집회를 유발했고 얼마 남지 않았던 대통령선거에 큰 영향을 미쳤다. 시민집회에서는 거대한 성조기가 찢기는 퍼포먼스가 연출되었고 전 세계에 한국의 반전·반미의 모습을 똑똑히 보여주었다. 한편으로, 그것에 대항하는 보수반공단체의 집회에서는 거꾸로 성조기가 나부끼며 미국에 대한 친밀성을 어필하기도 했다.

예전 같았으면 강대한 동맹국의 지지를 구하기 위해 대통령 후보자는 미국을 방문했을 것이다. 그런데 미국에 가본 적도 없는 후보가 대통령선거에서 유리한 위치를 차지하는 등 한국 내에서 반미감정은 젊은 세대를 중심으로 점점 일반화되고 있다. 솔트레이크 동계올림픽에서 한국의 쇼트트랙 선수가 미국 선수에게 금메달을 빼앗겼을 때의 응어리 같은 것이 작용했을까. 하지만 이유는 단순하지 않다. 작금의 반미감정에는 거듭되는 미군 범죄를 배경으로 1966년에 조인한 불평등한 한미 SOFA(주한미군지위협정 1991, 2001년에 일부 개정)의 개정을 요구하는 목소리 같은 것이 밑바닥에 흐르고 있는 것이다.

### 반미의 무풍지대에서 열풍지대로

반미의식의 배경에는 1980년대부터 활발해진 학생들의 반미운동의 역사가 있다. 한국에서는 일찍이 학생운동을 중심으로 급진적인 반미데모가 전개되었다. 그 계기가 되었던 것이 다름 아닌 광주항쟁이다.

일본 식민지로부터 해방되고 난 뒤 한국전을 겪으면서 북한의 침략을 막아준 미국은 그야말로 민주주의의 수호자였다. 당연히 철저한 반공교육과 친미교육을 받아온 한국 국민들에게 반미감정이란 있을 수 없는 것이었다. 이러한 반미 무풍지대에서 처음으로 반미의 목소리를 올렸던 것이 바로 부산 미문화원 방화사건이다.

1982년에 부산에서 발생한 미문화원 방화사건은 미국은 물론 한국 사회를 충격의 도가니로 몰아넣었다. 우방국인 미국의 공관에 대한 위해는 당시로서는 상상도 할 수 없는 일이었다.(광주에서는 이미 광주항쟁 후인 12월에 미문화원 방화사건이 발생했지만 언론통제에 의해 보도되지 않았다.) 부산 미문화원에 대한 방화는 반미감정이 공식적으로 표출된 첫 사건으로, 한미관계의 재고를 촉구하고 한국 내의 반미운동의 서막을 알리는 신호탄이었다.

그 후 각지에서 빈발하는 미국 기관에 대한 진입은 반미운동의 상징이 된다. 그중에서도 1985년에 대학생 73명이 광주학살에 대한 미국의 책임규명과 사죄, 그리고 전두환 군부정권에 대한 지원중단 등을 요구하며 미문화원에 돌입해 2층 도서실을 점거한 서울 미문화원 점거사건은 반미운동의 이정표가 될 만한 획기적 사건이었다. 미문화원에서 농성을 한 3일간 학생들은 광주항쟁 당시의 미국의 책임문제를 본격적으로 제기함으로써 미국에 대한 기존 인식에 변화를 불러일으켰다. 하지만 당시 언론으로부터는 급진좌파의 과격한 행동으로 매도당했을 뿐이었다.

이 사건은 그 후 한국의 민주화운동 노선에도 커다란 영향을 가져와 '반미자유화운동'이라는 학생운동의 커다란 흐름을 형성하게 된다. 물론 1980년대의 반미투쟁이 점거와 분신이라는 극단적인 방법과 북한의 노선에 경도되어갔던 측면 또한 부정할 수는 없지만, 그것은 독재세력을 비호하는 미국의 본질을 간파·폭로하는 운동으로서 민주화운동의 한 흐름을 형성하였고 오늘날의 대중적인 반미운동의 지류가 되었다.

### 대중화하는 반미운동

1945년 해방 후 한반도 남쪽에 주둔했던 미국은 어디까지나 해방군이었으며 점령군이라는 사실조차 입 밖으로 낼 수가 없었다. 미국에 대한 인식은 이 잘못 채워진 단추에서부터 시작되었다. 실제로 한국전쟁 종료 직후 조인된 한미상호방위조약에는 토지소유자의 동의가 필요 없는 무상주둔권과 무제한적 주둔기간을 규정하는 조항이 있다. 이를 근거로 1966년에 체결된 한미SOFA는 미군에게 모든 특권을 부여하는 불평등조약이었다. 이후 그것은 필연적으로 한국 국민의 생존권을 위협하게 된다.

주한미군은 한국 전역 93개소에 점재해 있으며 총계 7,400

만 평의 토지를 이용하고 있는데 모든 토지는 무상으로, 임대료는 한 푼도 지불하고 있지 않다. 경기도 매향리 앞바다는 반세기 이상에 걸쳐 미군의 사격장으로 사용되어왔으며, 서울의 한복판 용산에는 일본 황궁의 대략 3배에 달하는 105만 평의 토지를 소유하는 용산미군기지가 있다. 그곳은 땅을 파면 기름이 배어나올 정도로 오염문제가 심각하다.

이처럼 각지에서 벌어지고 있는 환경파괴와 군사훈련에 의해 지역주민은 일상적으로 건강과 생명을 위협받아왔다. 2002년의 추모 촛불집회의 계기가 된 미군 장갑차에 의한 여중생 사망사건과 1992년 '윤금이 사건' 등, 지금까지 알려진 미군에 의한 범죄와 피해는 빙산의 일각에 지나지 않는다.

생존권과 직결되는 반미운동은 1990년대에 들어 본격적으로 분출되기 시작했다. 먼저 1990년대 초두에 미군기지 반환을 요구하는 운동이 일어났으며 1999년에는 '불평등한소파개정국민행동'이 결성되는 등, 한미SOFA 개정운동이 활발해졌다. 그에 따라 2001년에 범죄자의 신병인도에 관한 항목의 수정과 환경보호에 관련된 규정을 추가하는 한미SOFA 개정이 이루어졌다.

이러한 운동도 1980년대의 학생운동을 중심으로 한 반미운동이 정치적인 문제로서뿐만이 아니라 보다 일상생활과 밀접한 문제로 받아들여지게 됨으로써 발전하게 된 것이라고도 할 수 있다. 근년에 이르러서는 한국전쟁 당시 충청북도 노근리에서 자행된 미군에 의한 주민학살사건 등, 역사를 다시 보는 움직임도 활발하게 일어나고 있다. 특히 젊은이들 사이에서는 여중생 사망사건은 물론이거니와 미국에 의한 무기 강매와 대북정책에 대한 반발심이 확산되면서 스포츠 분야에서도 반미감정이 높아지고 있다. 학생운동의 '과격'한 반미주의가 일반시민에 의해, '온건'하고 대중적인 반미의식으로 탈바꿈하고 있는 것이다.

## 승리와 좌절

### 1987년, 6월항쟁

1987년에 들어서면서 야당과 시민세력의 민주화 요구에 직면한 전두환 정권은 독재정권의 말기현상을 드러냈다.

학생운동과 노동운동을 탄압하고 재야운동가와 학생들에 대한 고문도 서슴지 않던 독재권력은 마침내 서울대학교 학생 박종철을 고문사에 이르게 했다. 그래도 전두환은 야당과의 개헌논의에는 응하지 않은 채 4·13호헌조치를 발표했다. 꼭두각시 선거인단을 조직하여 대통령직을 후계자에게 양도하려는 속셈이었다. 1987년 5월에는 박종철 고문치사사건의 은폐 기도가 폭로되어 정권의 도덕적 이미지는 이미 회복불능이 되어 버렸다. 거기에다 6월 9일에 발생한 연세대학교 학생 이한열이 경찰이 쏜 최루탄에 맞아 의식불명이 된 사건은 민주화투쟁에 가일층 탄력을 주었다. 다음 날인 6월 10일을 시작으로 시민항쟁은 전국적으로 확산되어 '호헌철폐', '독재타도'의 함성이 전국 각지에서 울려 퍼지게 된다. 이른바 6월항쟁의 시작이었다.

4·13조치 철회, 정치범 석방, 집회·언론의 자유, 최루탄 사용금지 등을 요구하는 시민데모는 이미 경찰력으로는 진압할 수 없을 상황이 되어 있었다. 부산에서도 최루가스를 피해 도망가던 시위대의 회사원이 추락사하는 등 상황이 점점 악화되자 정부는 군을 투입하여 사태 수습을 꾀하려 했다. 그러나 그러한 결정은 미국의 압력과 군 내부의 동요에 의해 직전에 철회된다. 만약 군이 투입되었더라면 재차 광주학살과 같은 비극이 발생했을지도 모를 일이다. 때마침 한국은 이듬해(1988년)에 서울올림픽을 앞두고 있었다.

### 대통령 직접선거와 노태우 당선—미완의 항쟁의 전말

6월항쟁이 본격적으로 시작되던 바로 그날 민주정의당(민정당)의 대통령후보로 지명된 노태우는 전두환과 함께 12·12쿠데타를 주도한 주모자 중 한 사람이었다. 그러나 제5공화국 정부에 대한 시민의 저항을 똑똑히 지켜본 그는 6월 29일에 '민주와 화해를 위한 시국수습특별선언'을 발표한다. 이것이 바로 6·29선언이다. 이 성명은 표면적으로는 시민들의 저항에 굴복한 모습이었지만 미국 잡지의 표지를 장식할 만큼 한편으로는 제5공화국 헌법하에서 약속된 대통령의 자리를 과감히 집어던진 '고독한 결단'으로, 노태우에게 그 정치적 효과를 십분 가져다준 것이었다.

어찌 되었든 대통령 직접선거와 김대중 등의 정치범의 사면·복권, 그리고 언론과 정치활동의 자유 등을 보장하는 6·29선언은 독재정권에 대항한 시민들이 거둔 승리였다. 그렇긴 해도 군부독재 타도를 목표로 내걸었던 그들에게 있어 이것만으로는 아직 충분하지 않았을 것이다. 7월, 의식불명 끝에 사망한 이한열의 장례식에는 백만 명이나 되는 학생과 시민들이 집결했다.

많은 희생을 치르고 쟁취한 민주화의 성과는 연말의 대통령선거에서 정권교체라는 기대와 희망으로 이어졌다. 그러나 야당의 리더였던 김대중과 김영삼이 나란히 대통령선거에 출마함으로써 군부독재정권을 연명시키는 결과로 끝나버렸다. 민주세력의 분열에 의한 어부지리와, 풍부한 자금과 통제하에 있던 언론을 충분히 활용하고, 나아가서는 아직도 많은 의혹에 싸여 있으면서 유족들에 의해 진상규명이 요구되고 있는 KAL기 폭파사건(1987년 11월)의 직격탄 아래에서 노태우가 대통령에 당선된 것이다. 6월항쟁은 미완인 채로 끝났다.

### 광주청문회

어렵게 쟁취한 대통령 직선제도 야당세력의 분열에 의해 민주정부의 수립으로는 이어지지 못했다. 하지만 대통령선거에서 양김의 분열로 표가 분산되기는 했지만 이듬해의 총선에서는 그대로 여소야대의 세력구도가 되어 나타났다.

야당이 우위를 차지한 13대 국회에서는 의정 사상 처음으로 청문회가 열리게 됨에 따라 1988년 후반의 한국은 이 청문회 정국으로 요동치게 된다. 물론 6월항쟁을 거치며 성장한 민주세력의 강한 압력이 작용했음은 말할 필요도 없다. 1988년 9월에 개막된 서울올림픽 이후 학생운동 최대의 투쟁 과제는 '광주학살 규명'과 '5공화국 비리 청산'이었고, 실제로 학생들은 '전두환 체포결사대'를 조직하여 전두환의 사저로 몰려갔다.

청문회에서는 제5공화국에서의 정치탄압과 부패에 초점이 맞추어졌다. 국회에 '제5공화국에서의 정치권력형 비리조사 특별위원회'와 '5·18광주민주화운동 진상조사 특별위원회'(이하 광주특위)가 구성돼 각각 '5공비리청문회'와 '광주청문회'가 열렸다.

광주청문회에 대한 시민들의 관심은 아주 높았다. 11월 18일에 처음으로 TV 생중계가 이루어지자 서울 시내는 평소 교통량의 30퍼센트가 줄어 한산했고 광주는 적막의 도시가 되었다고 당시의 신문은 전하고 있다. 청문회에 출석한 증인들의 변명과 부인으로 일관하는 자세에 시민들은 분개했지만 그것은 '광주사태'를 '광주민주화운동'으로 공식화시키고 후에 명예회복과 보상, 그리고 전두환과 노태우를 공식재판 석상에 서게 만든 첫걸음이 되었다.

한편 '5공비리청문회'에서는 전두환 일가의 부패와 일해재단, 삼청교육대(사회악 일소를 명목으로 전두환 정권이 자행한 군에 의한 정화교육을 말하는 것으로 거기에는 무고한 일반인들과 전두환 정권에 비판적인 사람들도 포함되어 54명의 사망자가 나왔다) 등이 다루어졌다. 이 청문회에서 정연한 논리와 날카로운 심문으로 일약 청문회스타가 된 의원이 훗날 대통령이 되는 노무현이다. 이 초선의원이 대통령의 자리까지 오르리라고는 아무도 예상하지 못했을 터이지만 이것이 노무현을 국민들에게 각인시킨 첫 계기가 되었다.

### 3당합당에서 양김 대결까지—노무현 신화의 개막

1987년의 대통령선거는 민주세력의 분열에 의해 군부독재정권을 연명시켜버린 결과로 끝났다. 그러나 이듬해의 총선에서 299의석 가운데 125석을 획득한 여당 민주정의당이 제1당이 되기는 했으나 평화민주당(평민당), 통일민주당(민주당), 신민주공화당(공화당)이 각각 70석, 59석, 35석을 획득함으로써 야당의 의석 수가 여당을 크게 상회하는 여소야대의 구도가 성립했다. 동시에 그것은 철저한 지역적 구도에 따른 분배이기도 했다.

그러나 국민이 선택한 여소야대의 구도는 그리 오래가지 못했다.

대통령인 노태우는 여소야대 상황에서 정국운영에 애를 먹고 있었다. 김영삼이 이끄는 민주당은 총선에서 김대중의 평민당 다음인 제3당이 되어 세력 입지가 좁아져 있었고, 김종필의 공화당도 소수정당으로 존재감이 희박했다. 그러한 3당의 생각이 일치하여 정계 재편이 이루어지게 된다.

1990년 1월 22일, 민정, 민주, 공화 3당이 합당에 전격적으로 합의함으로써 5월 9일에 거대 여당 민주자유당(민자당)이 탄생했다. 여당은 마침내 개헌 가능한 정족수의 3분의 2가 넘는 221석을 확보하게 된다. 소수파로 전락한 야당 평민당은 '3당 야합'에 대해 '총선의 민의를 배반하는 행위'라며 격렬하게 비난했다.

노무현은 이때 민주당 의원이었다. 그러나 그는 3당합당의 길을 선택하지 않았다. 3당 합의를 받아들여 개최된 합당을 결의하는 당대회에서 민주당 총재인 김영삼은 당원들에게 합당의 가부를 물었다. 거기에서 "이의 있습니다"라며 손을 들고 자리를 박차고 일어선 것이 노무현 의원이었다. 그러나 그의 이의신청은 무시되었고 총재는 의사봉을 두드리는 것으로 합당안을 가결시켰다. 노무현은 훗날 이 3당합당을 '지역주의를 고착화하고 항구적인 집권을 위한 국민적 배신행위'로 술회했다.

이것이 바로 지역주의에 저항하며 원칙과 소신을 관철시킨 '노무현 신화'의 시작이다. 또한 동시에 그 지역주의에 가로막혀 좌절을 거듭하는 고난의 여정의 시작이기도 했다.

민자당으로의 합류를 거부한 '꼬마 민주당'과 평민당이 재야

노무현은 이때 민주당 의원이었다. 그러나 그는 3당 합당의 길을 선택하지 않았다. 3당 합의를 받아들여 개최된 합당을 결의하는 당대회에서 민주당 총재인 김영삼은 당원들에게 합당의 가부를 물었다. 거기에서 "이의 있습니다"라며 손을 들고 자리를 박차고 일어난 것이 노무현 의원이었다.

ⓒ 김종구

세력을 통합한 신민주연합당은 통합신당을 결성하는 데에 합의하고, 새로이 민주당의 간판을 내걸어 대통령선거에 임하기로 했다. 이때 김대중이 후보선거에서 승리하여 민주당의 대통령 후보로 지명되었다. 여당에서는 민정계, 민주계, 공화계 등 각 파벌이 각축하는 가운데 김영삼이 대통령 후보가 되었다.

이리하여 가장 유력한 대통령 후보로서 김대중과 김영삼이 대결하는 방식으로 1992년의 대통령선거가 치러졌다. 현대그룹의 정주영이 민주국민당을 만들어 그 싸움에 뛰어들기는 했지만 실질적으로는 30년간 재야의 리더로서 민주화를 견인해 온 양김의 대결이었다고 할 수 있다.

그러나 3당 담합에 의한 '지역패권연합'은 호남지역을 고립시키며 호남 대 반호남의 구도를 만들어냈다. 이러한 지역감정의 선동과 이데올로기 공세, 그리고 『조선일보』 등의 여당 편향적 보도에 힘입어 여당 후보인 김영삼이 대통령에 당선된다. 양자의 연대관계를 엿보게 하듯 김영삼이 선거 다음 날 제일 먼저 방문한 곳이 『조선일보』 사장의 저택이었다.

김영삼 정권의 발족에 따라 지역주의는 더욱 강화되었고 민주화세력의 대다수가 반공보수세력에 포섭되었다.

# 미디어와 민주화운동 약사略史
## —5·16에서 인터넷신문의 탄생까지

### 1960년대, 권언유착의 시작—권력과 신문사

여기서 다시 한 번 시대를 거슬러 올라가 왜 한국에서 거대 신문사가 권력과 떼려야 뗄 수 없는 관계가 되었는지 그 궤적에 대해 말해보고자 한다.

우선 5·16 직후 쿠데타 세력은 전국의 언론사에 대한 대대적인 정리를 시작했다. 진보계의 『민족일보』를 폐간시킴과 동시에 사장을 용공 혐의로 체포해 같은 해 연말에 사형에 처하는 등의 폭거를 자행했다. 동시에 언론사에는 각종 특혜를 제공하여 점차로 권력이 언론을 비호하고 언론이 권력을 뒷받침하는 권언유착 구조를 형성해갔다.

먼저 신문은 쿠데타를 정당화하는 보도에 착수했다. 『동아일보』는 「혁명완수에 총진군하라」라는 사설을 게재하였고, 『조선일보』도 이에 뒤질세라 '군사혁명'이 해외로부터 지지를 얻고 있으며 그것에 대한 내외의 기대가 높아지고 있다고 반복해서 보도했다.

신문사는 일반기업보다 저금리로 자금을 조달할 수 있도록 하였고 신문용지에 관해서도 일반 수입관세와 비교해 극히 낮은 관세율이 적용되었다. 또한 저리의 차관 융자를 받을 수 있는 특혜까지 주어졌다. 『조선일보』는 1969년에 한일협정에 의한 경제차관으로 이토추(伊藤忠)상사로부터 거액의 민간차관을 얻어 코리아나호텔을 세운 것으로 알려져 있다. 금리가 25퍼센트를 넘었던 당시 상황에서 연리 6퍼센트는 파격적인 이율이었다.

그리되자 1969년의 3선개헌을 둘러싸고 『조선일보』는 정권 편향적 보도로 일관한다.

『조선일보 80년사』에서는 3선개헌을 '중립적'으로 보도했다고 자부하고 있다. 하지만 독재의 전형적 패턴인 권력연장 음모를 정당한 과정으로 다루며 3선개헌에 대한 찬반을 동등하게 다루는 것이 중립적 저널리즘의 참모습인지 어떤지는 의문이 남는다. 실제로 국민투표 전날(10월 16일)의 『조선일보』는 결코 '중립적'이지 않았다. 대통령에게 "'영광의 후퇴'보다 '전진의 십자가'를……" 짊어질 것을 요청하며 일면을 죄다 '각계 인사'와 외국인들의 인터뷰로 채웠다. 그 논조는 하나같이 '성장한국'의 안정과 발전에는 강력한 지도력이 필요하다는 것이어서 노골적으로 개헌안에 대한 찬성을 촉구하고 있었다. 1960년대는 스스로가 이야기하고 있듯이 『조선일보』에게 있어서는 '본격적인 발전기'였다.

민주적 질서를 완전히 파괴한 유신체제에 대해서는 어땠을까? 유신 발표 다음 날(1972년 10월 18일)의 사설 「평화통일을 위한 신체제」를 다시 읽어보면 『조선일보』는 "가장 적절한 시기에 가장 적절한 조치"였다고 비상계엄령을 평가하였고, 나아가서는 "비상사태가 민주제도의 향상과 발전을 위하여 하나의 탈각이요 시련이고 진보의 표현임을 믿어 의심치 않는다"고 찬양하고 있다. 『조선일보』에 있어 유신은 '새로운 역사의 출범'이었으며 '구국의 영단'이었던 것이다.

정권과 인맥적으로 밀접한 관계를 갖고 있는 한국 최대재벌 삼성이 모회사인 『중앙일보』도 "국민은 경거망동을 삼가하고 일체 혼란의 발생을 자진해서 억제해야 할 것"이라며 유신체제에 저항하지 말 것을 국민에게 호소했다. 조금 톤이 약하기는 했지만 『동아일보』 역시 유신은 '평화지향적'이며 '자유민주주의적'이라 보도했고, 『한국일보』도 "왜 강력한 대통령이 필요한가?"라는 논조로 유신의 정당화에 앞장섰다.

### 1974년, 자유언론실천선언—유신체제하에서 꽃핀 신문인들의 싸움

1972년 유신체제의 개시를 알리는 비상계엄령은 언론에 대한 검열을 제도화했으며, 계속해서 1974년에 발령한 긴급조치 1호는 사실상 언론의 존재를 부정하는 것이었다. 『동아일보』 기자들이 '자유언론실천선언'(1974년 10월 24일)을 발표한 것은 이러한 상황하에서였다.

외부간섭의 배제, 정치기관원의 출입금지, 불법연행거부를 선언한 『동아일보』 기자들은 자유언론실천특별위원회를 구성하여 유신반대운동과 집회에 관한 기사를 게재했다. 그것에 대해 박정희 정권은 이른바 광고탄압에 나서 『동아일보』는 백지

광고를 낼 수밖에 없었다. 그런데 백지광고를 권력에 대한 저항으로 간주한 시민들이 그 백지를 메우기 위해 많은 의견광고를 내보냈다. 언론자유를 요구하는 시민에 의한 독자운동이 전개되었던 것이다.

그러나 신문사 경영진 측은 정부의 압력에 굴복해 기자들을 해고해버린다. 또한 영업점 직원 등을 동원하여 농성 중이던 기자와 동아방송(라디오)의 프로듀서들을 강제로 끌어냈다.

『조선일보』에서도 비슷한 '자유언론실천선언'이 나왔지만 그것은 『동아일보』에 라이벌 의식을 갖고 있는 간부가 기자들에게 주문한 것이었다. 그러나 자유언론운동이 일정선을 넘어버리자 마찬가지로 기자들이 속속들이 탄압을 받는 지경에 이르렀다. 이리하여 『동아일보』(동아방송을 포함)에서는 130명 남짓이, 그리고 『조선일보』에서는 30명 남짓이 해고 또는 사실상의 해고인 무기정직 처분을 받고 회사에서 쫓겨났다. 이것이 소위 1975년 3월의 '동아·조선 사태'이다.

농성에서 강제해산당한 기자들은 '동아투위'(동아자유언론수호투쟁위원회)를 결성하여 동아자유언론의 정통성은 동아일보사가 아닌 자신들에게 있다고 선언했다. '조선투위'가 1975년 4월에 낸 진상보고서는 "우리는 회사 측이 신문의 생명이라 할 언론 자유를 그때그때 상업적 이익을 위한 방편으로만 이용하는 반언론적 태도를 즉각 청산하고 본연의 양심과 정도를 되찾아주기를 간절히 요망한다"고 끝을 맺고 있다. 이처럼 독재정권과 언론의 싸움에는 언론자본이라는 또 하나의 축이 있었다. 요컨대 이들 신문사는 기자들의 자유언론 의지를 상업주의의 도구로서 이용했던 것이다.

### 1980년대, 어용화되어가는 언론

박정희가 측근인 김재규에게 사살된 10·26사태 직후, 12·12 쿠데타로 권력을 장악한 전두환 정권의 언론대책은 철저했다.

신군부는 '3김' 등의 정치가들의 활동과 학생 데모를 부정적으로 보도하게 만드는 한편으로 신군부의 집권을 정당화하기 위한 여론조작을 꾀해 언론사 간부들의 성향을 분석·조사하여 하나둘씩 회유해갔다.

신군부에 의한 언론 통제와 억압에 대해서 언론은 검열 철폐와 자유언론 보장을 요구하며 결의문을 발표하는 등 저항 의지를 표출했다. 그러나 이러한 노력도 계엄령이 전국으로 확대됨에 따라 좌절되고 만다. 그것은 광주학살에 대한 언론의 침묵, 나아가서는 은폐와 왜곡으로 이어져갔다. 당시의 신문들은 시민의 저항을 폭동이라 표현했고 보도된 사망자의 수는 단 두 명이었다. KBS 뉴스에서도 광주시민은 "방화, 파괴, 살상을 유도하고 무기를 탈취한 무장 난동자들"이었으며, 일반 시민들은 계엄군을 환영하고 있다고 보도하는 꼴이었다. 『조선일보』의 사설은 "비상계엄군으로서 자제에 자제를 거듭했던 군의 노고를 우리는 잊지 않는다"라며 신군부의 작전을 격려했다.

1980년 9월 전두환이 대통령에 취임하자 각 언론은 너나없이 북한에도 뒤지지 않을 개인숭배에 전력했다. 그것은 10·26 이후 「새역사 창조를 주도한 전두환 대통령」(『경향신문』), 「국민이 바라는 새 지도자상」(『서울신문』), 「인간 전두환」(『조선일보』) 등의 신문 표제에만 그치지 않았으며, 많은 작가와 시인들도 「장군은 우리의 등불이 돼야 합니다」(송숙영), 「청렴·온순·참신한 새출발」(조병화), 「전두환대통령각하 제56회 탄신일에 드리는 송시」(서정주) 등과 같은 글을 쏟아냈다.(한상범·이철호 지음, 『전두환체제의 나팔수들』, 패스앤패스, 2006)

같은 해 11월에는 언론통폐합이 실행되어 64사였던 일간지는 18사가 되었고 최초의 본격적 민간방송국이었던 TBC(동양방송)는 KBS에 통합되었다. 이때를 전후로 하여 700명이 넘는 언론인이 해고되었다. 또한 『창작과비평』, 『사상계』 등 리버럴한 논조의 잡지들도 폐간되기에 이른다. 12월에는 '언론기본법'이 제정되었고 문화홍보부 안에는 언론통제의 실무를 담당하는 홍보정책실이 만들어졌다. 이곳으로부터 보도의 방향과 내용, 형식 등에 이르는 구체적 가이드라인인 '보도지침'이 각 언론기관에 하달되었다.

이후 신문기업은 적극적으로 정권에 대한 협력태세를 취하게 된다. 그에 대한 반대급부로 정부로부터 윤전기 수입 시의 관세 면제, 판매망을 확대하기 위한 자금 대출 등 각종 특혜를 받았다. 또한 정부는 감시와 조종, 그리고 보도지침을 통해 일상적 통제를 언론에 가하는 대신에 세무조사를 하지 않는 등, 사주의 이익을 최대한으로 보장해주었다. 기자들에게도 임금 상승과 취재수당에 대한 비과세, 나아가서는 해외연수 등 수많은 경제적 특혜가 주어졌다. 1980년대는 박정희 시대를 능가하는 권언유착이 신문사의 성장을 떠받쳐주었다.

### 부상하는 신문권력과의 싸움—1988년「한겨레신문」창간

『조선일보』는 전두환 정권과의 유착을 통해 성장하며 시장 점유율을 늘려간 대표적 신문기업이다. 전두환 정권하의 1980년부터 1988년까지의『조선일보』,『동아일보』,『중앙일보』의 매출액의 변화를 보면『조선일보』는 1980년의 161억 원에서 1988년에는 914억 원으로 570퍼센트의 성장률을 기록하고 있다. 재벌계열인『중앙일보』의 480퍼센트보다 높은 수치로 당시 가장 매출액이 높았던『동아일보』도 330퍼센트의 성장에 그치고 있다.

1987년의 민주화항쟁 이후 언론기관에서는 노동조합이 결성되어 언론운동이 활발해진다. 언론에 대한 권력 통제가 엄격했던 만큼 한국 언론 내의 노동운동은 경제투쟁보다도 언론민주화라는 보편적 가치를 추구하는 측면이 강했다. 그리고 그것은 언론을 통제하려는 독재권력과의 싸움이기도 했다.

그러한 가운데 1987년 연말이 되어 마침내 '언론기본법'은 폐지되었고 보도의 자유가 확대되기에 이르기는 했지만 거기

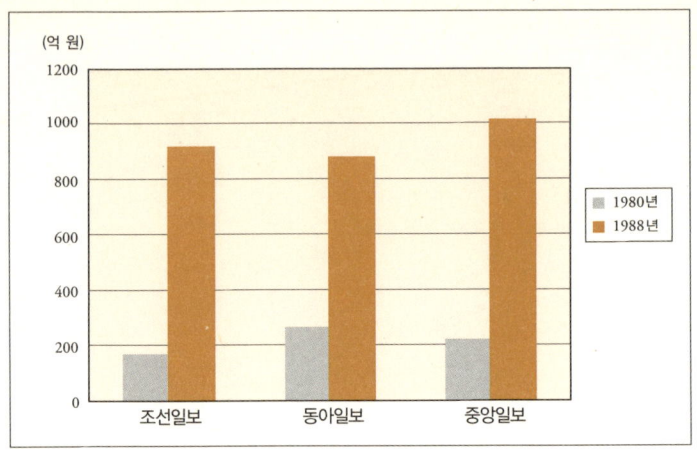

한국 3대 일간지 수익 변천 그래프
(KBS 〈한국 사회를 말한다-신문, 누구를 위한 권력인가〉, 2003년 10월 11일 방영)

에서 폭압적 정치권력을 대신해 새로이 부상한 것이 신문권력이다. 자기들을 통제하는 정치권력의 압력이 느슨해지자 신문은 스스로가 권력으로 변해갔던 것이다. 그 중심에는 5공화국에서 권언유착으로 급속한 성장을 이룬 『조선일보』가 있었다.

한편 권력을 추종하는 미디어 환경 내에서 어려움을 겪어왔던 민주언론운동 세력은 권력에 속박되지 않는 공정한 신문의 필요성을 절실히 느끼고 있었다. 그것은 일반 시민이 주주가 되는 국민주를 기반으로 한 『한겨레신문』(1996년 10월부터 '한겨레'로 제호 변경)의 창간으로 결실을 맺었다.

『한겨레신문』은 1970년대부터 1980년대의 언론탄압 과정에서 해고되어 언론운동을 전개해온 기자들이 중심이 되어 2만

7천 명으로부터 모은 50억 원의 국민기금을 가지고 세계적으로도 예를 찾아보기 힘든 '국민신문'으로 1988년 5월에 탄생했다.

『한겨레신문』은 기존 언론과는 다른 논조를 전개함으로써 창간 이래 권력과 자본이 아닌 시민의 의사를 대변하는 신문으로 민주언론의 중요한 역할을 지켜왔다. 다만, 발기선언문에서 보여준 "권력의 정책적 의도하에 언론기업이 구조적으로 예속당해 이미 자주성을 획득한다는 것은 사실상 불가능"하다는 테제는 그 후 권위주의가 후퇴함으로써 그 역사적 의의는 다소 해소되었다고 할 수 있다.

하지만 "오늘날의 제도언론은 그 기업구조로 보아 비록 이 땅에 민주화의 꽃이 핀다 해도 정치적 경제적 자주성을 견지하지 못한 채 필경 권력의 입장에서 국민에게 진실을 전달하지 못하고 그들을 오도할 수밖에 없을 것"이라고 한 대목은 아직도 그 빛을 잃지 않고 있다.

여기에서의 '기업구조'란 사주 일가 및 관련 재단이 71.5퍼센트의 지분을 소유하고 있는『동아일보』, 88.8퍼센트를 소유하고 있는『조선일보』, 거의 100퍼센트를 소유하고 있는『국민일보』와『한국일보』의 경우(『미디어오늘』, 2004년 7월 13일)에서 여실히 드러나듯, 강고한 족벌체제를 가리킨다.

### 파업하는 방송

권력의 간섭과 규제에 대한 순응은 방송도 예외가 아니었다. 특히 공영기관인 방송은 국가권력이 예산편성권을 통제하고 있었다. '땡전뉴스'(메인 뉴스 시간인 오후 9시 시보가 울리면 톱뉴스로 전두환의 동정부터 보도했던 방송에 대한 비아냥의 표현)라 야유받았듯이 방송은 공정보도와는 거리가 먼 존재였다. KBS에 대한 1986년의 수신료 거부운동에서 볼 수 있듯 방송은 체제 유지의 도구라는 딱지가 붙여져 시민들에 의해 비판을 받아왔다.

1987년의 노동자대투쟁과 시기를 같이 해 신문사의 노동조합이 합법화된 가운데 방송국도 노조 결성에 나선다. 같은 해 12월에 MBC(서울)에서 한국 방송 사상 최초의 노동조합이 결성되자 이듬해 5월에는 KBS에서도 노조가 결성되었다. 그리고 정권의 지배 장치로서 독재권력의 버팀목이 되어왔던 방송을 민주화하려는 요구는 편집권의 독립을 요구하는 방송민주화운동으로 분출되었다.

한국 방송 사상 처음으로 파업이 단행된 것은 1988년 8월 MBC에서였다. 4일간의 파업을 통해 노동조합은 공정방송협약을 방송기관의 단체교섭에 포함시키는 것에 성공했다. 이에 따라 노사는 방송 공정성의 원칙, 편성·제작·보도의 독립성, 공정방송위원회 설치를 확인하였고 그것을 위해 제도적 장치를 정비하고 방송 관련법을 개정하기로 합의했다. 또한 1989년 9월에도 MBC는 12일간에 걸친 파업에 돌입해 방송국의 민주적 구조를 확립시키고 의사결정 과정에 있어 한 걸음 진전된 민주화를 추진해나갔다.

### 격렬해지는 방송민주화운동

KBS의 방송민주화운동은 정부가 방송에 경찰력을 투입하는 등 파란으로 가득찬 것이었다.

'언론기본법'을 대신한 새로운 방송법에 따라 처음으로 민주적 방식으로 선출된 사장이 퇴진당할 처지에 몰렸다. 그를 대신해 정부 편향적 인물이 취임하자 노동조합은 항의집회를 열고 농성에 들어가 사장의 출근을 저지했다. 1990년 4월 12일에 경찰이 투입돼 백 수십 명이 체포되자 노동조합은 프로그램 제작 거부에 들어갔다. 노조는 36일에 걸친 제작 거부 끝에 업무에 복귀했지만, 이 'KBS사태'는 10명이 넘는 관련자들에게 실형이 선고되는 격렬한 투쟁이었다.

게다가 정부가 방송법 개정에 착수하자 이번에는 KBS, MBC, CBS(기독교방송), PBC(평화방송)의 노조가 연대해 방송 구조개편 저지투쟁을 전개한다.

'KBS사태'를 겪은 정부는 민주화를 추진하는 공영방송의 대항마로 민간상업방송을 기획한다. 그 결과 방송사업주 선정에서의 의혹이 해소되지도 않은 채 민간상업방송 SBS(서울방송)가 탄생한다.

국가권력에 의한 방송장악 시도는 거기에서 멈추지 않았다.

MBC 노조는 1992년에 단체교섭 결렬에 따라 50일간의 파업을 감행하고 7명이 구속당했다. 그래도 그들은 1996, 1997년에는 '노동악법철폐'를, 그리고 1999년에는 방송위원회의 독립과 사장 선임 시의 인사 청문회 도입 등을 요구하며 파업을 감행했다.

이처럼 한국 방송계는 독재정권에 봉사해온 과거의 역사를 뿌리치고 파업도 불사하는 투쟁을 계속함으로써 방송민주화 부문에서 많은 성과를 올렸다.

이와 대조적으로 사주의 영향력이 절대적인 신문계의 내부 민주화는 모두 실패로 끝났다. 예를 들면 1980년대 중반까지 야당지로서 명성이 높았던 『동아일보』의 사주 겸 사장은 1991년 8월에 그러한 명성을 떠받쳐온 김중배 편집국장을 해임했다. 그는 신문자본과의 싸움을 촉구하며 사표를 냈는데 기자들은 그것에 침묵했다. 이른바 '1991년 동아사태'인데 훗날 김중배는 『한겨레신문』을 거쳐 MBC 사장에 취임하게 된다.

### 언론권력의 출현과 1990년대 시민언론운동
#### ─민주언론운동시민연합의 활약

한국 언론운동의 또 하나의 특징으로 활발한 시민언론운동의 존재를 들 수 있다. 권력의 통제하에서 언론자유를 요구하는 운동은 독재권력에 대한 정치투쟁으로 오랫동안 자리매김해왔다. 1987년의 민주화 이후에 물리적인 언론통제는 서서히 완화되었지만 반공보수주의를 대변하는 신문의 권력화는 거꾸로 강화되었다. 이에 따라 사주와 간부들에 의한 통제라는 언론권력에 대한 새로운 투쟁이 필요하게 되었다. 그것은 보도의 자유와 정치적 공정성을 요구하는 민주언론운동으로부터 왜곡보도에 대한 시정과 공공성 및 시민의 권리를 둘러싼 시민언론운동으로의 질적 변화를 의미한다.

민주화에 따른 시민영역의 확대는 운동의 주체와 방법, 그리고 내용 또한 다양화시켰으며 또 각 단체는 개성과 전문성을 갖고 상설화함으로써 시민언론운동이라는 새로운 영역을 만들어낸 것이다. 독재정권하에서의 KBS 수신료 거부운동이나 민주화 이후의 선거보도감시운동 등 시청자운동의 성과를 통해 1990년대에는 많은 시민언론단체가 등장한다.

가장 대표적인 시민언론단체가 민주언론운동시민연합(민언련)일 것이다.

민언련(www.ccdm.or.kr)은 1984년 말 해고기자들을 중심으로 결성된 민주언론운동협의회(언협)로 거슬러 올라간다. 이들은 권력 탄압이 극심했던 1985년에 시사월간지 『말』을 창간하여 전두환 정권의 언론통제 수단이었던 '보도지침'을 폭로했다. 그리고 1988년에는 『한겨레신문』의 창간을 주도하였고, 1990년대에 들어서는 새로운 언론시민운동의 시대를 개척해간다. 1989년에 언협에서 민언련으로 전환하여 시민언론교육, 언론감시활동, 시청자운동, 선거보도모니터링 등 다양한 영역에서 다채로운 스펙트럼의 운동을 전개하고 있는 것이다.

한편 1980년대 중반의 KBS 수신료 거부운동 등 시청자에 의한 언론운동의 흐름을 계승한 것이 언론개혁시민연대(언개련)이다. 언개련(www.pcmr.or.kr)은 44개의 시민단체와 언론단체의 연합조직으로 1989년 8월에 발족했다. 그들은 신문개혁과 방송개혁 등 언론 관련 법제도의 개정운동과 수용자운동, 대안미디어운동을 중심과제로 삼고 각종 사업과 토론회를 개최하고 있다.

### 인터넷신문의 탄생

최근에는 언론의 오보와 왜곡보도에 의한 피해로부터 시민을 지키는 언론인권센터(www.presswatch.or.kr)의 활동도 볼 수 있게 되었다.

이 단체는 통일교육을 의도해 간행된 『나는야, 통일 1세대』라는 저서가 북한을 찬양한다는 이유로 『월간조선』으로부터 이데올로기 공세를 받았을 때 저자인 이장희 교수가 『조선일보』의 기자를 상대로 벌인 명예훼손 재판(2001년에 승소)에 대한 지지활동이 계기가 되어 조직되었다. 당시 활동하던 변호사나 언론보도 피해자들이 주도하여 2001년 12월에 탄생시킨 이 단체는 현재도 언론보도피해에 대한 구제와 정보공개운동 등을 중심으로 활동을 전개하고 있다.

이데올로기성을 중심으로 한 1990년대 초까지의 대항언론운동이 냉전의 붕괴와 함께 퇴조하자 이번에는 대안언론운동을 통해 시민세력의 독자적 미디어를 요구하는 운동이 활발하게 일어났다.

전국언론노동조합연맹에서는 1995년부터 미디어비평을 전문으로 하는 『미디어오늘』을 발간하고 있다. 또한 1993년에 경제정의실천시민연합의 기관지로서 시민주를 공모해 창간된 『시민의신문』은 1997년부터는 46개 시민단체가 공동 제작하는 시민단체공동신문으로 확대발전했다.

이러한 대안언론을 추구하는 미디어운동은 인터넷의 보급에 따라 일반 시민이 참가하는 보다 광범위하고 쌍방향적인 시민언론운동으로 확대되어가는 기반이 되었다. 그 대표적인 운동이 독재정권과의 유착을 통해 독점언론으로 성장한 『조선일보』에 대한 반대운동, 이른바 안티조선운동이다.

『조선일보』는 지금까지 왜곡기사를 통해 사상검열을 실시해 선거에서는 반공보수세력에게 유리한 보도를 함으로써 늘 정치에 개입해왔다. 그들의 보도 영향력 앞에서 시민언론단체들은 자신들의 언론운동의 한계를 느끼고 있었다. 그즈음 일반시민들의 인터넷 사이트를 이용한 『조선일보』 반대 흐름과 지식인들을 중심으로 한 '조선일보 반대 지식인선언' 등의 흐름이 결합하면서 '안티조선'이라는 일종의 시민문화가 형성되었다. 인터넷이라는 새로운 매체를 이용한 시민들의 활약은 '딴지일보'와 '대자보' 등의 비판적 사이트들의 등장을 촉진시켰으며, 나아가서는 기존의 신문 매체에 대항할 만큼 조직적이면서도 전문성을 갖춘 인터넷신문을 창간할 정도로까지 발전해왔다. 그것이 오늘날 일간지에 뒤지지 않는, 또는 그것을 뛰어넘는 영향력을 지닌 『오마이뉴스』를 필두로 하는 인터넷신문인 것이다.

## 정치의 후진, IT의 선진

### 1995년, 체포된 대통령들

1988년의 청문회에서 광주특위는 12·12쿠데타 이후의 신군부에 의한 일련의 행위를 정권찬탈 과정이라 규정하고 광주학살과 미국의 책임에 대해 진상조사를 실시하는 등의 성과를 올렸다. 그렇다고는 해도 증인의 출석거부와 위증, 정부자료의 제출거부와 날조에 의해 완전한 진상규명과 책임자 처벌이라는 근본적 문제 해결에는 이르지 못했다. 그래도 우여곡절은 있었지만 군인 대통령이 퇴장하고 '문민정부'가 등장하게 된다.

그러나 광주학살의 주범이었던 군부세력과 손을 잡고 당선된 김영삼 대통령이 광주학살의 가해자를 처벌하기에는 구조적인 한계가 있었다. 대통령에 취임한 1993년에 김영삼 대통령은 '5·18특별담화'를 발표하는데, 피해자의 명예회복과 그 정신을 계승하기 위한 제도의 정비는 약속했지만 진상규명은 역사의 판단에 맡긴다는 정도에 머물렀다. 야당과 5·18 관련

단체를 중심으로 한 시민들에 의한 일련의 고소·고발 사건에 대해서도 검찰 측은 1995년 7월에 "성공한 쿠데타는 처벌할 수 없다"며 '공소권 없음'이라는 결정을 내렸다.

그런데 뜻밖의 사정에 의해 사태는 급변하게 된다. 민주당의 박계동 의원이 노태우의 비밀정치자금을 폭로하자, 11월 16일 노태우 전 대통령이 수뢰와 정치자금법 위반의 혐의로 체포되었던 것이다. 노태우가 재직 중에 거둬들인 비자금의 규모는 4천억 원에 달했다. 그 천문학적인 숫자에 국민들은 경악했다.

이러한 비자금 문제는 마침내 현직 김영삼 대통령에 대한 의혹으로 번졌고 보다 엄격한 대처가 요구되기에 이르렀다. 그러자 김영삼은 광주학살에 대한 지금까지의 방침을 바꿔 재수사를 지시함과 동시에 5·18특별법 제정을 추진했다. 이윽고 수사의 손은 전두환에게도 미쳐 얼마 지나지 않아 반란수괴 등의 혐의로 체포되었다. 12월 20일에는 '5·18민주화운동 등에 관한 특별법'과 '헌정질서파괴범죄의 공소시효 등에 관한 특례법'이 국회에서 성립된다. 게다가 전두환의 비자금은 9천억 원에 달하는 것으로 판명되었다.

이리하여 두 전직 대통령은 수뢰와 반란 및 내란 혐의로 법정에 서게 된다. 동시대의 오욕의 역사를 자신들의 손으로 청산하는 '세기의 재판'을 눈앞에 두고 국민들은 충격을 느끼면서도 기대를 갖고 그 추이를 지켜보았다.

전 국민의 큰 관심 속에서 진행된 재판에서는 1심 판결에서 전두환 피고에게는 반란수괴죄가 적용되어 사형이 선고되었다. 노태우 피고에게는 33년 6개월의 징역형이, 그 밖의 신군부 쿠데타 세력에게도 중형이 언도되었다. 공판에서는 신군부가 무력을 동원해 정권을 장악한 12·12로부터 5·18에 이르는 과정을 '불법적 내란 및 군사반란행위'로 규정하고 민주화를 요구하는 광주시민을 무차별적으로 학살한 행위는 '내란목적을 위한 살인'이라는 결론을 내렸다.

그 후 항소심에서 각각 무기징역과 17년으로 감형된 양 피고는 결국에는 김영삼 대통령 퇴임까지 3개월을 남긴 1997년 12월 3일에 대통령 후보 등과의 합의를 거쳐 대통령의 특별사면에 의해 석방되었다.

### 김영삼의 문민정부에 잔존했던 정경유착의 구조

기업으로부터 막대한 정치자금을 긁어모아온 부패의 구조와 불법자금을 위해 국가기관을 동원하는 탈법성은 한국 정치구조의 치부를 그대로 드러냈다. 그러나 이러한 부정한 자금은 근절되지 못한 채 지금도 계속해서 꼬리를 잇고 있다.

두 전직 대통령을 처벌한 김영삼 정권하에서도, 예를 들어 국가안전기획부의 자금을 당시의 여당이었던 신한국당이 제15대 총선(1996년)의 선거자금으로 유용하거나, 대통령 후보였던 이회창 총재 역시 제15대 대통령선거(1997년)의 자금으로 충당하기 위해 국세청을 이용해 기업으로부터 불법으로 자금을 모았던 것이 나중에 판명되었다. 이러한 국가기관 동원 시스템은 역대 정권으로부터 대대로 이어져 내려온 전형적 수법이다.

이처럼 문민정부는 종래의 정경유착의 구조를 단절시키려 하지는 않았다. 그도 그럴 것이 사법처리를 감행했던 전임자로부터 권력을 이어받은 김영삼은 어떤 의미에서는 공범자이기도 하기 때문이다. 스스로가 개혁의 성과로서 자부하는 금융실명제도 정경유착과 관료주의를 타파하는 근본적 개혁에는 이르지 못했고 인사나 이권에 대한 개입 등, 권력을 남용한 결과 체포된 차남이 전 정권으로부터 물려받은 비자금을 가명계좌로 관리해왔던 것이 발각되기도 했다.

이러한 악습들은 한국 정치사상 처음으로 선거에 의해서 정권교체를 실현시킨 김대중의 '국민의 정부'에서도 근본적으로는 변함이 없었다.

아들이나 측근들이 체포된 권력형 비리는 그 후에도 반복되어 전 정권의 전철을 밟음으로써 민주세력에게 큰 실망을 안겨주었다. 그 후 노골적인 국가기관의 동원은 없어졌지만 지역분할에 기초한 정치지도자를 중심으로 한 정치구조하에서는 그러한 정치자금과 부패로부터 온전하게 자유로워질 수 없었다.

이처럼 권력과 재벌 간의 공생체제의 폐해는 단지 부패의 만연에 의해 사회 시스템이 좀먹는 데에만 머물지는 않았다. 한국 사회 전체를 뒤흔든 1997년의 통화위기도 근본적으로는 정경유착의 필연적 결과였다.

### 1998년, 김대중 정권 출범과 3김정치의 한계

1997년 말에 있었던 제15대 대통령선거에서 한국 정치사상 처음으로 평화적 절차에 의한 정권교체가 이루어졌다.

민주화운동에 투신하여 정치적 탄압을 받고, 몇 번이나 생사의 경계선을 넘나들며 한국 민주화의 심벌이 되었던 김대중이 마침내 대통령에 당선된 것이다. 이리하여 발족한 '국민의 정부'는 민주세력이 1987년 민주화투쟁을 통해 성취한 직접선거에서의 패배를 극복하고, 군사 쿠데타를 일으킨 광주학살 세력과 단절하는 명실상부한 민주화의 실현으로 평가받기에 충분한 민주주의의 승리였다.

하지만 지역주의의 한계를 안고 있던 김대중이 단독으로 승리할 수 있을지를 확신할 수 없었고, 그것을 확실히 하기 위해서라도 5공 세력보다 더 오래된 유신독재의 잔재인 김종필과의 연합은 어쩔 수가 없었다. 자민련의 지론인 내각제에 대한 개헌을 수용하는 것을 전제로 한 합의 결과 얻어낸 선거협력이었다.

자민련과의 연립정권으로 출범한 '국민의 정부'는 종래의 정치권력 구조에서는 늘 조역이었던 민주화세력을 정치무대의 중심에 올려놓는 계기를 만들었다. 그러나 지금까지의 한국 사회의 주류로서 모든 사회적 자원을 독점해온 기득권층이 그것을 간단히 포기할 리가 없었다. 2000년 총선에서는 야당으로 밀렸던 한나라당이 당시에는 다수를 점하고 있어 의회는 여전히 보수파의 세력하에 있었다. 『조선일보』와 『동아일보』 등의 보수신문들이 김대중 정부가 세무조사에 착수하자 맹렬한 정부비판을 개시했던 것처럼 자신들의 이익이 위협받는 것을 결코 용납하지 않았다.

또한 김영삼에 이어 김대중이 대통령에 취임함으로써 '3김'식 정치는 여전히 한국 정치에 어두운 그림자를 드리우고 있었다. 사당정치와 지역할거주의를 본질로 하는 3김정치는 당의 총재, 즉 3김이 당내의 공천권을 장악하고 재정권과 인사권을 독점하는 구조였다. 그것은 김영삼을 대신해 한나라당(전신은 신한국당)을 장악한 이회창 체제에서도 변함이 없었다.

이러한 보스형 정치는 정치자금 관리에도 관계가 있다. 부정축재가 문제가 됐던 군인 대통령이 아니더라도 '가신'을 키워 당내 세력을 규합하고 정계 지도의 변화를 예상해 새로운 당을 만들고 선거에 임하기 위해서 정치자금 조달은 불가피한 것이었다. 이들 보스들에게는 정치적으로는 격하게 대립하면서도 상호간의 자금조달 문제에 대해서는 건드리지 않는다는 암묵의 룰이 있었다. 국가안전기획부의 예산을 유용한 '안풍사건' 때도 김영삼 전 대통령은 철저하게 관여를 부인했다. 김대중 대통령을 괴롭힌 'DJ비자금'도 결국에는 흐지부지되었다.

민주화투쟁이 격렬했던 때는 정권이 교체만 된다면 민주화가 바로 찾아올 것이라 모두들 생각했었다. 물론 3김정치는 민주화의 과정에서 그 나름대로의 역할을 수행했다고도 할 수 있다. 그러나 그들은 반독재민주화의 지도자이기는 했지만 민주적 의사소통에 의해 성립되는 권력 시스템을 확립하려고는 하지 않았다.

### IMF경제위기와 IT선진국으로의 탈피

재벌경제의 축재위기에 의한 금융공황을 떠안은 '국민의 정부'의 중요과제는 무엇보다도 '국난의 극복'이었다.

정부는 민주적 시장 시스템의 정비를 목표로 재벌의존에서 벤처기업을 중심으로 하는 산업정책으로의 전환을 꾀했다. 그것은 국가주도형이라고 하는 한계는 있었지만 기술집약적 벤처기업의 육성을 유도하는 것이었다. 그 가운데 30퍼센트는 정보통신 관련의 벤처기업이었다. 김대중 정부에서 IT벤처가 활황을 보였던 것도 IMF 관리체제에 따른 재벌계 대기업의 혼란에 의해 유출된 인재가 창업에 뛰어들었고 정부가 그것을 적극적으로 지원했던 것이 배경이 되었다.

김대중은 대통령에 당선되기 전부터 '산업사회에서 정보화사회로'라는 패러다임의 전환을 강조했으며, 정보 인프라의 확충, 정보통신산업의 전략적 육성, 정보대중화의 촉진 등을 선거공약으로 내걸고 있었다. 정보화에 대한 착수는 먼저 고속통신망 구축이라는 형태로 실행에 옮겨졌고 오늘날의 'IT선진국'의 기반을 만들었다.

최근에 활발해진 인터넷상의 정치활동과 선거운동도 이러한 인터넷 환경의 정비와 발전에 기인하는 부분이 크다. 실제로 2002년 대통령선거에서 새천년민주당(2000년에 여당인 새정치국민회의와 이인제가 이끄는 국민신당이 통합하여 결성)으로부터 출마한 노무현 후보는 '세계 최초의 인터넷 대통령'이라고 불릴 정도였다. 인터넷상의 팬클럽과 기존의 보수신문에 대항하는 대안적인 인터넷신문의 활약에 의해 그가 대통령에 당선됨으로써 디지털 민주주의라는 새로운 시대가 열린 것이다.

그러면 2장부터는 이러한 한국의 민주화와 언론운동이 실제의 정치과정 속에서 어떻게 온라인 민주주의를 통해 정치권력을 좌지우지할 정도로 전개되어왔는지에 대해 살펴보기로 하자. 그 개막을 알린 것이 2002년 연말의 제16대 대통령선거였다.

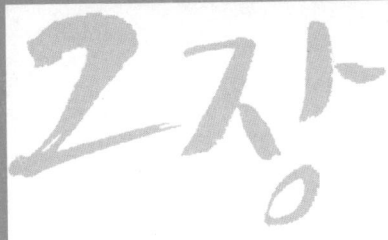

# 인터넷과 대통령선거
―언론권력 vs 인터넷권력
(2002년)

## 국민이 '만든' 대통령

### 2030세대의 활약

2002년 한국 대통령선거는 일본에서는 햇볕정책을 둘러싼 양 주요후보의 대결이라는 점에서 주목을 받았다. 하지만 한국 국민들에게 있어 주된 관심사는 대북정책보다 오히려 국내적 요소에 있었다. 분단체제 내에서 선거 때마다 줄곧 등장했던 '북풍'도 이번에는 유권자를 흔들 수 없었다. 제16대 대통령선거는 낡은 정치체제, 언론권력, 기성권위, 지역주의로부터의 탈피에 초점이 맞춰졌으며 그 결과가 노무현이었다.

그러나 한국 국민들은 유권자라는 입장에서 대통령으로서 노무현을 선택했던 것이 아니다. 노무현은 한국의 21세기를 여는 대통령으로서 연출된 드라마의 배역에 지나지 않았다. 말할 필요도 없이 이 드라마를 연출한 것은 '2030세대'라 불리는 한국의 20~30대 젊은이들이었다.

### 새로운 정치 참가의 틀 탄생

노무현은 지역주의를 타파하기 위해 당선이 확실시되는 선거구를 버리고 출신지이기는 하지만 한나라당의 텃밭에서 선거에 출마하여 몇 번이나 고배를 마셔왔다. 그러나 그는 '원칙과 소신'을 관철시킴으로써 새천년민주당(민주당)의 '국민경선'(국민참가형 대통령후보 지명선거)에서, 그리고 한일월드컵 조직위원장을 맡았던 정몽준과의 후보단일화 대결에서 승리함으로써 대통령 선거에 도전, 마침내 한국의 제16대 대통령에 당선되었다.

그 배경에는 인터넷이라는 강력한 도구가 있었다. 이전보다 더욱 미디어선거가 중시되었던 이번 대통령선거에서는 TV 토론회와 광고 대결뿐만 아니라 인터넷의 활약이 눈부셨다. 인터넷이 없었다면 노무현 측은 주류 미디어의 공세로 인한 혹독한 선거전을 치러야 했을 것이다. 한나라당의 네거티브 전략이 아무런 성과를 거두지 못했던 것은 세계 제일의 IT 강국이라 자부하는 한국에서 20~30대의 젊은 유권자가 인터넷을 통해 기존 권력의 의도를 간파할 수 있었기 때문일 것이다.

또한 인터넷상에는 '인터넷 논객'들의 정세 분석, 네티즌의 다양한 의견과 에피소드, 그리고 유세 현장을 보여주는 동영상 등이 올라왔다. 이처럼 '2030세대'가 인터넷을 활용해 수평적 네트워크를 형성함으로써 유권자 스스로가 대통령을 만드는 새로운 정치참가의 틀이 만들어졌던 것이다.

## 언론권력과 안티조선

### 조중동에 대항하다

지금까지 한국 사회에서 언론권력이라 불릴 만큼 막강한 권력을 휘둘러온 것이 '조중동', 즉 『조선일보』, 『중앙일보』, 『동아일보』다. 이들 3대 신문의 공정성이 결여된 보도 행태는 신문기자협회 등으로부터도 종종 비판을 받아왔다.

그런 가운데 제16대 대통령선거 때에는 선거보도를 감시하는 시민단체가 결집해 '2002대선 미디어공정선거국민연대'가 구성되었다. 이 조직의 선거보도 감시위원회가 선거일 50일 전부터 매주 주간모니터링의 결과를 발표했다. 위원회는 조중동 3사 및 SBS가 한나라당에 의한 폭로를 마치 기정사실인 양 보도해 파문을 불러일으켰다고 지적했다.

종래의 선거라면 한국 신문시장의 70퍼센트를 차지하는 이들 3사의 영향력은 절대적이었다. 그런데 선거운동 기간 중의 여론조사에서는 폭로기사와 색깔논쟁이 선거에 그다지 영향을 미치지 못한다는 것이 판명되었다. 그 배경에는 한국 국민의 정치의식의 성숙도 있었지만 역시 인터넷의 존재를 빼놓고는 설명할 수가 없다. 그 가운데서도 기존 언론에 대항하는 대안 미디어로서 주목을 받은 것이 『오마이뉴스』와 『프레시안 PREESSian』 등의 인터넷신문이다.

### 『오마이뉴스』와 『프레시안』

『오마이뉴스』(www.ohmynews.com)는 '모든 시민이 기자'라는 콘셉트를 가지고 언론권력에 대항하는 상근기자와 시민기자로 구성된 인터넷신문이다. '뉴스 게릴라들의 뉴스연대'를 표방함으로써 등록만 하면 누구든지 기사를 쓸 수가 있다.

창간 시에 727명이었던 시민기자의 수는 대통령 선거 전에 이미 2만 명을 넘어 2005년에는 3만 5천 명에 달했다. 상근기자도 4명에서 60명으로 늘었다. 하루에 대략 200건의 기사가 몰리는 가운데 150건이 시민기자들에 의해 송고되었다.

하루에 네 차례 이상 업데이트를 하고 특정기사에 대해서는 시, 분 단위로 기사를 갱신해 '지면중계'를 하는데 기사마다 의견란을 만들어 토론의 장을 제공하였다. 이러한 『오마이뉴스』의 쌍방향성에 자극받아 일간지의 인터넷판에서도 게시판 시스템을 도입하게 된다.

『오마이뉴스』는 창간 이듬해인 2001년에는 주류 미디어들의 틈바구니에서 한국 국내에서도 유수의 시사주간지가 선정하는 가장 영향력 있는 미디어 8위에 랭크인했다. 2002년에는 6위로 부상하는 등 급속하게 영향력을 높여갔다. 선거가 얼마 남지 않았던 11월에는 대통령선거의 영향도 있고 해서 접속이 급증해 광고수입에 의존하면서도 처음으로 흑자로 전환했다. 동시에 천만 건의 페이지뷰를 기록하며 본격적인 선거전에 돌입했다. 12월 3일에는 1,300만 건, 그리고 선거 전날에는 1,910만 건으로 그 수를 늘려나갔다.

대통령선거 후에는 '자발적 유료화'로 전환해 5일 동안 2,627명으로부터 6,614만 원이 결제되었다. 미디어비평 전문지 『미디어오늘』이 선거 후에 현직 저널리스트 307명을 대상으로 실시한 조사에서 『오마이뉴스』는 31.4퍼센트의 표를 모아 앞으로 가장 영향력을 발휘할 미디어로 선정되기도 했다.

한편, 일반 시민이 중심인 『오마이뉴스』와는 달리 "대전환의 시대에 보통사람들의 입장에서 전문가다운 안목으로 세계적 시야와 역사의식, 정직함으로 위기의 근원을 파헤치고 이를 극복할 길을 찾고자" 하는 것이 『프레시안』(www.pressian.com)이다. 학자들과 전직 기자들이 주도하는 이 인터넷신문은 20~40대의 젊은 세대를 중심으로 저널리스트, 학자, 공무원, 기업인 등을 주된 대상으로 해 심층에 접근하는 보도와 분석, 기획을 지향하고 있다.

그러나 이러한 인터넷신문들이 순조롭게 운영되어온 것만은 아니다. 『오마이뉴스』가 기획한 민주당의 '국민경선'에 참가한 후보자와의 대화(2002년 2월 5일)에 대해서 선거관리위원회가 선거법 위반이라 해서 현장에서 실력 저지에 나선 것이다. 그 근거는 인터넷신문이나 각종 사이트는 현행의 '정기간행물법'에서는 정기간행물로 인정되지 않는다는 것이었다. 이 사건을 계기로 인터넷신문의 선거보도를 둘러싼 법적 문제가 부상했다. 인터넷뉴스미디어협의회는 성명을 발표하였고 시민단체들도 성명에 가세하면서 인터넷을 이용한 언론활동을 둘러싼 본격적인 논의가 시작되었다.

이러한 가운데 『오마이뉴스』는 주무관청인 문화관광부에 인터넷신문의 언론매체로서의 지위를 묻는 의뢰서를 제출했다. 문화관광부는 인터넷신문은 현행 정기간행물법상 정기간행물은 아니지만, 『오마이뉴스』에 대해서 "보도내용과 사회적 역할 등을 감안할 때 사실상 언론의 기능을 수행하고 있다는 점에서 새로운 형태의 언론"이라는 해석을 내렸다.

### 격변하는 한국의 미디어 상황

인터넷을 이용한 새로운 커뮤니케이션 현상은 게시판을 이용해 수평적이면서도 정치적 공공영역을 형성하는 각종 웹 사이트에서도 보인다. 시민운동단체와 정당·정치가의 홈페이지가 시민에 의한 공공적 토론의 장으로 제공되고 있는 것이다. 네티즌이 참가하는 사이버스페이스는 기존의 언론이 보도를 통제하고 독점해온 커뮤니케이션의 구조를 근저에서부터 뒤흔드는 것이었다.

이처럼 인터넷을 매개로 하는 미디어의 약진이 언론권력에게 위협이 된다는 것은 새삼 말할 나위도 없을 것이다. 대통령선거 직전이었던 12월 9일자 『동아일보』의 사설은 한나라당의 연설원의 지역차별을 조장하는 발언에 쇄도한 네티즌의 비판적 목소리를 '인터넷권력'이라 단정 짓고 인터넷상에서의 언어폭력이라고 비난했다. 이어 다음 날 사설 「'인터넷권력'도 민주화해야」에서는 인터넷상의 "인신공격은 공산주의 집단의 인민재판을 방불케 한다"고 하며 인터넷 이용자가 "사이버공간에서 구시대의 낡은 정치나 다름없는 비열한 권력투쟁을 벌이는 양상이다"라고 했다. 『동아일보』는 인터넷을 '권위주의 시대의 국가적 폭력과 다를 바 없다'라고 규정함으로써 그 네거티브한 면만을 강조했다.

한편 『조선일보』의 대응은 기사의 내용에 그치지 않고 자사에 대한 비판적 의견을 게시판에 올린 네티즌들을 직접 겨냥했다. 『조선일보』는 대통령선거 기간 중에 다수의 네티즌들을 명예훼손 및 영업방해, 공직선거법위반 등의 혐의로 고소를 했던 것이다. 실제로 그들은 경찰에 출두해 조사를 받았다.

고소당한 사람 중 하나인 홍재희는 날카로운 현상분석과 논리적인 『조선일보』 비판으로 이름을 떨친 '인터넷 논객'이다. 그는 인터넷상에서도 닉네임이 아닌 본명을 밝히며 비방과 유언비어는커녕 『조선일보』의 사설에 대해 냉철하게 반론을 펼쳤다. 그럼에도 불구하고(혹은 그렇기 때문에) '1등 신문'은 한 독자를 고소하기에 이른 것이다. 말할 나위도 없이 그것은 네티즌들에게 공권력의 공포를 불러일으키는 것이 목적이었다. 본보기였던 것이다.

이러한 언론권력의 집요한 견제 가운데서도 인터넷신문은 기존의 주류 미디어에 대항할 수 있을 만큼의 독자적인 영역을 쌓아왔다. 특히 『오마이뉴스』의 경우는 대통령선거를 통해 주가를 올리며 주류 미디어들과 어깨를 나란히 할 정도로 성장했다.

한 예로 『오마이뉴스』가 현대그룹이 북한에 2억 달러에 달하는 자금을 제공했다는 특종을 잡았을 때 대부분의 일반지와 방송국이 『오마이뉴스』 또는 '한 인터넷신문'에 의존하여 보도를 했던 것이다. 그것은 『오마이뉴스』가 인터넷 미디어의 영역을 넘어 기존 미디어로부터 그 신뢰성을 인정받았다는 것을 의미했다. 지금은 각종 포털사이트의 뉴스서비스도 일반지 및 인터넷신문의 기사로 충당되고 있다.

노무현 정권은 발족 후 바로 인터넷신문에도 청와대 기자실을 개방했다. 거기에는 『오마이뉴스』 등의 인터넷신문이 기존 미디어와 대등한 자격을 갖고 있다는 획기적인 의미가 담겨 있었다.

### 안티조선운동

이리하여 언론권력과 인터넷권력과의 대립축이 명확해져갔는데 그것은 단지 대통령선거만을 염두에 두고 벌어진 일은 아니

안티조선 공식 로고

었다. 언론권력 중에서도 대표격이라 불리는 『조선일보』에 대해서는 소위 안티조선운동이 계속되어왔던 것이다.

2002 한일월드컵이 한창일 때 주한미군 장갑차에 깔려 사망한 여중생을 추모하는 촛불집회에서 사옥에 수백 개의 날계란이 날아든 것은 『조선일보』에 대한 시민의 분노 표출이었다. 실제로 이와 같은 안티조선 활동을 되돌아봄으로써 언론권력이라 불리는 미디어의 권력성을 엿볼 수 있을 것이다.

'안티조선'의 슬로건을 올린 사이트는 대표적 존재인 '조선일보반대시민연대'를 비롯해 대학생들에 의한 반대조직인 '전국대학생 조선일보 반대모임', 인터넷에서는 안티조선 커뮤니티 '우리모두', 『조선일보』 바로보기 시민모임 '물총닷컴', 『조선일보』가 없는 아름다운 세상을 만드는 시민모임 '조아세' 등 다수에 이른다. 그 밖에도 앞에서 언급한 언론계의 개혁을 지향하는 언론개혁시민연대와 민주언론운동시민연합 등과 같은 시민언론운동단체, 그리고 전국언론노동조합 등의 노동단체의 활동도 또한 언론권력에게 있어서는 달갑지 않은 존재들이다. 『노무현과 안티조선』(김동민 지음, 시와사회, 2002), 『우리는 왜 조선일보를 거부하는가』(김동민 지음, 백의, 2001), 『왜 노무현은 조선일보와 싸우는가』(유시민 지음, 개마고원, 2001) 등 미디어 연구자나 평론가 들의 저작물도 적지 않다.

여기에서는 온라인과 오프라인을 넘나들면서 가장 활발하게 안티조선운동을 전개하고 있는 '조아세'를 주목해보자. 그들의 활동을 통해 현재 한국에서 일어나고 있는 『조선일보』 거부운동과 언론개혁의 현황에 대해 개관해보기로 한다.

### 『조선일보』가 없는 아름다운 세상

'조선일보반대시민연대'(www.antichonsun.or.kr)는 1998년에 결성된 '조선일보 허위왜곡보도 공동대책위원회'가 발전한 것으로, 2000년 9월 4일 시민단체의 연대조직으로서 발족했다.

이러한 안티조선 시민활동의 붐은 『조선일보』에 의한 고려대학교 최장집 교수의 '사상검증' 사건이 계기가 되었지만 인터넷의 보급, 특히 2000년부터 활성화된 각종 '안티사이트'의 등장에 의한 부분이 컸다고 할 수 있다. 참고로, 1999년 연말에는 안티조선 사이트의 효시라고도 할 수 있는 인터넷 커뮤니티 '우리모두'(www.urimodu.com)가 개설되었다.

'조선일보반대시민연대'는 『조선일보』를 반개혁 · 반통일 신문이라 규정하는 동시에, 발족 선언문을 통해 "자유민주주의를 주장하면서 자기 자신에게 비판적인 모든 목소리를 구시대적인 사상검증을 통해 원천적으로 봉쇄하고 있는 것"이라고 비판했다. 구체적 활동으로는 『조선일보』 반대 결의대회와 같은 시위행동과 지식인 및 각계 지도층에 의한 『조선일보』 기고 및 인터뷰 거부선언을 수차례에 걸쳐 주도했다. 『조선일보』의 친일행위 규명 및 사죄를 요구하는 서명운동을 전개하고 '탄핵의 배후에는 조선일보가 있었다', '조선일보는 한나라당의 배후다' 등의 팸플릿 등을 제작하기도 했다.

'조아세'는 '조선일보가 없는 아름다운 세상을 만드는 시민모임'(www.joase.org)의 약칭으로, 주로 인터넷 공간에서 활동하던 조직이 실질적 활동을 전개하기 위해 2001년 7월에 결성한 것이다. 인터넷상에서 전국 각 지역에 지부를 두고 오프라인 활동을 통해 『조선일보』 구독거부운동을 전개하고 있다. 그 방법으로서 '안티조선' 스티커와 『조선일보』 구독정지 용지, 광고 팸플릿과 신문을 제작하여 일반 시민들에게 배포하고 있다.

2002년 1월 30일에는 '『조선일보』 반민족·반통일 행위에 대한 민간법정'이 열렸다. 한국에서는 처음으로 열린 본격적인 민간법정으로, 식민지시대 당시의 반민족 언론행위, 독재정권을 찬양하고 민주개혁을 말살한 반민주적 언론행위, 남북대결을 격화시키고 민족분열을 조장한 반통일적 언론행위의 기소사실에 대해 『조선일보』에게 유죄가 선고되었다. 그리고 유죄라 인정된 보도기사에 대해 사과하는 동시에 관계자의 책임을

묻고, 재발 방지를 위해 조선일보사의 소유와 경영을 분리해 편집권 독립에 대한 조치를 취할 것을 권고하는 '권고판결'이 내려졌다.

이 법정에는 『조선일보』의 전 사주였던 방응모의 장남이 증인으로 출석하여 아버지의 친일행위에 대해서도 사죄했다.

### 왜 거대신문이 언론권력이라 불리나

서서히 고양되는 안티조선운동에 위기의식을 느낀 『조선일보』도 공세를 펴기 시작했다. 사외보 '독자와의 대화' 코너에서 '조아세'가 불법행위를 벌이고 있다며 비판한 데 이어서 '조아세'의 공동대표들을 명예를 훼손하고 영업을 방해했다는 이유로 고소했던 것이다.

그것에 대해 '조아세'는 『조선일보』를 맞고소하는 한편 각지의 안티조선 단체와 연대하여 '평화의 적! 공공의 적! 『조선일보』 규탄 전국대회'를 개최했다. 이리하여 『조선일보』와 안티조선 측은 전면대결에 돌입하게 된다. 안티조선 측의 팸플릿 공세에 대해서 『조선일보』는 『조선일보 역사 한눈에 보기』라는 책자를 제작해 학교 등에 배포하는 식으로 대응했다.

안티조선이 제시하는 『조선일보』의 '죄상'은 권언유착과 색깔공세적인 왜곡보도뿐만이 아니다. 『조선일보』를 비롯한 거대 신문사들은 편향된 논조와 지면배치를 활용해 정치적 영향력을 확대해왔다. 특히 그때까지는 성역이라 여겨졌던 언론기관에 대한 세무조사에 착수한 김대중 정권과의 대립의 골이 깊어지자 노골적으로 정부 '비판'을 개시하게 된다. 이들 거대신문이 '권력'이 될 수 있는 까닭은 신문시장을 독점하며 늘 선거에 개입하고 여론을 조작하는 등, 막대한 정치적 영향력을 발휘해왔기 때문이다.

『조선일보』를 필두로 하는 언론권력과 대립한다는 것은 지금껏 정치적 터부라 여겨져왔다. 그래서 대부분의 정치가들은 언론권력과 '우호적 관계'를 쌓아왔다. 이러한 『조선일보』에 정면으로 맞붙은 정치가가 다름 아닌 노무현이었던 것이다.

노무현은 1992년 총선에서 낙선하게 되는데, 거기에는 『주간조선』의 악의에 찬 기사가 영향을 끼쳤다. 선거 후 노무현은 조선일보사를 상대로 명예훼손에 관한 소송을 걸어 승소를 하기는 했지만 그 정치적 손실은 컸다. 이것이 10년 후 민주당의 '국민경선', 그리고 대통령선거 때까지 이어지는 노무현과 『조선일보』와의 악연의 시작이었다.

### 언론개혁 요구의 내용

안티조선운동은 정치와 재벌의 개혁으로도 이어지는 민주화에 대한 요구이다. 여기서의 언론개혁의 내용은 보도에 있어서의 공정성은 물론이거니와 무엇보다도 사주의 영향이 절대적인 소유구조를 개편하여 경영으로부터 편집권을 분리시키는 것이다. 또한 엄격한 과세를 통해 권언유착을 청산하고 '신문고

시'(신문업의 불공정거래행위 및 시장 지배적인 지위남용 행위를 규정한 것)를 엄격히 적용하여 구독권유 시의 과도한 경품 제공을 금지해 신문시장의 공정한 판매구조를 확립하는 것이다.

조중동으로 대표되는 언론권력에 어두운 그림자를 드리우게 만든 것이 다름 아닌 2002년의 대통령선거였다. 조중동은 권력창출에 '실패'함으로써 지금까지처럼 의제를 설정해 정보를 독점해온 시대가 끝나가고 있음을 깨닫게 되었을 것이다.

이와 같이 인터넷에 의한 풍부하고도 신속한 정보가 넘치는 가운데 거대신문에 의존하지 않는 미디어공간이 형성되어가고 있다. 이러한 인터넷상의 논쟁이 실제의 투표행위에까지 어떤 식으로 영향을 미쳤는지는 면밀한 검증이 필요하겠지만 얼터너티브한 인터넷상의 공간이 언론계를 둘러싼 세력구조에 이변을 초래했다는 것만큼은 확실하다고 할 수 있을 것이다.

## 조직 vs 네트워크

### 노무현 정권을 떠받친 '노사모'와 '노하우'

2002년의 대통령선거에서의 인터넷 활용은 언론권력과의 대결축뿐만 아니라, 동·반장 레벨까지 그 영향력이 미치는 한나라당의 조직과 자발적이며 수평적 네트워크가 정면으로 대결했다는 점에서도 흥미를 끄는 것이었다.

보수세력은 장기간에 걸친 정권의 중추에 머물러왔다는 점에서 견고한 기반이 구축되어 있었다. 1997년의 대통령선거에서 패배함에 따라 중앙정부의 행정조직은 넘겨줬지만 그것 이외의 입법, 사법 등 여러 권력조직은 온존한 채로 전국 각지 구석구석까지 건재한 조직력을 가지고 있었다. 한편으로, 김대중 대통령의 아들들과 측근의 비리로 인해 2000년의 총선과 지방선거에서 패배를 맛본 '집권야당'인 민주당은 당의 분열위기 속에서 하부조직은 파탄상태에 빠졌다. 이러한 상황에서 노무현 후보를 떠받친 것이 '노사모'(노무현을 사랑하는 사람들의 모임)의 자발적인 지지 네트워크였다.

'노사모'는 2000년 4월 총선거 때 부산에서 출마한 노무현이 지역주의에 가로막혀 낙선한 것이 계기가 되어 탄생했다. 지역감정을 조장하는 상대 후보에게 패한 노무현을 지지하기 위해 뜻이 맞는 사람들이 인터넷을 이용해 팬클럽을 결성했던 것이다.

그것이 일약 주목을 받게 된 것은 2002년 3월부터 4월에 걸쳐 실시된 '국민경선'이라 불리는 민주당 대통령후보 지명선거에서였다. 일반 시민이 참가하는 후보선출방식으로 이른바 '노풍'을 불러일으키며 노무현은 당초 유력시됐던 이인제를 제치고 민주당 대통령 후보에 선출되었다.

실은 이때 '노사모'는 '국민경선'에 적극적으로 대처하기 위해 '노사모 국민경선대책위원회'를 결성해 국민선거인단으로

응모한 199만 명 가운데 40만 명 남짓을 모집했다고 한다. 또한 추첨으로 뽑힌 국민선거인단에도 직접 쓴 편지를 보내는 등 노무현의 승리에 크게 공헌했다.

한편 한일월드컵을 통해 일약 대통령 후보로까지 떠오른 것이 정몽준이었다. 그는 인기에 편승해 국민통합21을 출범시키며 대통령선거에 나섰다. 그것은 경선에서 승리한 노무현에게는 '반창'(한나라당 후보인 이회창에 대한 반대)을 명분으로 후보 단일화의 선택을 압박하는 것이었다.

'노사모'는 여론조사에 의한 후보 단일화에서도 인터넷을 통해 '정통성 있는' '검증된 후보'를 적극적으로 홍보함으로써 불리한 조건을 받아들인 노무현을 구할 수가 있었다. 그 후 '노사모'는 사조직의 선거운동을 금하는 선거관리위원회의 명령에 의해 이회창 측의 '창사랑' 등과 함께 홈페이지를 폐쇄해야만 했다.

하지만 이 네트워크는 노무현 후보의 공식조직에 통합되면서 '노사모'의 지원활동은 실질적으로 계속된다. 이 '노사모'와 노무현의 개인 홈페이지 '노하우', 민주당 공식조직인 '100만 서포터즈 사업단'이 인터넷을 통한 주된 지원 네트워크였다.

### e-대선-노무현의 인터넷 전략

2002년의 대통령선거는 'e-대선'이라 불릴 만큼 각 후보자의 미디어 전략, 특히 인터넷 전략이 아주 중요했다. 그 선두를

달렸던 것이 노무현이었다.

노무현 측은 공식 홈페이지인 '노하우'(www.knowhow.or.kr)뿐만 아니라 '노무현방송국'(www.tvroh.com)과 '노무현라디오'(www.radioroh.com) 등의 인터넷 방송 조직을 적극적으로 활용했다. 예를 들면 '노무현방송국'에서는 각지에서 벌어지고 있는 유세의 동영상과 TV토론, 또는 찬조연설, 그리고 미공개 화면을 포함한 TV 광고를 볼 수가 있었다. 또한 '노무현라디오'는 노무현 지지를 표명한 인기가수가 DJ를 담당하는 이른바 '시사 음악라디오 방송'이었다. ('노하우'는 노무현 대통령의 취임(2003년 2월 25일)에 맞춰 청와대 홈페이지(www.president.go.kr)에 통합되었다.)

이회창 측도 공식 사이트(www.leech.com)를 가동시키고 뒤늦게나마 후원조직 '창사랑'(www.changsarang.com)을 발족시켰다. 하지만 두 사이트의 차이는 확연했다. 웹사이트의 분석평가를 전문으로 하는 인터넷 사이트 '랭키닷컴'(www.rankey.com)에 따르면 노무현 후보의 공식 홈페이지 접속 수는 전체 랭킹에서 192위였던 반면, 이회창 후보의 사이트는 1,022위(2002년 12월 14일~20일)에 머물렀다. 또한 정치가 부문 점유율에서도 이회창 홈페이지가 6~7퍼센트 대였던 것에 비해 '노하우'는 과반수를 차지했고, 분야 순위에서는 발군의 1위를 마크했다. '코리안클릭'(www.koreanclick.com)의 조사에서도 선거일 전 4주 동안 사이트 평균 접속시간이 노무현 후보의 공식사이트의 경우 75.8분으로 이회창의 9.7분에 비해 7배 이상이었다. 『한국일보』의

뉴스 포털사이트 '한국i닷컴'(www.hankooki.com)과 연세대학교 영상대학원이 공동조사한 대통령 후보의 홈페이지 비교분석에서도 '노하우'는 디자인(3위)을 제외한 정보성, 상호작용성, 기능성, 정책표현도 등의 부문에서 1위를 차지했다.

### '신속반응팀rapid reaction team'으로서의 네티즌

게시판의 등록 수와 내용 열람 수를 봐도 알 수 있듯 올라오는 글의 건수도 '노하우'는 다른 후보의 사이트에 비해 발군이었다. 그러나 중요한 것은 접속 건수보다도 이러한 사이트가 사람들에게 주는 감동과 격려의 내용일 것이다.

'노하우'에서는 게시판의 글 가운데에서 열람수가 많은 것을 '베스트 뷰'에서 별도로 관리했다. 그것은 인기가 높은 내용의 글에 대해 접속하기 쉽게 하기 위함이었다. '베스트 뷰'에 선정된 것은 '인터넷 논객'의 날카로운 정세분석의 글도 있지만 대부분은 일반인들의 자발적 모금이나 자원봉사 활동을 통한 기쁨과 감동의 에피소드, 지역주의를 극복하려는 목소리 등의 감성 풍부한 체험담이었다. 선거운동의 가장 효과적인 방법은 '베스트 뷰' 열람을 권하는 것이라 여겨져 그것을 모은 '베스트 뷰'집도 발간되었다.

그뿐만이 아니다. 온라인상에서는 노무현에 대한 비방을 물리치는 논거와 상대 후보의 실책이 즉시에 전파된다. 미국의 선거에서 볼 수 있는 상대측 캠페인과 미디어 전략에 신속히 대응하여 선거운동을 유리하게 이끌어가는 '신속반응팀rapid reaction team'의 역할을 노무현의 경우 선거캠프의 대책본부가 아니라 네티즌들이 수행했다. 이러한 폭넓은 정보망과 속도는 자발적 네티즌을 능가할 만한 것이 없다.

예를 들면 민주당이 찬조연설원으로 수산시장에서 일하는 극히 '평범한 아지매'를 등장시켰을 때 허를 찔린 한나라당이 급거 투입한 '보통 수험생의 어머니'가 실은 의원 보좌관이었다는 것이 인터넷을 통해 순식간에 퍼져나갔다. 한 네티즌이 인터넷상에 사진까지 첨부해 폭로했기 때문이었다.

## 한국 정치사상 초유의 인터넷 선거

게시판에서의 모금과 득표 작업의 많은 감동적 에피소드는 홈페이지 방문자를 서서히 '노사모'와 '노하우'의 회원으로 흡수해갔다. 여기서의 격려와 선전은 매우 효과적이었다. 노무현에게 유리한 외국신문 기사는 즉시 번역되어 유포되었다. 일반 시민들로부터 모은 기부금은 가두에서는 물론 희망돼지(저금통)와 희망티켓 등의 모금활동, 그리고 휴대전화와 신용카드를 이용하는 방법 등으로 70억 원을 훌쩍 넘어섰다.

이와 같은 인터넷의 힘을, 스스로가 컴퓨터 관련 저서를 내고 데이터베이스 소프트를 개발하는 등 정보산업 분야에 정통한 노무현은 일찍이 간파하고 있었다.

2001년 여름, 부산의 어느 개혁세력의 회합 자리에서 『조선일보』와의 정면승부를 우려하는 주위의 목소리에 대해 노무현은 다음과 같이 말했다고 한다.

"저에게는 인터넷이 있습니다. 『조선일보』의 그 어떤 부당한 공세도 인터넷으로 막을 수가 있을 것입니다. 이미 인터넷의 영향력은 상상 이상으로 커졌습니다. 아마도 한국 정치사상 최초로 인터넷 선거의 진면목을 보시게 될 것입니다."

한 참가자의 기억에 의한 것이기는 하지만 그 예상은 보기 좋게 적중했다.

사이트 방문자를 감동시키고 동요하는 지원자를 격려한다. 그리고 언론권력의 일방적 정보를 차단하면서 상대방 공세에 대응하는 논리를 개발한다. 선거전 종반에 초점이 된 '행정수도 이전'에 대한 왜곡보도와 북한 핵시설 재가동을 둘러싼 소동도 이러한 정보유통의 속도와 정책검증 사이클의 단축에 의해 일시적 현상에 그쳤다.

### 네티즌 혁명—2002년 12월 19일, 정몽준 폭탄을 극복한 아침

물론 네티즌들이 온라인에 모든 것을 걸었던 것은 아니다. 게시판에서는 점차 확대되어가는 노무현 후보의 우세 여론에 만족하지 않고 인터넷상에서만 우세를 전달하기보다 끝까지 한 통이라도 많은 전화를 걸도록 호소했다.

그것이 진가를 발휘한 것은 모든 선거운동이 종료되고 투표만 남았다고 누구도 믿어 의심치 않던 12월 18일의 대통령 선거일 전날 밤의 일이었다. '국민의 요망'에 따라 이룬 후보단일화의 파트너였던 정몽준이 노무현 후보에 대한 지지를 갑자기 철회한 것이다.

'노사모'는 물론 노무현의 지지자들은 일시 패닉 상태에 빠졌다. 그러한 상황하에서도 『오마이뉴스』는 심야의 긴박했던 상황을 인터넷으로 '중계'했다. 1,910만이라는 페이지 뷰를 기록한 것이 이날이었고 방문자 수는 150만 명에 달했다고 발표했다.

패닉 상황에서 가장 먼저 정세를 판단하고 전열을 가다듬은 것이 인터넷 정당이란 깃발을 올리고 노무현 지지를 표명했던 개혁국민정당의 유시민 대표였다. 그가 당 게시판에 올린 '정몽준 폭탄 후의 정세분석'은 바로 『오마이뉴스』와 '노하우'로 퍼져나갔다. 유시민은 '두려움과 좌절감을 느낄 필요는 없다'고 독려하면서 우선 노무현 지지자들을 안심시키고 앞으로 해야 할 일들을 제시했으며 그것은 곧바로 행동지침이 되었다.

진보정당의 깃발을 올림으로써 노무현 후보의 표를 갉아먹는다고 여겨졌던 민주노동당의 일부도 노무현 지지로 돌아섰고, 지지자들은 전화와 메일로 지인들에게 다시 한 번 지지를 호소했다. KT(옛 한국통신)는 이날 밤에 통상의 30퍼센트 이상 전화량이 증가했다고 발표했다. 공식 선거운동 기간이 끝나고 선거운동이 금지되어 있는 단계가 되었는데 '지지철회'의 삐라가 붙어 있다는 정보가 들어오자, 각지에 자발적으로 이제부터

'순찰'에 나선다는 보고가 게시판에 속속 올라왔다. 투표가 시작되고 나서도 '노사모'의 손에서 휴대전화가 떨어진 일은 없었다.

그리고 후에 출구조사에서 밝혀졌듯이 19일 투표일 오후부터 노무현 후보가 이회창 후보를 앞서기 시작했다. 결과적으로는 정몽준의 지지철회는 「정몽준, 노무현을 버리다」라는 회심의 사설을 게재한 『조선일보』의 도움에도 불구하고 정세를 뒤집을 수는 없었다.

### 온라인과 오프라인이 결합된 새로운 정치문화

선거 후 국회의 과학기술정보통신위원장을 맡고 있던 한나라당의 어느 의원은 『오마이뉴스』에 기고한 글에서 선거에 패한 이유에 대해 다음과 같이 말했다.

"이번 16대 대통령선거에서 한나라당이 인터넷과 네티즌에 대한 적극적 대책에 실패한 것이 패인이다."

그러나 '노사모'의 강점은 인터넷이라는 무기를 먼저 차지해 적극적으로 활용했다는 것만이 아니다. 수평적이며 분권적인 네트워크는 자발적 참가와 토론의 장을 보장하는 쌍방향성과 내용의 진실성에 의해 성립되는 것이다.

이회창의 홈페이지는 회원등록을 하지 않으면 글을 쓸 수가 없었고 이회창 후보를 비판하는 목소리는 바로 삭제되었으며 접근이 차단되는 경우도 적지 않았다. 빈약한 글의 열람수가 작위적으로 증가하거나, 같은 내용의 글이 다수의 아이디로 등록되어 있는 것도 네티즌의 추적에 의해 밝혀졌다.

앞의 의원은 투고를 "한국 정치여, 인터넷으로 들어가라!"로 끝맺고 있는데, 그것이 본질을 꿰뚫고 있다고는 할 수 없다. 왜냐하면 인터넷은 정보를 전달하고 확산시키는 수단에 불과하기 때문이다. 즉 정당한 논리와 사실에 근거한 주장만이 인터넷정치 안에서 살아남을 수가 있는 것이지 기술 그 자체가 선거를 좌우하는 건 아니다. 인터넷의 의미는 정보의 침투력에 있는 것이 아니라 바로 사이버스페이스라는 정보공간에서 다양한 의견이 토론을 통해 정제되어가는 과정에 있다.

온라인과 오프라인은 결코 동떨어진 공간이 아니다. '노사모'는 온라인에서는 『조선일보』의 공세에 대항하는 한편으로 행동지침을 공유하고, 오프라인에서는 노무현의 캠페인 컬러인 노란색 복장으로 유세장에 모습을 드러냈다. 환한 웃음과 활달한 춤을 선보이며 유세 분위기를 돋우는 오프라인 활동은 다시금 온라인에서 지지자들을 고무시켰다.

이리하여 '노사모'와 『오마이뉴스』 등의 인터넷 사이트는 조직을 대신해 지원자들의 구심점 역할을 수행했다. 피라미드형 구조를 이루는 하향식 조직에 비해 자발적이고도 수평적인 네트워크가 승리를 했다고 할 수 있을 것이다. '노하우'와 '노사모'는 온라인과 오프라인이 결합된 새로운 정치문화를 낳은 것이다.

## 주류가 교체되다―기성 권위와 지역주의를 넘어

### 새로운 주류―학연, 지연, 혈연을 뛰어넘은 20~30대의 네티즌
선거전은 20~30대가 노무현 후보를, 그리고 50대 이상이 이회창 후보를 지지하는 세대대결 양상을 보였다. 이 극명한 양분은 기성의 권위를 부정하고 개혁에 전향적인 젊은 세대 특유의 속성에도 이유가 있겠지만, 인터넷을 적극적으로 이용한, 주류 미디어에 치우치지 않는 정보행동과도 무관하지 않다.

젊은 층이 이처럼 정치에 관심을 갖는 것은 보기 드문 일이었다. 그것은 지역주의를 중심으로 정경유착과 동원정치가 빚어낸 정치 불신을 뒤집을 희망을 노무현이라는 참신한 정치가에게서 찾은 결과였다.

인터넷은 이러한 젊은이들의 토론의 장이 되었다. 인터넷상의 토론 공간을 통해 젊은이들은 자신들의 정치의식을 표명하고 대통령선거를 트렌드화했다. 어찌 보면 노무현 대통령 탄생의 최대 성과는 거기에 있을지도 모르겠다.

사이버스페이스에서의 정치 토론을 통해 노무현이라는 정치 스타가 등장한 것은 무엇보다도 노무현의 개인적인 경력으로부터 출발한다. 상업고등학교 출신자가 서울대학교 출신에 맞서 싸운다는 구도는 학력사회의 폐해가 정점에 달해 있는 상황에서 기득권층에 대한 일종의 도전으로 비춰졌다. 게다가 지금까지 승리의 가능성이 높은 선거구가 아닌 굳이 한나라당의 아성이라고도 할 수 있는 부산에서 줄곧 국회의원과 시장에 도전해왔던 그는 반지역주의의 상징 그 자체였다.

2002년 대선의 의의는 지역주의를 생존의 메커니즘으로 삼아왔던 정치, 당수가 절대적 영향력을 발휘하는 보스형 정치, 엘리트 코스를 착실하게 밟아온 특권층의 정치, 부패에 찌들어 재벌과 유착했던 정치에 새로운 바람을 불어넣었다는 점에 있다.

대통령선거의 결과에 의해 한국에서는 주류의 교체라는 말이 입에 오르내리게 되었다. 한국 사회에서 주류라는 것은 학연, 지연, 혈연이라는 세 가지 구조로 이루어지는 기득권층의 총체이다. 이러한 소수의 주류가 여태껏 한국 사회를 지배해왔다.

한나라당 후보인 이회창은 한국 사회 주류에게는 가장 적합한 대통령 후보임에 틀림없었다. 명문 출신으로 경기고와 서울대학교로 상징되는 엘리트 코스를 밟았고 판사에서 총리에 이르기까지 늘 권력의 중심을 걸어왔던 그는 한국 주류의 특권을 유지하고 재생산해줄 적임자였다.

이회창 자신도 2001년 초에 일본 특파원과의 간담회에서 "2002년에는 메인스트림들이 현 정권을 심판해 새로운 정권을 만들어주리라고 본다"라며 기대해 마지않았다.

그러나 바로 그때 비주류가 움직이기 시작했다. 학벌도 인맥도 없는 노무현은 한나라당이라는 기득권층과 대항했을 뿐만 아니라 재벌 출신의 '귀족층'에게는 물론 민주당의 '국민경선' 과정에서도 당 주류와의 싸움에서 승리했다. 일반 시민들도 참가한 '국민경선'에서 선출된 후보였음에도 불구하고 비주류의 한계를 떠안고 있는 그는 당내에서마저도 위태로운 지경에 몰려 있을 때가 많았다. 이런 의미에서도 노무현 정권 탄생의 정치적 의의는 정권교체를 이룬 김대중 정권과도 달랐다. 권력구조 자체를 뒤흔드는 획기적 사건이었다고도 할 수 있을 것이다.

또한 대통령선거를 노무현 개인이 아닌 노무현을 '연출'한 젊은 세대가 중심이 된 개혁세력과 기득권층을 떠받치며 그 권위주의를 추종해온 보수세력과의 대결이라 한다면 주류라는 의미를 보다 넓게 볼 수가 있다.

이미 보아왔듯이 의제를 좌우하고 여론을 만들어온 언론권력으로부터 일방적으로 정보를 소비하는 쪽이었던 사람들은 인터넷이라는 도구를 활용해 자신들의 목소리를 발신하기 시작했다. 여론 주도세력이 소수의 권력층과 보수언론, 그리고 저명학자들로부터 20~30대의 네티즌으로 옮겨가고 있었던 것이다.

### '북풍'의 퇴조

그리고 또 하나의 주류라고 한다면 냉전구조를 기반으로 하여 북한에 대해 강경한 자세를 보여온 수구세력이었다. 냉전붕괴 이후에도 질긴 생명력으로 연명해온 이 반공 이데올로기적 주류세력은 2000년 6월 남북정상회담에 의해 마침내 그 강고한 기반이 흔들리는 것을 감지했을 것이다.

한국의 국정선거에서는 반드시라고 해도 좋을 정도로 늘 등장하는 '북풍'이라는 북한 변수가 있다. 2002년 대통령선거에서도 예외 없이 선거기간 중에 북한의 미사일 운반선이 '나포'되었던 사건이 있었고 선거 종반에는 핵개발 문제가 돌발했다.

인터넷에서는 바로 "북한의 미사일 수출이 새로울 것도 없고 오히려 북한 선박을 임검한 미국의 제국주의적 발상이야말로 문제다"라는 대항담론이 널리 퍼졌다. 『조선일보』(2002년 12월 13일자)가 「북한, '핵시설 즉각 재가동'」이라는 제목의 기사를 1면에 싣자 『오마이뉴스』에서는 그것이 불안 심리를 자극하는 추측기사라며 논박했다.

2002년 대선에서 '북풍'의 효과가 미약했던 것은 김대중 정권의 지속적인 햇볕정책의 성과이기도 했다. 오히려 이번 선거는 2002년 6월에 발생한 주한미군의 장갑차가 여중생을 치어 죽인 사건에 의해 촉발된 반미데모의 영향 속에서 치러졌다.

선거전이 개시됨과 동시에 확대된 추모 촛불집회는 그때까지 한국의 모든 선거를 크게 좌우해온 '북풍'이 이제는 통용되지 않는다는 것을 예견하게 하는 것이었다. 오히려 그것은 포용정책을 신랄하게 비판해온 친미성향의 한나라당 이회창 후보에게 압력을 가해, 앞에서도 언급했듯이 한미SOFA 개정과 부시 미대통령의 사죄를 요구하기에 이르도록 만들었던 것이다.

#### 일방통행에서 쌍방향의 커뮤니케이션으로

반미데모도 한 사람의 네티즌의 제안에 의해 실현된 것이었다.

1980년대 이후 학생운동을 중심으로 전개돼온 반미운동과는 달리 2002년 당시의 반전·반미운동은 인터넷을 통해 제안되었고 이에 찬동하는 사람들이 자발적으로 참여했다.

11월 20일 이후 데모는 매주 토요일에 월드컵으로 인해 '성지'가 된 광화문역 근방에서 벌어졌고 선거 직전인 12월 14일에는 서울에서 10만 명, 전국에서 30만 명이 참가했다. 네티즌은 미국과도 맞섰던 것이었다.

북한 핵문제에 있어 김대중 대통령과 노무현 당선자가 한국의 주도적 역할을 강조했던 것은 획기적 사건이었다. 아마도 그것은 월드컵의 열기가 반미데모로 전화되는 가운데서 나타난 시민들의 자신감이 그 배경에 깔려 있었기에 가능했을 것이다. 한국에서의 반미적 분위기의 고양은 종종 주한미군 철수와 미국의 신용평가 회사인 무디스의 국가신용도 하락이라는 압력으로 되돌아오곤 했다. 보수언론이 여론을 주도하는 상황이라면 그러한 반응은 사회적 혼란을 초래했을 것이다.

그러나 정보를 독점하고 통제하는 것으로 여론을 좌지우지하는 일방적 커뮤니케이션은 이제 통용되지 않았다. 그것은 자발적으로 형성된 네트워크에 의한 대등하면서도 쌍방향적 커뮤니케이션의 흐름으로 변화하고 있었다. 더구나 이러한 자립적 네트워크는 자본력과 시장지배력에 의존했던 대형 신문

2002년 12월 14일, 여중생 추모 촛불집회에서 찢겨지는 성조기 | ⓒ 노순택

사들을 위시로 하는 기존의 전문가 집단에 의한 것과는 다른, 보다 나은 정보와 지식을 생산하고 있었다. 그것은 기득권층의 권력기반이기도 한 지배적 언론의 정보 질서 독점에 대한 도전이었으며, 정치와 미디어의 패러다임 변화를 의미했다. 즉, 이러한 자립적 네트워크가 이제는 정치적 역학까지도 변화시키려 하고 있었던 것이다.

### 언론권력은 교체되었는가

선거 과정에서 기존의 언론권력의 영향력이 현저히 저하된 것만은 틀림없다. 그러나 과연 그것이 언론권력의 교체를 의미하는 것일까?

조중동은 선거기간 중에도 인터넷을 견제하며 그것의 네거티브한 측면만을 강조했다. 네티즌들에 대한 공세와 인터넷의 '권력화'에 대한 거부반응은 선거 후에 더욱 본격화된다. 그것은 한나라당, 나아가서는 민주당의 '구주류'들까지도 결탁한 보수세력의 총체적 반격이었다.

노무현 신정부의 대통령직인수위원회는 국민참여센터를 설치해 일반 시민들로부터 인터넷을 통해 국민정책 제안과 인사 추천을 받았으며, 한 걸음 더 나아가 그러한 성과를 바탕으로 한 '국민참여시스템'의 구축을 목표로 한다고 발표했다. 대통령선거에서 확인된 자발적 시민들의 참가를 적극적으로 활용하기 위함이었을 것이다.

그러나 이러한 시도에 대해서도 보수언론은 불쾌감을 감추지 않았다.

『동아일보』는 「인터넷 정치가 만능인가?」(2003년 1월 6일자)라는 사설을 통해 "비과학적인 인터넷 여론조사가 흥미와 오락의 차원을 넘어 더없이 신중해야 할 국정운영과 장차관 인선에 절대적 영향력을 갖는 것"은 문제라 지적했다. 보수신문과 한나라당은 촛불집회에 대해서도 그 최초의 제안자가 『오마이뉴스』의 시민기자였다는 점을 들어 그것을 '자작극'이라 비난했다. 노무현의 당선으로 주목되던 '노사모'에 대한 비판도 인터넷 정치를 견제하기 위함이었다.

### '민주당 살생부' 파문

인터넷정치의 공론화와 그것을 둘러싼 보수언론의 소동은 인터넷이 이미 대안 미디어로 성장했다는 것을 반증하는 것이기도 하다. 그것을 상징적으로 나타낸 것이 이른바 '민주당 살생부' 파문이었다.

일종의 시민판 블랙리스트라고도 할 수 있는 '민주당 살생부'의 타깃은 민주당의 구주류를 겨냥했다.

노무현의 선거운동에 적극적으로 참가함으로써 두각을 나타내고 당의 개혁을 주도하고 있는 것이 신주류인 데 반해, 구주류는 '국민경선'으로 선출된 노무현 후보에게 사퇴를 종용하거나 그것에 동조하는 등 기회주의적인 모습을 보였던 것이다.

'살생부'는 대선 후에 '노하우'의 게시판에 '피투성이'라는 ID의 네티즌이 올린 글로, 민주당 의원들을 노무현 정권 탄생의 공헌도에 따라 분류한 평가서였다.

그런데 단순히 네티즌이 올린 글에 지나지 않았던 '살생부'는 돌연 『조선일보』에 의해 괴문서로 탈바꿈했다. '살생부'가 신주류에 의한 정치적 공세를 시작하는 획책이라 생각한 민주당의 구주류는 즉각 윤리위원회를 열어 작성자를 고발하는 것으로 대응했다. 그런데 그 작성자가 당내의 인물이 아니라 노무현을 지지했던 평범한 20대의 용접공이라는 사실이 드러났다. 사태는 뜻밖의 방향으로 전개되고 말았다. 민주당의 신구 알력을 그대로 드러내며 당의 개혁을 거부하는 구주류를 몰아붙이는 양상이 됐던 것이다.

상황이 이렇게 되자 조중동은 「공신·역적을 심판하는 인터넷」(『조선일보』, 2000년 1월 17일자), 「인터넷판 문화혁명」(『동아일보』, 2003년 1월 18일자) 등의 선정적 타이틀의 기사로 지면을 장식한다. 네티즌들은 이것이 거대언론에 의한 네티즌 탄압이라며 반격에 나섰다.

사태가 정계를 휩쓸며 파문이 커지자 우선 '피투성이'가 커밍아웃해 자신의 신원을 분명히 밝혔다. '살생부'에 대해서도 그 내용은 네티즌이라면 누구나가 알 수 있는 상식적 레벨이라며 인터넷을 검색해 두 시간 만에 작성한 것이라고 했다. 그 후 '피투성이'는 일반지와 인터넷신문의 인터뷰에 응하기도 했고 이 문제를 둘러싼 TV 토론에도 출연했다.

네티즌들은 명예훼손으로 고소당한 '피투성이'에 대한 원조와 앞으로의 대책, 인터넷상의 표현의 자유를 둘러싼 토론의 장으로서 '네티즌의 힘'(cafe.daum.net/salsengbu)이라는 인터넷 카페를 개설했다.

그것은 이 사이트가 '피투성이'의 지원활동뿐만 아니라 인터넷에 의한 정치표출을 봉쇄하려는 정치권력과 언론권력에 대항하는 장이 된다는 선언이기도 했다. 그 선언대로 네티즌과 정치·언론권력과의 싸움이 본격적으로 전개된다.

### 문화로서의 인터넷

노무현의 당선은 한국 사회 내의 주류의 교체와 언론권력의 퇴장을 기대하게 만들었다.

물론 언론권력은 순순히 '권력'을 넘겨주지는 않았다. 보수언론에 기대고 있는 학자나 평론가들은 인터넷을 이용하는 20~30대의 젊은 세대를 '사회적 책임이 없고 세상물정을 모르는 철부지'라는 식으로 곱지 않은 시선을 보냈다.

'전문가'가 볼 때 자신들의 정보 가치를 제대로 평가해줄 종이신문의 쇠퇴가 결코 바람직하지 않은 것은 당연하겠지만, 이러한 시선은 기성 권위의 인터넷에 대한 인식을 명확하게 드러내고 있다.

인터넷을 단순히 기술적 현상으로만 보는 기존 미디어와 정치가들에게 인터넷은 '경박한 커뮤니케이션'에 지나지 않았다. 거기서 필연적으로 인터넷을 문화로서 인식하는 젊은 세대와의 균열이 생기게 되었다.

그러나 이와 같은 '경박한 커뮤니케이션'이 새로운 정보문화를 만들어나가는 것도 틀림없는 사실이다. 『오마이뉴스』는 새로운 시각으로 수많은 기사를 제공하는 종합정보 뉴스사이트를 지향하고, 『프레시안』은 주간지적 전문기사를 중심으로 대항적 담론 형성이라는 역할을 수행하고 있다. 정치 분야에 특화된 칼럼사이트인 '서프라이즈'(www.seoprise.com)는 뛰어난 인터넷 논객을 계속해서 배출했다. 선거기간 중에 새로운 선거운동 방식으로 주목받은 인터넷 라디오방송국 '노무현라디오'는 열린 진보와 사회적 마이너리티를 위한 방송을 지향하는 음악방송 '라디오21'(www.radio21.co.kr)로 다시 태어났다.

이들 인터넷신문과 칼럼사이트가 없었다면 사이버스페이스가 정치공간으로 전화되기 위해 보다 많은 시간이 걸렸을 것이다. 그러나 개성적인 인터넷 미디어들이 이미 각각의 역할을 특화시키면서 체계적인 정보공간을 형성하고 있었다. 이들은 통합과 분열, 그리고 새로운 영역의 창조를 통해 가일층 발전을 이루어나가게 된다.

### 인터넷은 주력 미디어의 보조장치가 아니다

노무현의 승리는 김대중 정권이 이룬 정권교체라는 정치적 의미를 뛰어넘어 사회적 혹은 문화적 변용의 계기로서 그 의미를 파악할 수가 있다.

김대중 정권의 탄생으로 처음으로 평화적 정권교체가 이루어지기는 했지만 낡은 정치 패러다임과 억압적 시스템은 온전한 상태로 해체되지 않고 작동해왔다. 거기에 한국 국민은 온라인과 오프라인이 결합된 새로운 정치문화를 창출함으로써 지역주의를 거부하고 기득권과 미국이라는 권위를 물리치며 보수 세력에 위기의식을 불러일으켰다.

그것을 가능케 했던 것은 종래의 통제 시스템과 사회적 지배원리에 구애받지 않는 대등하고도 열린 토론문화였다. 그것은 단순한 대항공간으로서의 정치적 공론장에 머무르지 않고 생활세계의 일상적 커뮤니케이션과의 상호작용에 의해 사회가 총체적으로 민주화로 나아가는 기반이 되었던 것이다.

노무현 측의 승리 원인은 이러한 변화의 흐름을 읽어낼 수가 있었다는 점에 있다. 지역주의에 뿌리내린 네거티브한 선전과 색깔론적인 보도가 이제는 통용되지 않는다는 것은 분명했다. 한나라당이 네거티브 전략으로 일관했던 것에 비해 노무현 측은 일방적 비난공세의 중지를 선언했다. 그것은 '노사모'와 '노하우'라는 네트워크로 증명된 자신감이 있었기에 가능했다. 인터넷에서 기존 언론권력에 대항할 수 있는 잠재력을 발견한 사람들이 이를 적극적으로 활용함으로써 현실화시킬 수 있었다.

그러나 노무현이 선점했던 것은 단순한 도구뿐만이 아니었다. 인터넷이 보급되었다고 해서 바로 새로운 정치공간이 확보되었다고는 단정 지을 수 없는 것이다. 기성 언론과 정치가 시대착오적이라 불리는 것은 인터넷을 활용하지 않았기 때문이라기보다는 그것을 주력 미디어의 보조장치, 혹은 홍보도구로밖에 간주하지 않았던 점에 있다. 즉, 인터넷 정치의 구조와 본질을 제대로 파악하지 못했던 것이다.

그런데 인터넷 정치에서 정보는 일방적으로 흐르는 것이 아니라 공유되는 것이고, 그것에 의해 정치는 정치가만이 알 수 있다는 식의 특권의식이 해체된다. 그렇기 때문에 기존 미디어와 정치는 '살생부'의 작성자가 고졸의 노동자였다는 사실을 믿지 않았고, 또 그래서도 안 된다고 생각했던 것이다.

인터넷이라는 새로운 문화에 적합한 정치 스타일은 이제 막 시작되었다. 그러면 지금까지 커뮤니케이션의 수단을 갖지 못했던 네티즌들은 인터넷 정치와 현실정치와의 괴리를 어떻게 메워나갈 수가 있을 것인가.

### 인터넷 정치의 계절

그 후 현실정치는 더욱 폭주하게 된다. 국민의 자발적 정치참여와 기부금으로 상징되는 대통령의 등장에 의해 한국에서는 정치개혁이 진행되리라 기대되었지만, 그 앞길에는 커다란 장벽이 가로막고 있었다.

노무현이 대통령에 당선되었다고 해도 의회는 아직도 한나라당이 다수를 점하고 있었다. 게다가 대통령선거 과정에서 노출된 민주당 구주류와의 균열은 봉합되지 않은 채 결국 분열의 길을 선택하게 되었고, 지지자들도 이분되었다. 그리고 마침내 대통령에 대한 탄핵소추라는 미증유의 사태로 치닫게 된다.

이러한 정치 지형의 다이내믹한 변화에 연동하며 인터넷 정치도 다음 스텝을 밟게 된다. 인터넷은 비뚤어진 존재라기보다도 이제는 현실정치를 추동해나가는 주류의 존재성을 획득하게 되었다. 본격적인 인터넷 정치의 계절이 도래한 것이다. 보수세력도 적극적으로 사이버스페이스에 진입함에 따라 이제 인터넷은 더 이상 개혁세력의 전유물이 아니었다. 네티즌이란 의미도 변화하지 않을 수 없게 되었다. 동시에 그것은 언론권력과 인터넷권력, 또는 정치권력과 네티즌과의 더욱 치열한 싸움을 예견하는 것이기도 했다.

# 3장

## 민주사회의 변용
―신정권 발족하의 보수세력
(2003년~2004년)

**정쟁 속의 개혁**

지지율의 급속한 저하 속에서

인터넷이 만든 대통령으로서 이른바 전자민주주의의 새로운 정치문화를 개척했다고 평가된 노무현 정권의 1년은 대통령 자신에게 있어서는 위기의 연속이었다.

민주세력은 1997년의 승리에 이어 2002년의 대통령선거에서도 승리했지만 정치개혁 노선을 둘러싸고 당이 분열되면서 소수정권으로 전락한 상황이었다. 의회의 다수파를 점하고 있는 야당 한나라당의 공세에 대해 노무현 정권은 정국을 주도하기는커녕 오히려 끊임없는 퇴진 압력에 시달렸다. 결국 이러한 상황은 대통령 탄핵소추 사태로까지 번지게 된다.

발족한 지 얼마 되지 않은 나약한 정부의 모습은 한국 정치사 속에서도 이례적인 것이었다. 그것은 대통령 지지율의 급속한 저하로 나타났다. 그러나 이러한 소수여당의 한계를 돌파할 수 있는 기회가 기다리고 있었다. 2004년 4월에 실시된 제17대 총선이다.

이 선거는 실질 여당인 열린우리당에게 있어서는 향후 4년간의 안정적 정국운영을 위한 기반을 다질 기회였다. 동시에 대패할 경우 대통령이 총선거를 통해 신임을 묻겠다고 한 만큼 정권에 치명적 결과를 초래할 수도 있었다.

야당으로서는 의회 내 세력을 확충하고 내각제로의 개헌을 통해 '권력분점'을 노릴 계기로 삼고 싶었겠지만, 오히려 정쟁의 수면하에서 진행되고 있던 정치개혁에 따라 선거의 패배가 그대로 당의 소멸로 이어지지는 않을까 하는 위기감마저 감돌고 있었다.

### 노무현 정권 제1기와 변화하는 시민사회

이러한 정치적 줄다리기 속에서 실행되는 정치개혁은 혼란스러운 한국 정치의 또 다른 측면이다. 하지만 일본 미디어는 한국 대통령을 '아마추어'라 규정하는 '조중동'으로 대표되는 보수신문의 초조함을 그대로 답습해 정치적 혼란과 부패, 각종 의혹에만 주목했다. 요컨대 정치개혁의 현장은 일본에는 '전혀'라고 해도 좋을 만큼 보도되지 않았다.

시민들의 자발적 정치참가에만 의지한 노무현 정권은 부정선거자금을 대규모로 끌어 모은 야당의 공세에 맥없이 당하는 듯이 보였다. 그러나 한국 정치의 내부를 들여다보면 그러한 상황 속에서도 하나하나 쌓아올린 개혁의 용트림을 볼 수 있다.

일본에서도 자민당과 민주당에서는 공천 후보의 선정기준이 재고되고 있다. 하지만 '공모'로 후보자를 선정하는 시늉을 낼 뿐 '옹립'식이 기본이다. 한국에서는 2004년 총선거에서 당의 일방적인 후보자 공천은 이미 구태라 여겨졌다.

일본의 시민운동에도 충격을 줬던 2000년 한국 총선 때의 낙선운동이 2004년 총선거에서는 한층 더 업그레이드해 정치권은 그 귀추를 주목하고 있었다.

그러한 가운데 마침내 시민세력의 지원을 받아 '참여정부'가 발족하자 그 반동으로 보수세력이 결집·대두해 시민 레벨에서 정부에 대항하게 되었다. 이에 따라 시민사회의 의미를 다시금 되돌아보게 되었다. 2003년의 대통령 취임으로부터 2004년의 탄핵에 이르기까지 노무현 정권 제1기는 그야말로 이러한 갖은 문제가 불거져 나온 1년이었다.


## 광장과 온라인의 보수세력

### 통합신당(후에 열린우리당) 결성 전후와 사이버스페이스의 보수세력

2장에서 살펴본 바와 같이 2002년의 대선에서 노무현 승리의

원동력은 정치권력에 의한 동원이 아닌 '노사모' 등 인터넷을 통해 자발적으로 조직된 지원 네트워크의 존재였다.

그러나 발족 후의 노무현 정권의 행적은 남북 정상회담 당시 부정송금 의혹에 대한 특별검사제의 도입, 이라크전쟁에 있어서 미국에 대한 지지표명과 파병결정, NIES(교육행정정보시스템) 도입에 대한 논란, 핵폐기물 처리장을 둘러싼 지역주민과의 충돌 등, 그를 지지했던 많은 개혁세력들을 실망시키는 사태가 이어지며 지지층이 하나둘씩 떨어져나갔다.

설상가상으로 여당 민주당으로부터 신주류라 불리는 개혁파가 이탈해 개혁국민정당 및 한나라당 탈당파와 통합신당(후에 열린우리당)을 결성함에 따라 민주당의 '잔류파'와 전통적 민주당 지지자들로부터 '배신자'라며 신랄한 비난을 받게 되었다.

한편 2003년의 독립운동기념일인 3·1절에는 전년 말의 촛불집회 과정에서 성조기가 찢겨진 광장을 이번에는 미군철수에 반대하며 북한과의 일전도 불사하겠다는 교회를 기반으로 한 보수세력들이 가득 메워 성조기를 흔들어댔다. 김대중 정권의 햇볕정책을 계승하고 노동자층의 지지를 모은 노무현 정권의 탄생에 위기감을 갖게 된 보수세력이 결집했던 것이다. 그리고 그때까지 개혁세력의 트레이드마크였던 '광장'은 이제 보수세력과도 공유하게 되었다.

게다가 개혁세력의 커뮤니케이션 수단으로 활용되었던 사이버스페이스에도 『오마이뉴스』와 같은 인터넷신문의 형식을 도입한 '독립신문' 등, 이른바 '보수 사이트'가 등장하게 되었다.

### 보수의 월경적 네트워크

이와 같은 일련의 사건들은 대통령선거 후 한국에서의 시민사회와 그 존재양식의 변화를 의미하고 있었다.

즉, 지금까지 독재권력에 대항해 민주정부 수립을 목표로 삼아온 시민운동세력이 노무현 정권을 떠받치고 있고, 반면 국가권력을 잃은 반공보수세력이 그것을 되찾기 위해 언론·결사의 자유가 확립된 '민주화'의 상황에서 '반정부운동'을 전개하게 된 것이다. 이 역전 현상이 국가와 시민사회와의 관계에 대한 재고를 요구했다.

이제 풀뿌리 네트워크는 더 이상 시민사회와 동의어가 아니었다. 이것은 오구마 에이지小熊英二가 『'치유'의 내셔널리즘』 속에서 "불안한 우익들의 시민운동"이라 칭했던 일본의 상황과도 통하는 데가 있었다.

더욱 흥미로운 것은 한국의 소위 '우익 사이트'를 보면 『사피오SAPIO』 등 일본 우익계 잡지의 기사가 번역되어 있다는 점이다. 김정일 타도의 슬로건 하에 한일의 보수가 결합한다는 기묘한 현상이 일어나고 있는 것인데, 이처럼 보수세력에 의한 풀뿌리의 '월경적 네트워크'도 서서히 형성되고 있다.

한국의 보수 입장에서 본다면 일본의 역사인식 문제는 북한 타도라는 테제 앞에서는 부차적 문제에 지나지 않는다. 예를 들면 '북조선에 납치된 일본인을 구출하기 위한 전국협의회'에서 주최한 2003년 5월의 '국민대집회'에는 최근 TV에도 종종 등장하는 '전 공작원'이나 '납북자 가족'이 한국에서 초청되었다. 그리고 이번에는 '북조선에 의한 납치 희생자 가족 연락회'의 멤버가 한국을 방문해 '납북자 가족'과의 '한일연대'를 어필했다. '월경적 네트워크'도 이미 개혁세력의 전매특허가 아니게 된 것이다.

한국 사회 내의 보수의 결집과 부상은 개혁정부의 등장에 따른 보수세력의 반동이다. 보수가 반공 이데올로기와 권위주의를 기반으로 한 독재정치의 계보를 답습하는 한 그 반동 자체도 진전된 민주화의 또 다른 측면이기도 하다.

그렇다면 독재정권 시대에 한국 사회의 민주화를 추진하고 반공주의, 권위주의, 지역주의로부터의 탈피를 추구하는 정권 탄생에 일익을 담당한 시민운동은 개혁정부하에서 어떠한 의미를 갖는 것일까? 또 노무현 정권을 탄생시킨 시민세력과 개혁정부에 맞서 '시민운동'을 전개하는 보수세력과의 관계는 어떠한 것일까?

무엇보다도 개혁파 대통령을 만들어낸 '네티즌'이란 도대체 누구를 가리키는 것인가?

### 보수세력의 '자발적 데모'

보수의 위기의식은 1987년 6월항쟁 직후까지 거슬러 올라갈 수 있다.

당시에도 "이 땅의 우익은 모두 죽었는가?"라고 외치면서 우익 총궐기를 선동하던 학자나 장관들은 존재했다. 그러나 이러한 반응은 군사정권이 여전히 권력을 휘두르던 상황을 고려할 때 민주주의에 대한 단순한 알레르기 반응이었다고 이해할 수 있다.

일반 시민 레벨에서도 베트남전쟁 당시 한국군에 의한 학살 사건의 진상을 규명하는 학술토론회에 '베트남전 참전용사'가 난입한 경우도 있었다. 또한 역사 바로 세우기 과정에서 민주화의 공로자에 대한 보상이 이루어지는 한편, 상이군경회나 그 유가족 등 냉전구조의 '피해자'들의 과격한 궐기대회도 열렸다. 하지만 이것도 이데올로기 문제라기보다는 개개인의 희생의 정당성이 흔들리는 것에 대한 반발이었다고 할 수 있다.

그러나 최근의 각종 '국민대회'에 이르러서는 사정이 다르다. 한 예로 2003년 6월에 벌어진 '반핵반김 한미동맹강화 6·25국민대회'를 보자. 그것은 노무현이 당선되고 나서 세 번째 보수세력의 총결집이었는데 이전의 동원형, 혹은 관변단체에 의한 반공관제데모에 지나지 않았던 이러한 집회가 이제는 '자발적' 데모의 성격을 띠게 되었다. 거기에서는 미국에 대한 경애와 더불어 김정일과 공산당에 대한 노골적 적의가 표출되었다. 11만 명이 모였다고 하는 이 '국민대회'를 주도한 것은 기독교 교회 계통의 보수파 단체이다. 실제로 이 대회의 제1부에 해당하는 구국기도회에서는 담당목사가 "이 땅의 공산당과 간첩들의 모가지를 다 잘라주소서"라고 기도하는 등 그 과격함을 어김없이 드러냈다. 대회장은 '특검연장', '김대중 즉각 구속', '상기하자 6·25', '김정일 독재타도', '북한은 주적, 미국은 혈맹' 등의 피켓들로 넘쳐났다.

### '네티즌'은 이미 개혁파의 전유물이 아니다

여기서 보수세력이 만든 몇 가지 사이트를 살펴보자.

그것들은 대체로 다음과 같이 분류된다.

'독립신문'과 '뉴스타운', '사이버뉴스24'와 같은 인터넷신문을 표방하는 사이트, '북한민주화 네트워크', '안티 김정일' 등의 북한 인권문제 관련 사이트, '박정희 대통령 인터넷 기념관', '대한민국 국부 이승만'과 같은 전직 대통령 기념 사이트, '베트남 참전 인터넷 전우회' 등 베트남 참전 관련 사이트, '탈북자동지회' 등 탈북자 관련 사이트, '디펜스 코리아' 등 군사 사이트, '태극기선양운동중앙회' 등 국가 심벌 관련 사이트, 그 밖에도 우파 잡지와 개인이 개설한 사이트도 다수 있다.

이것들은 한 우익 사이트가 선정한 '자유민주주의 보수사이트'의 리스트를 분류한 것이다.

여기에 동시에 올려진 '친북 사이트'를 보면 그들이 규정하는 '자유민주주의'의 의미가 명확해진다. 거기에서는 '진보'를 표방하는 사이트는 물론이고 각종 노동조합 사이트, 통일 관련 사이트, 안티조선 사이트, 동성연애자 사이트 등이 망라되어 있다.

어쨌든 보수세력 사이트들이 주장하는 내용을 다시 되돌아보면 과연 같은 탈냉전 정치공간에서 살고 있는지가 의심될 정도로 인식의 격차가 크다. 출범한 지 얼마 되지 않은 노무현 정권에 대한 그들의 인식을 보면, "개표조작으로 당선된 현 정권은 좌익정권이며 국가정보원장, (국가정보원)기획조정실장, KBS 사장에는 모두 빨갱이를 앉혔다. 정부 당국자는 북한으로부터 테러 협박을 받고 있어 타도해야 한다"는 것이다.

보수세력은 대통령선거에서 패했고, 개혁세력이 발전시켜온 대안 미디어는 보수언론의 영향력을 어느 정도 저하시켰다. 그러자 거꾸로 보수세력도 적극적으로 인터넷을 활용해 정치세력화를 도모하는 것이다.

이쯤 되면 네티즌이라는 말은 이미 보수와 개혁을 구별하는 지표가 될 수 없다. 예를 들어 '민주참여 네티즌연대'가 우파단체라는 것은 그 명칭만 봐서는 알 수 없다. '네티즌'의 개념이 더 이상 개혁파의 전유물이 아니게 된 것이다. 위기 속의 보수는 민주세력이 활용해온 수단을 이용해 다시금 부상하려 하고 있었다.

그래서 인터넷상의 진보세력은 '개혁네티즌'이라는 새로운 명칭을 쓰게 된다.

### 국가를 떠받치는 시민운동이라는 뒤틀림

한국에서 시민운동이 등장한 것은 1987년의 직접 선거제를 쟁취한 '민주화' 이후의 일이다. 그때까지 군부 독재정권은 타도의 대상이었고 시민운동의 영역은 민주화투쟁 혹은 민중항쟁이 차지하고 있었다.

그러나 불완전하게나마 '문민정부'가 탄생하고 나아가 정권교체가 이루어지자 저항적 사회운동의 영역이 체제 안으로 흡수되어 합법적 정치조직을 지향하게 된다. 또한 한편에서는 각종 이익단체의 등장과 사회적 욕구의 다양화에 따라 이제는 정치권력의 타도가 아닌 정책을 제안하고 개혁을 지향하는 시민세력이 부상하게 된다.

김대중 정권의 탄생은 군부독재로부터 이어지는 지배권력의 교체를 요구하는 노동조합과 시민단체의 지원이 있었기에 가능했다. 하지만 권력을 창출해낸 주체는 어디까지나 기성 정당의 연합에 의한 정당세력이었고 시민세력은 보조적 지원자에 지나지 않았다. 즉, 시민운동의 영역에서 정당정치의 영역으로의 개별적 진출은 보장되었다 하더라도 시민운동세력이 국가운영의 파트너로서 주도적 역할이 기대되는 것은 아니었다.

그런데 노무현 정권의 탄생은 정당(민주당)의 승리가 아닌 노무현 개인의 승리라 여겨졌다. 실제로 그 후 민주당이 분열했듯이 정권의 기반은 시민세력 쪽에 있었던 것이다. 노무현이 지지자들이 준비한 대통령 당선 1주년 기념식에 나가 지속적인 '시민혁명'의 필요성을 역설한 것만으로도 자신의 권력 기반을 시민세력에서 찾고 있음을 알 수 있다.

노무현은 미국식 분권적 권력시스템을 지향했다. 말 그대로 그는 그때까지의 한국 정치에서 거의 일체화되어 있던 당수의 권력과 대통령의 권력을 분리시켰다. 또한 권력 장치를 포기함으로써 약해진 자신의 기반을 시민세력을 키우는 것으로 보완하려 했다고도 할 수 있다.

그렇다면 한국의 개혁정부에 의한 민주주의는 서양식 자유주의적 시민사회의 모델로는 설명하기 어려워진다. 즉, 과도기적 상황에서는 국가와 시민사회를 이원론적으로 나눌 수가 없는 것이다.

당시 한국에서 국가에 가장 대립적 자세를 보인 쪽은 보수세력의 '시민단체'였다. 이런 상황 속에서 개혁세력은 거대 야당과 기득권층 등의 공세로 인해 명확한 개혁노선을 실행하지 못하고 있는 노무현 정권을 떠받쳐야 한다는 딜레마에 빠져 있었다.

급속한 민주화 과정에서 시민사회란 독재정권에 대항하는 세력과 동일시되어왔던 것이 사실이다. 그런데 이제는 시민사회의 분화와 다양화 속에서 새롭게 시민적 공공영역을 파악해야 할 필요성이 제기되었다.

### 보수 아이덴티티 창조

여기서 강조되어야 할 것은 '박정희식 권위주의에 대항하는 자립적 시민'으로서 시민사회를 다시 정의하는 것일 터이다. 그러면 국가와 대치한다기보다는 민주주의의 발전을 저해하는 '냉전수구세력'과의 대항영역으로서의 시민사회가 부상하게 된다.

정치학자 최장집은, 개혁정부의 발족에 따라 냉전 반공산주의 헤게모니를 둘러싼 갈등의 중심축은 시민사회의 공공적 토론의 장이 되며, 그 초점은 국가 대 시민사회에서 시민사회 내부, 즉 시민사회의 보수적 헤게모니 부문 대 운동 부문 간의 갈등으로 이동했다고 지적한다.(『민주화 이후의 민주주의』)

그렇다면 시민적 보수세력이 민주주의의 심벌이었던 '광장', 그리고 사이버스페이스에서의 토론의 장을 이용해 대두하는 모습은 시민사회 내부의 공공영역의 주도권 싸움으로 볼 수가 있다.

이와 같은 상황에서 위기감을 느끼게 된 보수세력이 대규모 반공숭미 집회를 개최하는 것과 같은 형태로 집결하게 된 것이다. 그에 따라 '보혁갈등'은 긴장감을 높여가게 되는데, 한국의 경우 보수는 정치사상이 아닌 반공주의로 가장한 지연, 학연, 혈연으로 이루어진 기득권의 총체라는 것을 생각한다면 이러한 갈등이 단순히 이데올로기를 둘러싼 문제로 수렴될 수 없는 것은 분명하다.

즉, 국가조직으로부터 떨어져나간 반공수구세력이 자신들의 세력 확대와 이론적 무장을 위해 보수의 가치를 만들어내고 있는 것이다. 이들은 앞서 소개한 '자유민주주의 수호 사이트'에서 볼 수 있듯이 국가 심벌과 독재정권을 찬양하는 사이트를 통해 보수로서의 아이덴티티를 창조하면서 결집했다.

### 보수, 반공주의로 가장한 기득권

한국의 경우 보수주의는 서구와 같이 계몽주의나 자유주의를 전제로 해 나타나는 것이 아니라 일제의 식민통치 기간 동안 민족주의나 냉전기의 반공주의를 강화하는 수단으로서 등장했다. 거기에서 성장한 부르주아 세력은 권위주의적 국가와 대립하기보다는 오히려 동맹관계를 쌓아왔다.

한국외국어대 교수 김용민에 의하면 "한국의 보수에는 철학적·종교적 기반이 없고, 보수주의는 단지 통치를 용이하게 하기 위한 지배이데올로기로서 나타났다"는 것이다.(『한국의 보수주의』, 인간사랑, 1999) 따라서 한국의 보수주의는 사상적으로 정체가 불분명한 가운데 역으로 집권세력, 기득권자, 보수적 중간층을 결집시키는 이데올로기로 발전해왔다.

본래적 정의에 따르면 보수의 진수란 다름 아닌 전통을 옹호하고 공통의 역사체험을 중시하며, 그리고 공동체의 가치를 존중하는 것이다. 그러면 한국의 보수가 어떻게 왜곡과 모순으로 뭉쳐져 있는지가 뚜렷해진다. 이제껏 한국에서 보수를 표방해온 정당의 정치노선을 되돌아보더라도 전통의 의미, 지도자의 역할과 엘리트의 책무 등, 보수주의 이데올로기에 있어서의 근본적 명제에 대한 언급은 거의 존재하지 않는다.

국가 관료나 재벌기업가가 태어날 자식에게 미국 국적을 취득케 하기 위해 미국으로 '원정출산'에 나서거나, 또 모든 수단을 동원해 자기 자식의 병역의 의무를 면제시키려 해온 것만 보더라도 노블리스 오블리제로서의 지도층의 모습과는 너무 동떨어져 있다.

보수 야당 한나라당 의원의 병역 상황뿐만 아니라 특히 족벌체제로 운영되고 있는 전국 일간지 사주 일가의 병역 면제율은 42.1퍼센트로 평균 면제 비율 4.6퍼센트에 비해 대략 열 배에까지 달하고 있다.(『미디어오늘』, 2000년 2월 17일)

더욱이 보수의 최상위 개념이 민족공동체라 한다면 한국의 보수가 대일협력행위에 앞장섰던 '친일파'의 계보와 맞닿아 있고, 오늘날에도 '친일진상규명법'에 위기감을 느끼고 있을 뿐만 아니라 일본의 식민통치를 '축복'이라고 여기고 있는 자체가 보수의 '진수'로부터는 멀리 떨어져 있음을 가리킨다.

그것은 보수세력의 대규모 집회가 벌어질 때 성조기를 흔들며 미국에 대해 '충성심'을 표명하는 대목에 상징적으로 나타나고 있다. 그 때문에 한국의 우익은 일본의 우익과 손을 잡는 데 주저하지 않는다. 일본의 우익단체가 한국이 실효적으로 지배하고 있는 독도에 상륙을 시도해도 '독립신문'과 '사이버뷰스24' 등의 우익 사이트가 그것을 다루는 경우는 별로 없다. 반공과 기득권 수호를 위해서라면 미국과도, 그리고 일본의 우익세력과도 손을 잡는 것이 한국의 '보수'이다.

그러한 가운데 한국의 수구세력이 일상적 보수까지도 포섭하려는 움직임을 간과할 수 없다. 예를 들면 반공주의가 퇴조하면 그들은 호주제도 폐지를 거부하는 시늉을 보이는 것으로 보수주의의 정치철학을 갖춘 보편적 보수로 옷 갈아입기를 시도한다.

이리하여 '진정한 내셔널리즘'을 창조하기 위해 국기와 국가 같은 국가적 심벌에 대한 충성을 강조함과 동시에 동성연애자들의 사이트는 좌익의 지원을 받고 있다며 배척의 대상이 되는 것이다. 냉전반공주의가 이미 사회의 지배적 이데올로기로서의 존재 가치를 잃어가고 있는 가운데 그들은 이와 같은 왜곡된 방식으로 보수로서의 새로운 가치를 찾아낼 필요성에 내몰리고 있다.


## 정치의 패러다임이 변화하다

### 실패한 '상생의 정치'

노무현 정권에 있어 탄핵소추에 따른 직무정지로부터 복귀에 이르는 제1기는 그리 축복받은 스타트가 아니었다. 오히려 그것은 한국 정치 지형을 근저로부터 뒤흔드는 파란에 찬 시기였다고도 볼 수 있다.

보수언론은 대통령이 경솔한 아마추어 정치가라는 이미지를 만들어냈다. 게다가 소수여당이라는 현실은 개혁을 그야말로 자신의 몸과 맞바꿀 각오로 임하는 필사적인 절대절명의 책무 같은 것으로 받아들이게 했다. 이런 악천후 속에서 개혁을 추진하기 위해서는 국민과의 직접대화라는 방식에 의존할 수밖에 없었다.

그러면 노무현 정권은 어떻게 해서 위기를 극복하고 격렬히 맞붙는 정치판에서 개혁을 추진해나간 것일까.

2004년 2월 20일자 『요미우리신문』은 노무현 대통령의 1년을 '타협 없는 정치'라고 표현했다. 그러나 그것은 노무현 정권이 생각대로 개혁을 추진하지 못했다는 것을 감안할 때 적당한 표현이 아니다. 노무현은 자신의 지지 세력으로부터의 비판에도 불구하고 어디까지나 야당과의 '상생의 정치'를 강조했다. 노무현 대통령이 보수세력과의 '타협'에 불만을 품었던 지지층의 비판을 받으면서도 김대중 정권의 북한에 대한 부정송금 의혹에 관한 특별검사제를 거부하지 않았던 것은 대화를 통한 '상생의 정치'를 중시했기 때문일 것이다.

그러나 오랜 세월 '냉전수구세력'의 독점적 권력하에서 세력을 키워왔던 보수세력으로부터의 반발은 노무현의 대화와 타협이라는 생각이 오산이었음을 여실히 보여주었다. 김대중 정권에서는 정권교체에 따라 민주화가 진전하더라도 견고한 권력을 기반으로 하는 기득권 세력은 온존했다. 노무현 정권은 무엇보다도 그와 같은 권위주의로부터의 탈피를 우선과제로 삼아야 했다. 노무현은 여태껏 역대 정권에서 권력 기반을 떠받쳐온 권력 장치를 스스로 포기했다. 검찰과 국가정보원을 권력으로부터 멀리했으며 스스로도 탈권위주의적 자세를 견지했다. 아이로니컬하게도 그것이 대통령에 대한 모욕과 조소로 이어져 종국에는 대통령으로서의 합법적 '권위'까지 조롱받는 상황에 이르렀다.

결국 야당과의 '상생의 정치'는 실현되지 못했다. 탈권위를 표방한 노무현에 대해서 야당은 인사에 있어서의 대통령의 고유 권한을 무시하고 각료의 해임을 관철시키자 이번에는 대통령의 발언과 측근의 비리를 가지고 탄핵을 주장함으로써 상생은 정쟁으로 변했다.

하지만 이처럼 한국 정치가 권력의 경합상태로부터 탈피할 수 없는 근본적 원인은 선거 때마다 정계가 재편된다는 불안정한 정당체제와, 타협을 결코 용납하지 않는 한국 정치풍토의 한계에도 있을 것이다. 이러한 유연성의 결여가 한국 정치를 '후진'의 상태에 머물게 하고, 한번 권력을 잡기만 하면 사회의 모든 자원을 독점할 수 있는 상황을 용인케 했다.

### 새로운 정치 패러다임—권력정치의 분열을 넘어

이렇게까지 비판을 받으면서도 정치가 개인과 집단의 삶을 절대적으로 결정한다는 환상이 일반적인 한국 국민의 의식에는 아직도 존재하고 있다. 종종 지지자가 선거에서 지면 다른 나라로 이민을 가겠다는 식의 극단적인 발언도 따지고 보면 정치에 대해 원리주의적인 역할을 요구하는 심리와 관계된다. 민주와 독재, 좌파와 우파라는 이원적 사고와 태도를 늘 강요받아 온 결과이다.

실제로 지금까지의 한국 선거에서는 민주 대 반민주라는 대립구도가 오랫동안 이어져왔다. 시민운동을 지배했던 가치는 '순수'한 도덕주의와 개혁주의라 여겨졌으며 그것을 계승하는 개혁세력의 입장에서 보면 선거 그 자체가 선악의 가치판단이 내려지는 최후의 심판의 장이 된다. 한편 보수 측에서 보면 개혁과 남북협력은 그대로 공산주의에 의한 지배를 의미했다.

노무현 정권에 의한 탈권위주의적 정국운영은 권력정치의 그러한 분열적 틀을 극복하고 정치 패러다임을 바꾸려 하는 작업의 일환이었다고도 할 수 있을 것이다.

이러한 노무현 대통령의 스타일을 포퓰리즘이라 말하는 사람들도 있다. 그러나 개혁독재의 유혹에 흔들리는 지지자들의 입장에서 보면 그것은 전혀 사리에 맞지 않는다. 노무현은 포퓰리스트의 길을 선택한 것이 아니라, 이라크 파병에서도 볼 수 있듯이 오히려 철저히 '국익'을 우선함으로써 지지자들을 실망시켜왔던 것이다.

야당이 유일하게 여당의 정책에 '협력'했던 것이 바로 이 이라크 파병 문제였다.

### 권력을 포기한 대통령—검찰의 독립

한국 정치에 잠재되어 있는 또 하나의 일그러진 부분이 정치자금을 둘러싼 문제이다.

승자에 의한 사회적 자원의 독점은 필연적으로 정경유착의 온상이 되었고, 여기서 선거자금을 풍부하게 갖고 있는 자와 그렇지 못한 자의 양극화가 일어난다. 정권교체가 없는 권력구조하에서는 여당에는 차고 넘칠 정도의 자금이 유입되고 야당은 언제나 자금난에 허덕이게 된다. 야당에게는 만에 하나 정권교체에 대비한 최소한의 선거자금이 재벌기업으로부터 제공될 뿐이다.

노무현 대통령이 부정선거자금 의혹 문제에서 자신의 선거자금이 여당 측 선거자금의 10분의 1을 넘으면 사퇴도 불사하겠다고 해 파문을 불러일으켰는데, 그것이 정계의 불법자금의 현실이었을 것이다.

2002년 대통령선거에서 당선을 확신하는 대세론이 늘 따라다닌 쪽은 거대 야당인 한나라당이었다. 이것이 2003년 가을 연일 미디어를 떠들썩하게 만든 대통령선거에서의 불법정치자금 문제의 배경이다.

노무현은 이 문제를 깊이 파고드는 것이 양날의 칼이 될 수도 있다는 것을 잘 알고 있었다. 노무현 진영은 인터넷을 이용한 정치 참가 스타일을 만듦으로써 보다 저비용의 선거운동을 전개할 수가 있었다. 하지만 선거전에서는 늘 열세를 면치 못했고, 소속 당으로부터도 후보사퇴 압력에 처해 있던 상황에서 기성 정치로부터 완전히 거리를 둔다는 것은 불가능한 일이었을 것이다. 그럼에도 불구하고 노무현 대통령은 정치개혁의 요체를 정계와 재계의 유착을 끊는 것에 두었다.

권력을 손에 넣은 자는 먼저 그 기반을 다지기 위해 사법과 행정, 그리고 정보기관을 수중에 넣는 것이 보통이다. 강력한 대통령 중심제인 한국에서 그러한 권력의 집중화는 자연스럽고도 또한 필연적 순서였다.

그런데 노무현 대통령이 취임해서 먼저 착수한 것은 검찰과 정보기관 등의 권력 장치를 '본연의 장소'로 되돌리고 그것들을 '독립'시키는 것이었다. 결국 나약한 대통령의 모습은 스스로가 집중시켰어야 할 권력을 해체시킨 결과에 기인하는 부분이 컸다.

검찰 권력도 갑작스레 '검사와의 대화'를 제안한 노무현 대통령의 진의에 의심을 떨치지는 못했지만, '권력의 시녀'로부터의 탈피를 당혹해하면서도 받아들였다. 오랫동안 독재권력하에서 정치검찰이라는 오명을 뒤집어쓰고 있던 한국 검찰은 국민의 신뢰도가 턱없이 낮았다. 이런 한국 검찰은 다나카 가쿠에이田中角榮 전 수상에 대한 체포를 감행한 일본 검찰의 도쿄지검특수부를 신화적 존재로 여겼다. 한국의 검찰중앙수사부는 아마도 사상 처음으로 국민들로부터 전면적 지지를 이끌어내 스스로를 신화화하는 계기를 잡고 싶었을 것이다. 2003년 세모 부터 이듬해 연초에 걸쳐 여야당을 포함해 7명이나 되는 현역의원이 구속되는 미증유의 사태가 일어났다. 검찰의 독립은 훗날 대통령선거 불법자금 수사가 권력으로부터의 압력이 아닌 공정한 절차에 의해 이루어진 것이라는 것을 입증하는 근거가 되었다. 그 결과 불법자금의 해명이 편향적 수사에 의한 탄압이라는 야당의 주장을 무력화시키는데 그것을 노무현 대통령이 예상하고 있었는지는 모를 일이다.

### 구시대의 막차

노무현 대통령의 파격적 행보는 지역주의 정치, 보스형 정치, 금권정치, 그리고 정경유착을 갈아엎기 위해서는 그 프로세스 자체를 민주적으로 해야 할 필요가 있다는 것을 통감하고 있었기 때문일 것이다. 한나라당의 자금조달과는 비교할 수도 없을 정도의 규모라고는 해도 시민들로부터 자발적으로 모인 자금과 협력을 최대의 강점으로 삼아온 자신조차도 기업으로부터의 불법자금에서 자유롭지 못했던 정치구조를 종식시키는 것이 한국 정치의 가장 시급한 과제라고 노무현은 인식하고 있었던 것이다.

노무현 대통령은 취임 후 개혁을 주창하는 가운데 자기 자신이 새로운 시대의 스타트를 끊는 것이 아니라 오히려 그 반대로 낡은 시대의 막차가 될 것이라 공언했다. 낡은 정치구조 안에서 가까스로 당선되긴 했지만 거기에서 정치를 한다는 것 자체가 새로운 시대에 걸맞지 않는 '원죄'를 업고 있다는 것을 자각하고 있었던 것이다. 그리고 자신이 발판이 되어 지역적 기반과 기업에 의한 정치자금에 기대지 않는 정치를 실현하기 위해 측근이 처벌받는 길마저 피해가지 않았다.

대통령선거에서 패배했다면 모를까 승리의 공헌자가 체포되는 이례적 사건에 당혹한 것은 오히려 한나라당이었을 것이다. 그리고 '독립'된 검찰에 의해 한나라당의 천문학적 불법정치자금과 스파이작전을 방불케 하는 모금 수법이 드러났고, 거대 야당의 지지율은 밑도 끝도 없이 추락했다.

2004년 총선에서도 만약 이러한 대선자금 문제가 밝혀지지 않았다면 마찬가지로 재벌로부터의 '모금'이 어둠 속에서 횡행했을 것이다. 다행히도 총선은 사상 유례가 없는 깨끗한 선거라는 찬사를 받았다. 동시에 그것은 '자동판매기'라 야유를 받아온, 즉 자금 투입을 하지 않으면 하부조직이 움직이지 않는다는 한나라당의 체질에 기능부전을 초래하는 것이기도 했다.

### 승복의 정치

이처럼 노무현은 한나라당 및 분열된 민주당이 도발한 불법정치자금에 대한 특별검사제와 청문회, 나아가서는 탄핵 공세에 의해 만신창이가 되면서도 조금씩 정치개혁의 수순을 밟아갔다. 결국 보수야당은 노무현 정권을 마구 공격하면서도 '살을 도려주고 뼈를 부러뜨리는' 노무현 대통령의 전략에 서서히 말

려들기 시작해 그러한 개혁을 받아들이지 않을 수 없는 상황으로 몰리게 되었다.

그러나 이러한 정치개혁의 충격을 정면으로 받았던 것은 다시금 열린우리당 쪽이었다. '상향식 공천'을 주창하며 공천후보의 예비선거제도를 제일 먼저 실천한 열린우리당은 최초의 후보선출투표에서 젊은 의원의 기수라 여겨져 왔던 현직의원이 참패하는 충격적 사태에 직면했던 것이다. 그러자 관심은 '경선'에 진 현직의원의 거취에 집중되었다. 제도적으로 문제점이 많다고 지적되어온 경선방식에 이의를 제기하고 결과를 받아들이지 않을 것이라 예상되었기 때문이다. 그러나 그는 경선 결과에 승복한다고 발표했다.

경선 결과에 따른다. 이 너무나도 당연한 대응도 민주주의의 토양이 척박한 한국에서는 아주 획기적인 일이었다. 그도 그럴 것이 경선에 패한 많은 정치가들은 대개의 경우 그러한 결과를 인정하지 않는 것이 지금까지의 정치풍토에서는 당연한 광경이었기 때문이다. 대표적으로 1997년 대통령선거에서 이인제는 한나라당의 예비선거에서 당수인 이회창에게 졌지만 직후에 탈당하여 출마했다. 그리고 2002년 대통령선거 민주당 예비선거에서도 노무현에게 지는데, 그는 또다시 불복하여 당을 떠난 경험이 있다.

이인제는 불복을 거듭함으로써 정치생명이 거의 끝나갔지만 그러한 행위가 만연한 한국 정치에서 현직의원으로서의 유리한 입장을 활용할 수 있는 기득권자가 탈당하여 출마를 한다 하더라도 이상할 것은 없었다. 그만큼 위와 같은 '결단'은 새로운 정치의 모범으로 받아들여졌다. 경선결과의 승복에 찬사를 보내는 의견이 당사자의 홈페이지에 쇄도했다.

그 이유로 한국 국민들의 뇌리에는 지난번 대통령선거에서 한나라당의 이회창에 대항하는 후보단일화 대결에서 노무현에게 졌으면서도 선거일 전날 밤에 지지를 철회한 정몽준의 배신극에 대한 기억이 아직도 새롭기 때문이었다.

게다가 대통령선거 후에 개표 부정이 있었다고 누군가가 인터넷상에 올린 글을 근거로 '절대로 질 리가 없는 선거'에서 패배한 것을 인정하려 들지 않았던 한나라당이 재검표를 요구해, 결국에는 불필요한 예산을 들여 모든 표를 다시 집계한 해프닝도 있었다.

그런 만큼 2004년 총선거에서는 출마자에 대한 '경선 불복'에 대한 시선이 달갑지 않았으며 낙선운동을 주도한 시민운동 측도 이러한 경선 불복을 공천 반대의 한 기준으로 삼았다. 이인제와 정몽준도 그러한 경력에 의해 낙선자 리스트에 이름이 올랐다.

### 2004 낙선운동—총선시민연대와 총선물갈이국민연대

2000년 총선에 등장했던 '낙선운동'이란 정치개혁운동의 일환으로 전개된 정치적 네거티브운동을 말한다. 구체적으로는 총선시민연대가 주도해 정치적 부적격자에 대한 공천반대·낙선 운동이 벌어졌다.

이때 총선시민연대는 선거법 위반, 부패, 뇌물수뢰, 무능, 민주헌법질서파괴, 반인권, 지역감정조장 등을 기준으로 해 공천반대자를 발표하고, 낙선운동의 대상이 된 86명 중 59명(68.6퍼센트)이 낙선하는 성과를 올렸다.

한국의 이러한 시민운동에 자극을 받아 일본에서도 2003년 참의원선거에서 낙선운동을 전개하는 움직임이 있었지만 조직화에는 이르지 못했다.

2004년 총선에서도 많은 시민단체가 선거운동을 표명했지만 2000년의 케이스와 다른 것은 다채로운 시민참가형 운동의 발전을 이룬 점일 것이다. 부적격자를 '퇴출'시키는 것만이 목적인 소극적 네거티브 평가뿐만 아니라 깨끗하고 능력 있는 '국민후보'를 보다 적극적으로 지지하는 당선운동과, 시민교육운동, 거기에 정보제공운동 등이 생겨났다. 또한 평가기준과 검증방법도 지난번에 비해 보다 세밀화시킴으로써 공정성을 높였다. 더욱이 경선 불복자와 상습적 당적 변경자에 대한 기준이 마련된 점 또한 지난번과는 달랐다.

2004총선시민연대(www.redcard2004.net)가 부패·반개혁 정치가를 낙천·낙선시키는 운동을 주력으로 하는 한편에서 2004총선물갈이국민연대(www.mulgari.com)는 보다 적극적으로 국민후보를 선택하는 당선운동을 목표로 했다.

전국 289개의 단체로 구성된 2004총선시민연대는 2004년 2월 3일에 발족하여 16대 국회에서 현역 국회의원으로 활약한 전·현직 의원 307명에 대해 심사, 5일에는 1차 공천반대자 리스트를 발표했다. 그 결과 한나라당 32명, 민주당 20명, 열린우리당 7명 등, 전체적으로 66명이 리스트에 이름을 올렸다. 10일에는 그 이외의 출마예상자에 대한 평가가 이루어져 추가 현역의원 2명을 포함한 총 43명의 2차 공천반대 리스트가 발표되었다.

이러한 시민운동이 전개될 때마다 불법선거운동이라 고소해 온 한나라당은 또다시 그것을 선거법 위반이라 하여, "공천반대 기준은 시민단체가 자의적으로 설정한 것"이라며 노골적인 불만을 나타냈다. 또한 민주당도 "노무현 대통령에 반대하는 정치가들을 작위적으로 선정했다"며 반발했다. 이와 같은 공평성을 내세운 반론에 대해 총선시민연대는 "국민이 선정한 기준에 따라 작업을 대행했을 뿐"이고 "판단은 유권자의 몫"이라고 일축했다.

총선시민연대의 낙선운동은 현실의 선거법 테두리 안에서 중립성·공평성을 둘러싼 문제 제기에 대응할 수 있는 사실을 토대로 한 평가서라고도 할 수 있었다. 그런데 이러한 낙선운동에서 한 발짝 더 나아가 참신하고 능력 있는 국민후보를 적극적으로 선택해 선거운동을 전개한 것이 앞에서 언급한 총선물갈이국민연대였다.

이 단체는 온라인과 오프라인에서 당선운동의 대상자를 평가해 만 명의 사이버선거인단을 구성하고 총선거 직전인 4월 6일에 최종적인 당선지원자를 선정한다고 예고했다.

이러한 운동을 주도하는 세력은 유권자의 정치 참가를 적극적으로 요구하고 있었으며, 이는 노무현 정권의 정치개혁노선과 일치하는 부분이 많았다. 발족한 지 얼마 되지 않은 열린우리당을 밀어주는 바람이 될 것이 확실했다.

이에 반발한 것은 낙선운동의 대상이 된 기성정당뿐만이 아니었다. 사이트를 운영하는 일부 보수세력도 마찬가지로 독자적인 낙선리스트를 작성하는 등의 반격에 나섰다.

### 우익판 낙선운동

보수단체의 연합조직 '2004년 대한민국을 지키는 바른 선택 국민행동'은 2004년 2월 3일에 발족식을 갖고 현역의원 중에 자유민주주의에 부합하지 않는 자들의 리스트와 정보를 공개하기로 했다.

정보공개의 기준으로 든 항목에는 징병기피자, 국가보안법 위반자, 대한민국의 정통성을 부인하는 자, 맹목적 반미주의자 등이 있었다. 항목에서 드러나듯 행위가 아닌 주로 사상경향을 가지고 적격·부적격의 기준으로 삼고 있다는 것을 알 수 있다.

그런데 이러한 낙선운동과 당선운동은 그 후에 벌어진 대통령 탄핵정국의 소용돌이 속에 묻혀버리고 말았다. 유권자의 관심은 개인평가의 낙선리스트보다는 탄핵의 시비를 묻는 국민심판으로 흘러가버렸고 낙선운동이 그 파괴력을 발휘하기까지에는 이르지 못했던 것이다.

그 이유로는 유권자의 관심이 달라진 것뿐만 아니라 시민단체의 보조가 맞지 않은 것도 무시할 수 없었다.

총선시민연대는 탄핵소추안에 대한 찬성을 낙선의 기준으로 삼아 한나라당과 민주당의 대부분의 의원이 리스트에 올랐다. 낙선 대상자는 208명에 달했는데 야당 측은 그것에 대해 총선시민연대가 정부여당과 관계가 가깝다는 것을 강조하며 그 공정성을 문제 삼았다. 물갈이연대도 탄핵안 찬성의원을 지지후보에서 제외하자 54명 안에 한나당과 민주당의 지지후보는 각각 2명과 3명에 불과했다. 일부 단체에서는 이라크 파병안에 찬성한 의원도 낙선대상으로 삼음으로써 낙선운동의 기준이

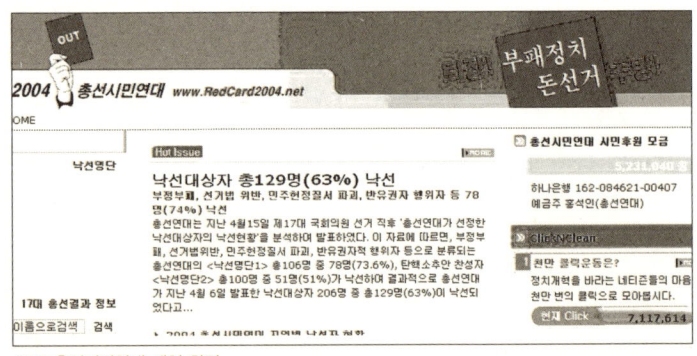

2004총선시민연대 메인 화면

일치되지 않아 혼란을 더욱 증폭시켰다.

그러나 최종적으로 탄핵정국 속에서 총선시민연대는 129명을 낙선시킴으로써 68퍼센트의 낙선율을 기록했다. 부패정치가 다수가 '물갈이'됨으로써 성과가 결코 적지 않았다고 할 수 있다. 2004년 낙선·당선운동은 리스트를 공개했을 뿐 실천적 활동에는 제한을 받았다. 하지만 탄핵정국이라는 파란 속에서 진행된 유권자운동이 시민들에게 다양한 정보를 제공하는 중요한 역할을 담당했던 것만은 틀림없다.

### 궁지에 몰린 야당에 의한 불길한 예언

노무현 정권의 일련의 개혁 프로그램은 일정한 순서에 따라 진행되고 있는 것처럼 보이기도 했다. 대통령에 대한 탄핵을 관철시킨 야당은 탄핵이 대통령의 음모라 주장하지만 그것이 본말전도라는 것은 말할 필요도 없을 것이다. 그렇다고 해서 이와 같은 한국의 정치적 변동이 우연의 산물이었다고만 하기도 어렵다.

김대중 대통령의 햇볕정책과 2002년의 대통령선거를 거치며 매카시즘과 같은 반공공세는 상당히 약화되었다. 대통령에 취임한 노무현은 먼저 권력을 분산시키고 강대한 권력자의 지위에서 자진해서 내려왔다. 그리고 지역주의 극복을 정치개혁의 제1원칙으로 삼아 '전국정당'을 표방하는 열린우리당을 음으로 지원하며 다음 원칙이라고도 할 수 있는 정경유착의 과제, 즉 대선자금을 파헤치는 작업에 착수했다. 그것은 정치개혁에 대한 요망을 자극했다. 뒤미처 정치개혁을 둘러싸고 각 정당이 경합하는 기묘한 정치극이 연출되었다.

대통령 선거자금 문제로 바닥을 모를 정도로 지지율이 떨어진 한나라당도 정치자금을 둘러싼 '죄'를 추궁받고 있는 만큼 시민단체의 범국민정치개혁협의회가 제안한 정치개혁안을 대부분 받아들인다고 표명했을 정도였다.

그러나 노무현 정권의 지지율이 올라가지 않고 있던 가운데서도 열린우리당의 지지율은 상승했다. 딜레마에 빠진 야당이 어떤 식으로 폭주를 하게 되었는가에 대해서는 다음 장에서 이야기하겠지만, 이러한 불안 속에서는 '개혁경쟁'도 오래 가지 못했다.

막대한 불법선거자금이 드러난 한나라당은 현 상태로 선거를 치르는 것은 불가능하다는 판단에서 선거연기론까지 들먹였다. 한나라당과 손을 잡는 치명적 미스를 범한 '잔류 민주당' 역시 불안하기는 마찬가지였다. 텃밭에서의 패배는 그대로 당의 소멸을 의미했기 때문이다.

"지금 우리나라는 친북반미성향의 노무현 정권과 시민단체로 위장한 급진좌파들이 합세하여오는 4·15총선에 승리하고자 수단 방법을 가리지 않고 있는 상황이다."

이것은 우익 리더의 발언이 아닌 의회의 권력을 잡고 있는 한나라당 대표가 한 발언이다. 그는 이때 눈앞으로 다가온 총선이 이대로는 실시되지 않을 것임을 암시했던 것이다. 그것은 또한 노무현 정권의 출범으로부터 1년간 끊임없이 계속돼온 퇴진 및 탄핵 압력이 협박으로만 끝나지는 않을 것이라는 예언이기도 했다.

## 탄핵정국과 부활하는 시민 파워
―격화하는 신문과 방송의 대립
(2004년)

## 유린당한 민주주의

### 2004년 3월 12일, 대통령 탄핵소추안 가결

2004년 3월 12일의 대통령에 대한 탄핵소추안 가결은 한국의 민주주의 역사에 있어 커다란 전환점으로 기록될 것이다.

뒤에서 자세히 기술하겠지만, 이것은 야당 민주당과 한나라당이 대통령 측근의 부정자금문제와 경제실정 등을 이유로 노무현 대통령을 국회에서 소추하고 직무정지로 몰고 간 사태이다.

1987년 6월항쟁 이후 그 파워를 배경으로 한 시민사회의 활성화에 따라 민주주의의 꽃을 피웠다고 자부해온 한국 국민들에게, 거대 보수야당이 장악하고 있던 의회에 의해 대통령이 탄핵소추된 사태는 그 자부심을 갈기갈기 찢어놓는 것이나 다름없었다.

그러나 다른 한편에서는 한국의 일천한 민주화 경험으로 비추어볼 때 그것은 민주주의를 완성시키는 과정에서의 한 시련이라 말하는 이도 없지 않을 것이다. 17년 전에 '호헌철폐', '독재타도'를 외쳤던 한국 국민들은 이때 '민주수호'를 외쳤다. 이번에는 물리적 충돌이 아닌 아이들까지도 참가하는 문화축제가 되어 기득권 세력의 폭주에 분노를 표출했다.

이 민주수호의 외침은 거대한 파도가 되어 정계를 삼켜버린다. 탄핵안의 가결로부터 1개월 후에 실시된 총선은 노무현 대통령에 대한 실질적인 신임투표가 되었고 '제2의 대통령선거'로 탈바꿈했다. 그것은 또한 정당들 간의 정책 대결은 간 데 없이 국민 앞에 무릎 꿇고 눈물로 유권자의 감정에 호소하는 이미지 전략만이 눈에 띈 선거였다.

### '제2의 대통령선거'와 열린우리당의 약진

애초부터 탄핵은 의회의 다수를 점하는 야당의 담합에 의한 정쟁 도구였다. 정치윤리가 선거전의 전면에 등장하는 가운데, 탄핵안 가결 시의 야당 성명 속의 '민주주의의 승리'가 결코 진실이 아님을 한국 국민은 증명하려 했다. 그리고 4월 15일 총선에서 심판은 내려졌고 실질 여당이었던 열린우리당이 과반수를 획득하자 대통령의 복권은 확실시되었다.

탄핵소추를 선도했던 민주당은 참패를 맛보았고 존립 자체가 위태로워졌다. 한나라당도 박정희 전 대통령의 딸 박근혜를 당대표로 앉혀 지역 기반에 호소하는 것으로 참패는 면했지만 영남지역에 한정된 지역정당으로 고립되어버렸다. 탄핵을 강행했던 현직 의원들은 한나라당의 지반을 빼고는 거물일지라도 용서 없이 낙선의 꼬리표가 붙여졌다.

2004년 총선에는 탄핵소추를 가능케 했던 한국 정치의 온갖 모순을 떠안은 채 나아갈 것인가, 아니면 그것들을 떨쳐내고 나아갈 것인가 하는 정치개혁 과제의 향배도 걸려 있었다. 선거는 불과 49석에 지나지 않던 소수 여당 열린우리당의 의석을 세 배 이상으로 늘려주었다. 그리고 유권자들은 3김정치의 마지막 유물이었던 김종필 자민련 총재를 낙선시키고 김대중의 위공과 업적에만 빌붙어온 민주당을 침몰시켰다. 그것은 한국 정치 최대의 폐해인 지역주의에 뿌리내린 유력자 정치의 퇴장을 의미했다.

더욱이 민주노동당의 국회 진출은 한국 사회의 견고한 이데올로기의 벽을 허문 획기적 사건이었다.


## 탄핵정국의 배경

### 야당이 든 탄핵소추의 세 가지 근거

야당 측이 이와 같은 역풍을 예상하지 못했던 것은 아니다. 그럼에도 불구하고 탄핵소추라는 강경수단으로 나선 의도에 대해서는 면밀하게 고찰해볼 필요가 있다. 하지만 그전에 애시당초 탄핵의 성립 요건이 갖추어져 있었는지부터 철저히 검증해봐야 할 것이다.

야당은 대통령 탄핵의 사유로 세 가지 근거를 들었다.

우선, 대통령 측근의 부정자금 문제다. 국민이 놀랄 만한 수법으로 막대한 선거자금을 조달해온 한나라당이 제기할 수 있는 문제인지 어떤지는 새삼 따지지 않겠다. 그보다도 문제는 탄핵소추가 발의되었던 당시 부정자금 문제는 아직 특검의 수사 중이었다는 것이다. 원래 탄핵이 성립하는 요건이라는 것이 '중대하고 명백한 위법행위'를 대상으로 하는 것이기에, 불법자금이 노무현 자신의 선거운동 과정에서 일어난 것이라고 해도 그것을 대통령 후보의 위법행위로 바로 관련지을 수는 없는 일이다.

특검 수사에서도 야당이 제기한 의혹은 거의 사실무근이며 곧바로 '측근비리'에 대통령이 관여되어 있지 않다는 것이 판명되었다. 첫째로, 노무현 본인이 선거자금 조달에 거의 관여하지 않았었다는 것은, 탄핵을 주도하며 대립하고 있는 민주당도 인정하는 바였다. 민주당 구주류가 대통령선거 전에 불만을 토로했듯이 노무현은 선거자금 문제에 대해서는 거의 무관심했고, 그렇기에 후보자로서 '실격'이라는 말까지 들어야만 했다.

그리고 두 번째로, 야당은 경제의 실책을 탄핵의 근거로 들었다. 분명 노무현 정권이 발족한 이래 전 정권에서부터 이어진 구조적 문제와 외부적 요인이 있었다고는 해도 국민이 납득할 만한 성과를 가져오지 못한 것은 사실이다. 그러나 설령 야당의 주장대로 현재의 경제가 파탄상태라 하더라도 그것은 정책수행상의 문제이지 법리적 측면에서 탄핵의 요건이 될 만한 사항이 아니었다.

무엇보다도 야당 측은 정치적 중립을 지켜야 할 공직자가 여당 측에 유리한 발언을 했다는 근거를 들고 나왔다. 그것이 선거법 위반이고 더군다나 그것이야말로 탄핵소추 발의의 직접적이고 본질적인 이유라고 그들은 말한다. 분명 노무현 대통령은 기자회견에서 어느 기자의 질문에 대해 "이번 총선에서 열린우리당의 승리를 위해 할 수 있는 일이 있다면 무엇이든 하고 싶다"고 답변했다. 그렇다곤 해도 실제로 열린우리당을 지원하는 활동을 한 것은 아니었다.

문제는 탄핵의 근거뿐만이 아니었다. 탄핵소추에 이르는 절차 면에 있어서도 문제가 지적되고 있었다. 대한변호사협회는 탄핵안의 가결은 질의와 토론을 무시한 결정이며 절차상 하자가 있음으로 각하해야 한다는 성명을 냈다.

결국 탄핵소추안은 헌법재판소에서 "대통령이 선거와 관련해 정치적 중립성 등을 위반했던 것은 인정하지만 그 위반행위가 헌법상 중차대하며 국민의 신임에 반한다고까지는 말할 수 없다"고 해서 기각되었다.

그러면 야당은 왜 탄핵이라는 무모한 선택으로 치달을 수밖에 없었는가.

**딜레마에 빠진 야당**

노무현 대통령에 대한 퇴진 요구와 탄핵이라는 압박은 대통령 취임 직후부터 끊임없이 이어졌다.

처음으로 야당이 대통령에게 탄핵을 들이댄 것은 취임 후 불과 10일이 지난 2003년 3월 7일의 일이었다. 때마침 북한 부정송금 의혹에 대해 발의한 특별검사제 도입에 대해 대통령이 거부권을 행사한다면 탄핵소추도 있을 수 있다고 야당은 명언했다. 그것을 시발로 해서 정권 발족 후 1년 동안에만 야당의 '퇴진'과 '탄핵' 공세는 114회에 이른다.

이 집요한 퇴진 요구의 배경에는 2002년 대통령선거 시의 부정자금 문제가 있었다. 이미 언급했지만 금권정치로부터의 탈피 없이 정치개혁은 성공할 수 없다고 생각한 노무현은 오히려 부정선거자금을 건드림으로써 자신의 당선에 공헌한 측근이 체포되는 것을 목격하면서도 한나라당의 거액 부정선거자금의 흐름을 파헤쳐 보였다. 그 후 한나라당은 '차떼기 정당'이라는 이미지를 불식시킬 수가 없는 상태로 몸을 사리고 있었던 것이다.

재신임투표를 둘러싼 해프닝도 있고 해서 심각한 타격을 입은 한나라당은 민주당과 결속함으로써 개헌과 탄핵도 가능한 압도적인 수적 우위를 확보하며 노무현 정권을 압박했다. 대통령 측만을 대상으로 한 부정선거자금의 특별검사제 도입과 청문회는 이렇게 해서 두 야당의 연합으로 관철되었다.

그러나 한편에서는 부정선거자금 문제로 체포된 한나라당 대표 서청원을 대신한 최병렬이 정책정당을 표방하며 당 개혁을 내세우기도 했다. 하지만 그것도 '합법탈옥'이라 비난받으며 서청원 전 대표의 석방결의안을 민주당과의 협력으로 가결시키는 것으로 귀착되었다.

한나라당은 지지율을 만회하기 위해 노무현 정부에 대한 공세에 집중함으로써 오히려 변화 시기를 놓쳐버린 것이다.

'통합신당' 결성을 배신행위라 간주한 민주당은 야당을 선언하더니 한나라당으로 향했던 창끝을 신당으로 돌렸다. 왜냐하면 신당은 지역을 기반으로 한 정치구도로부터의 탈피를 표방하고 있었기 때문이다. 총선에서 승리하면 지역 기반에 의존하지 않는 전국정당이 탄생한다는 대의명분은 한나라당과 마찬가지로 민주당을 압박했다. 지역감정에 의존해 기득권을 향유해온 민주당으로서는 열린우리당의 실패가 없는 한 자기들이 살아남을 길은 없다는 것을 의미했다. 광주항쟁을 무력으로 진압한 세력인 한나라당과 손을 잡자 민주당 지지자들의 이반이 더욱 두드러졌다.

### 공천방식을 둘러싼 명암

공천을 둘러싸고도 여야의 명암은 엇갈렸다.

이 무렵 각 당은 당규로 공직자선거 후보선출에 '국민참여방식'을 끼워놓았는데, 정치개혁의 흐름에 따라 2004년 4월 15일의 제17대 총선에서는 모두가 '상향식 공천방식'을 내세웠다. 그때까지 후보자 선정은 당대표가 지명하고 추인을 받는 것이 일반적 수순이었지만 이 방식에 따라 당원과 일반 시민들도 후보선출에 참가하게 되었다.

그러나 이러한 개혁경쟁의 기준을 한나라당과 민주당은 쫓아가지 못했다.

한편, 전 장에서도 살펴본 바와 같이 열린우리당에서는 젊은 유망의원이 현직이면서도 '경선'에서 패한 파란 속에서 각지에서 예비선거가 실시되었다. 낮은 투표율 문제와 전체의 30퍼센트에 해당하는 전략지역에서는 당이 유력후보를 단독 공천하는 한계도 있어서 당 중앙은 신랄한 비난을 받았지만, '승복의 정치'가 정착하는 가운데 새로운 정치 패러다임의 실험이 여러 가지 잡음 속에서도 추진되었다. 반면 두 야당에서는 '경선'을 둘러싼 방법상의 문제로 기득권 측이 반발을 해 '밀실공천'을 비판하며 공천 탈락자가 탈당을 하는 등 잡음이 끊이지 않았다.

무엇보다도 한나라당과 민주당의 공조는 각자가 갖고 있던 무기를 오히려 약화시키는 결과를 초래했다. 민주당은 특별검사제를 받아들인 노무현을 비난함으로써 전통적 지지자들의 결속을 꾀했지만 애초에 특검을 요구한 것은 한나라당이었다.

노무현 정권의 아킬레스건이라고도 할 수 있는 이라크 파병문제에 대해서도 거대 야당 한나라당이 이라크 파병에 찬성하는 입장이었기 때문에 모처럼 정부와의 관계가 단절되어 있던 민주당이 그것을 공세의 재료로 들고 나오지 못했다.

물론 노무현 정권의 실질적 여당인 열린우리당에도 역풍은 기다리고 있었다. 이라크 파병의 국회비준에 대한 찬성이 많은 개혁세력의 반발을 샀던 것이다. 게다가 전라북도 부안의 핵폐기물 처리장 건설을 둘러싼 정부와 지역주민들 간의 공방도 정권에 대한 신뢰를 현저히 해치는 것이었다. 2004년 2월 14일에는 자치적 주민투표가 실시돼 부안군 주민의 75.5퍼센트가 투표에 참가하여 92퍼센트가 폐기장 건설에 반대했음에도 불구하고 정부는 그것이 법적 구속력이 없는 사적 행위라는 입장을 나타냈다. 이것은 주민의 자발적 의사결정과 정책참가라는 '참여정부'의 기본방침에서 일탈하는 것이기도 해 가장 중대한 실정이었다고 할 수 있다.

그러나 이러한 가운데서도 시종 노무현 대통령에 대한 공세를 벌인 야당에 비해, 탄생한 지 얼마 되지 않은 열린우리당은 정치개혁을 전면에 내세움으로써 서서히 지지율을 끌어올려 2004년 1월 말에는 지지율에서 한나라당을 앞서게 된다.

### 탄핵극 코미디

노무현이 자신을 발판으로 삼음으로써 높여온 시민의 시선과 정치적 도덕수준이라는 허들을 야당은 넘어서지 못하고 우왕좌왕할 수밖에 없었다. 그러한 노무현의 '살을 도려주고 뼈를 부러뜨리는' 개혁은 결국, 개혁경쟁에 패해 총선 결과 여하에 따라서는 해체로 이어질지도 모르는 야당의 '반란'을 불러일으켰다. 즉, 그것은 이제껏 협박용으로 정권을 흔들어온 탄핵을 실행에 옮기는 것이었다.

물론 정권에 대한 지지율 저하를 곁눈질하며 벌인 행동이었다. 그러나 야당의 지지율 분석은 어디까지나 표면적인 것이었다. 분명 이라크 파병 결정에 대해 개혁 지지파는 노무현에게 많은 불만을 품고 있었다. 단, 당선 직후에는 90퍼센트에 달했던 지지율이 30퍼센트 대까지 떨어진 것은 주로 여당의 분열과 이라크 파병에 대한 비판이 원인이었지 70퍼센트를 넘는 사람들이 그대로 반노무현을 의미하는 것은 아니었다. '야당연합'의 폭주는 우선 이런 지지율의 곡해로부터 시작되었다.

어려운 상황에 직면해 있던 것은 오히려 민주당이었다.

한나라당은 지역대립이 어느 정도 유지되는 한 지역기반인 영남지역에서는 여전히 우세였다. 반면 민주당은 한나라당과의 공조에 의해 많은 지지자들이 떨어져나갔다. 본거지인 호남지역에서도 열린우리당에게 큰 폭으로 지지율 격차가 벌어지는 등, 이대로 총선에 돌입한다는 것은 당의 존속을 위태롭게 할 것이라 여겨질 정도였다.

그런 가운데 민주당은 다수당인 한나라당을 끌어들여 먼저 정수의 3분의 1을 확보함으로써 탄핵소추안 발의에 성공했다.

단, 무슨 수를 써서라도 탄핵으로 몰고 가고 싶은 민주당과는 달리 그것이 불러올 반향을 의식한 한나라당으로서는 절박한 러브콜에 간단히 응할 수만은 없었다. 특히 한나라당의 젊은 의원들은 현 상태로는 탄핵이 요건을 충족하지 못한다며 신중한 태도를 보였고, 가결에 필요한 정족수의 3분의 2 확보는 더더욱 미묘한 상황이었다.

여당 열린우리당도 탄핵소추안이 발의되었다고는 해도 그것이 총선을 앞두고 정국을 반전시키기 위한 야당 측의 정치적 공세에 지나지 않고 실제로도 표결까지 가지는 않을 것이라 보고 있었다.

무엇보다도 야당 측은 대통령이 앞으로 있을 선거에는 '개입'하지 않는다는 약속만 한다면 탄핵은 철회할 것이라 밝혔다. 거꾸로 말하자면 그것은 대통령이 선거에 개입하지 않겠다고 사과만 하면 끝날 일을 가지고 탄핵소추를 발의한 것이 되는 셈이다. 이러한 야당의 탄핵극에 여당의 중진들은 '코미디'라며 쓴웃음을 지었다.

야당 측이 탄핵공세가 서서히 자신들의 목을 조이고 있다는 것을 알게 되었을 때는 이미 손을 쓸 수가 없을 지경이 되었다. 탄핵안 표결을 강행하더라도 분출하는 반대 여론에 의해 지지율 급락은 각오해야만 했고, 젊은 의원들의 주장을 받아들여 탄핵안을 철회한다 해도 정당한 이유도 없이 정치적 혼란만

부추겼다는 비난을 면치 못할 것은 불 보듯 뻔한 일이었다.

  결국 야당은 탄핵안 강행처리라는 길을 선택하는 것 이외에 달리 방법이 없었던 것이다. 탄핵안이 가결된 직후 반대여론이 예상했던 이상으로 거세지자 놀란 야당 측은 노무현이 '탄핵정국'을 유도했다며 음모론까지 제기했다. 하지만 그것은 자신들의 전략 실패를 뒤에서 인정하는 꼴이었다.

## AGAIN 1987

한편 열린우리당은 탄핵소추안에 대한 투표를 저지하기 위해 국회의 의장단을 점거하고 농성에 들어갔다. 만일의 경우에 대비해 투표만은 무슨 수를 써서라도 저지한다는 각오였다.

  야당 측도 대통령이 자신들의 요구를 받아들여 사과한다면 그것만으로도 정치적 승리로 유리한 입장에 설 수가 있었다. 대통령이 자신의 '죄'를 인정하고 사과하기만 한다면 그것을 구실로 총선 때까지 사퇴 압박을 계속할 수가 있었기 때문이다. 그러나 노무현은 많은 이의 예상을 뒤엎고 3월 11일 기자회견에서 야당의 의견을 받아들이지 않고 결과에 따라서는 사퇴도 고려하겠다며 총선에 자신의 신임을 걸었다.

  이 기자회견으로 인해 '코미디'였던 탄핵극은 일순간에 긴박감에 휩싸이게 된다. 이제껏 탄핵 찬성에 주저했던 한나라당의 젊은 의원들이 찬성으로 돌아섬으로써 수적으로는 이미 탄핵소추안 가결선에 달해 있었다. 한나라당은 탄핵소추안에 반대표를 던진 자는 총선에서 공천을 취소하겠다며 당내의 결속을 꾀했다.

그리고 국회 본회의장에서 여당 의원이 야당 의원들에게 들려 나가는 모습이 TV를 통해 중계되는 가운데 탄핵안은 야당 의원의 압도적 다수에 의해 가결되었다. 불과 50분 남짓 동안에 벌어진 일이었다.

야당 측은 탄핵안의 가결을 '의회민주주의의 승리'라며 이제 총선을 안심하고 치를 수 있을 것이라 낙관했다. 그러나 여론의 역풍은 야당의 예상을 훨씬 뛰어넘는 것이었다.

사람들은 월드컵 응원과 미군 장갑차에 깔려 사망한 여중생 추모 촛불집회 등을 통해 시민의 광장이 되어버린 광화문역 주변을 가득 메웠다. 탄핵안이 가결된 당일에는 만 오천 명 남짓이 참가했지만 다음 날에는 8만여 명이 모였다. 광장을 메운 시민들은 입을 모아 '탄핵무효', '민주수호'를 외쳤다.

탄핵은 한국 국민에게 있어 17년 전, 6월항쟁의 재래였다. 1980년대 피와 눈물로 쟁취한 민주주의가 유린되는 모습을 간과하고 있을 수만은 없었던 것이다.

당시 한나라당의 대표는 광주항쟁 당시 『조선일보』에서 신군부에 협력해 왜곡보도를 일삼던 기자였고, 그 후 군사정권에서는 각종 요직을 두루 거친 인물이었다. 그런 그가 전두환 정권 시대에는 인권변호사로 활약했고 6월항쟁 때는 선두에 섰던 노무현 대통령을 탄핵으로 몰고 간 것이다. 시민들에게 있어 일련의 사태는 역사의 뒷걸음질이었고 쿠데타와 다름없었다. 한국의 민주주의가 이미 일정단계에 도달해 이제는 예전으로 되돌아가는 일은 없을 것이라 믿어 의심치 않던 시민들에게 있어 탄핵안 가결은 청천벽력과도 같았을 것이다.

하지만 1987년에 거리를 가득 메웠던 사람들과 이때 '의회 쿠데타'에 항의하기 위해 모인 사람들 사이에는 결정적 차이가 몇 가지 있었다. 하나는 이의를 주장하는 수단과, 또 하나는 당시와는 다른 미디어 환경의 존재였다.

### '조중동'과 '한경대'의 논조 차이

1987년에 거리를 밝혔던 것은 학생들과 노동자들이 던진 화염병의 불꽃이었다. 그로부터 17년이 지난 2004년 봄, 거리에 넘쳐나는 불빛 홍수는 사람들이 든 수많은 촛불이었다. 이러한 불빛을 밝히는 것도 이제는 노인들로부터 어린아이들까지 세대와 직업을 초월한, 실로 다양한 계층의 사람들이었다. 1987년에 가두투쟁을 벌였던 젊은이들이 이제는 자신들의 아이들을 데리고 대통령을 탄핵의 궁지로 내몬 야당의 폭거에 이의를 부르짖은 것이다.

촛불집회에 참가하는 자들은 모두 실업자들이라고 말해 빈축을 사고, 방송국을 항의 방문함으로써 비난을 받았던 야당 측을 비웃기라도 하듯 다양한 정치 풍자 피켓과 퍼포먼스가 등장했다.

광장에 '나는 노사모가 아니다'라든지, '나는 이회창에게 투표했다'라는 등의 현수막이 내걸린 것은, '불법집회'를 열고 있는 것은 '노사모'와 노무현 대통령 지지자들이라고 하는 야당의 꼬리표 달기에 항의하기 위해서였다. 그들에게 있어 유린당한 것은 노무현의 대통령직이 아니라 이제껏 쌓아올린 민주주의였던 것이다.

후술하겠지만 조중동이 탄핵에 반대하는 시민들의 의견을 축소·왜곡 보도한 것에 비해 『한겨레신문』, 『경향신문』, 『대한매일신보』(현 『서울신문』)는 촛불집회를 상세히 소개하고 참여민주주의의 새로운 지평을 열었다며 그 취지와 의미를 상세히 보도했다. 이들 개혁세력에 호의적인 신문은 '조중동'에 대항하는 의미로 '한경대'라 불렸다.

이러한 미디어 환경의 변화는 1987년에 비하면 격세지감이 느껴지는 것이었다. 17년 전 6월항쟁 때는 모든 언론이 민주화운동을 '불순세력'에 의한 폭력데모로 몰고 갔었다. 물론 '조중동'은 변함없이 우려를 나타냈다. 하지만 『한겨레신문』과 『경향신문』, 그리고 KBS와 MBC 등 방송은 시민의 저항에 민주주의의 정당성을 부여하고 있었다.

### 데모에서 축제로

그러나 무엇보다도 1987년과 다른 점은 2002년의 대통령선거 때도 활약한 인터넷의 존재였다. 탄핵안이 가결된 후 바로 광화문역 주변에서 시민집회가 개최되었던 것도 온라인에서의 호소가 순식간에 퍼짐으로써 가능했다. 하지만 인터넷은 단지 시민집회의 시간과 장소를 공유할 연락수단으로서의 도구만은 아니다.

탄핵소추안 가결의 뉴스가 전해지자 승용차가 국회로 돌진하고 '노사모' 회원이 분신을 꾀하는 등 1991년의 분신자살 정국을 연상시키는 듯한 어두운 분위기가 감돌았다. '친노' 성향의 정치칼럼 사이트인 '서프라이즈'에서는 그러한 돌발적인 행위는 상대를 유리하게 할 뿐이라며 어떤 경우에도 극단적 행동은 자제하도록 주의를 촉구했다. 또한 보수 측과의 몸싸움도 시민집회에 물을 끼얹는 결과를 초래하기 쉽다며 절대로 물리적 충돌은 피하도록 호소했다.

탄핵소추안이 가결되자 인터넷신문인 『오마이뉴스』와 '서프라이즈'에 접속이 집중되어 서버가 견디지 못하는 상태가 연출되었다.

2004년 3월 20일의 시민집회는 '탄핵반대 민주수호 100만인 대회'라 이름 붙여져 온라인과 오프라인에서 백만 명이 참가하는 이벤트로 개최된 것이었다. 이 모습은 『오마이뉴스』와 '라이브이즈'(www.liveis.com), 그리고 '민중의 소리'로부터 제공을 받은 『한겨레신문』 인터넷판에서도 '생중계'되었다.

탄핵안 강행 처리가 6월항쟁의 도화선이 된 전두환의 4·13 호헌선언과 마찬가지로 헌법유린이라 여겨진 것은 단순한 레토릭이 아니다. 실제로 인터넷에서 사전에 '고지'되었던 '320·100만인대회'에는 광화문역 주변에만 20만 명(주최 측 발표 25만, 경찰 측 발표 13만 추정), 전국에서 30만 명이 모였고, 또한 45만 명이 온라인을 통해 집회에 '참가'했다. 정치데모로서 그것은 6월항쟁 이래 최대의 인파였다.

550개가 넘는 단체로 구성된 '탄핵무효와 부패정치 청산을 위한 범국민행동 준비모임'도 평화·여성·환경·노동·농민 등, 모든 영역의 시민단체와 민중단체로 구성된 6월항쟁 이후 최대 규모의 연대조직이었다.

이 이벤트를 이름 그대로 '100만인 대회'라 부르기에 걸맞은 것은 다수의 네티즌이 온라인을 통해 집회에 동참할 수 있었기 때문이다.

인터넷에서의 '생중계'는 집회현장의 모습을 공개했을 뿐만 아니라 중계화면 옆에 게시판을 설치해 영상을 보며 댓글을 달 수 있는 시스템으로 되어 있었다.

아래의 그림은 3월 27일에 개최된 탄핵반대 집회 때 '라이브이즈'의 '생중계' 게시판이다. 이 게시판을 통해 한국 전역은 물론 해외에서도 많은 사람들이 온라인으로 집회에 참가해 함께 노래 부르고 스크럼(←^.^→)을 짰다.

이와 같은 탄핵반대 시민집회는 데모라기보다는 일종의 문화축제로 봐야 할 것이다. 수적으로 밀어붙인 말도 안 되는 탄핵안 가결에 대한 분노를 사람들은 노래와 춤의 축제로 승화했

| 번호 | 남긴메모 | 날짜 |
|---|---|---|
| 4065 | 😊▶◀4.15 ::: 4.15 꼭 투표 합시다. | 3/27 |
| 4064 | 😊▶◀경기오산 ::: 아직두 민주주의 심장이 명동성당인거 가타 가슴이 아픕니다....화두 납니다...열두 받습니다... | 3/27 |
| 4063 | 😊▶◀서울광진 ::: ←^.^→←^.^→←^.^→←^.^→←^.^→←^.^→ | 3/27 |
| 4062 | 😊▶◀미국에서 ::: 방송팀 감사합니다 멀리서 잘봤읍니다 ~~~~~ | 3/27 |
| 4061 | 😊▶◀서울은평 ::: ↖^.^↗ 탄핵무효! 민주수호! ↖^.^↗ | 3/27 |
| 4060 | 😊▶◀울산중구 ::: 사회자, 방송팀 모두 수고하셔습니다 | 3/27 |
| 4059 | 😊▶◀대구성서 ::: ↖^.^↗탄핵무효.민주수호↖^.^↗ | 3/27 |
| 4058 | 😊▶◀경기화성 ::: 4월15일 축제일에 만납시다. | 3/27 |
| 4057 | 😊▶◀서울광진 ::: ←^.^→←^.^→←^.^→←^.^→←^.^→←^.^→ | 3/27 |
| 4056 | 😊▶◀수원매탄 ::: 꼭!깁시다 꼭!심판 합시다 4.15 | 3/27 |
| 4055 | 😊▶◀인천에서 ::: ←^.^→←^.^→←^.^→←^.^→←^.^→←^.^→ 승리합시다 | 3/27 |
| 4054 | 😊▶◀남양주 ::: 광야에서... ㅜ.ㅜ | 3/27 |
| 4053 | 😊▶◀서대문 ::: 노통 힘내세요 우리가 있습니다 | 3/27 |
| 4052 | 😊liveis방송팀 ::: 민주주의를 지키려는 라이브이즈가 곧 법정에 섭니다. 네티즌의 힘을 보태주시기 바랍니다. 끝까지 민주주의를 외치겠습니다. | 3/27 |
| 4051 | 😊▶◀경기고양 ::: 움켜쥔 뜨거운 흙이여!!! | 3/27 |

2004년 3월 27일 '라이브이즈'가 '생중계' 한 탄핵반대 집회의 게시판

다. 그러한 축제 속에서 사람들은 대통령 탄핵반대 목소리를 내며 역으로 국회탄핵을 선언했다.

가족과 함께 참가한 사람들은 아이들에게 민주주의의 생생한 현장을 보여줄 수 있었다. 다수의 연예인들도 참가했는데 그중 가수 정태춘은 국민의 분노를 '혁명'이라 표현하며 "국가사회에서 시민사회로 가자. …… 국가는 더 이상 너희들의 것이 아닌 시민의 것이다"라는 시를 낭독했다. 사람들은 국회

를 조소하고 패러디화하는 위트 넘치는 피켓 등을 직접 준비해왔다.

## 방송과 신문의 대결

### '친일'의 권언유착

탄핵역풍에 따라 야당은 다가올 총선에 커다란 부담을 떠안게 되었다. 이 역풍을 가라앉히지 못하면 코앞에 닥친 총선에서의 패배는 불 보듯 뻔했다.

이러한 상황을 타개하기 위해 야당은 KBS와 MBC의 탄핵보도가 여론을 선동함으로써 특정 정파를 유리하게 만들고 있다며 방송 비판을 개시했다. 그러한 방송의 '편파성'을 부르짖으며 야당의 방송에 대한 반발을 증폭시킨 것이 바로 조중동이다.

KBS와 MBC는 이제껏 조중동 등의 보수신문과는 일이 있을 때마다 대립해왔다. 특히 이들 방송국이 〈친일파는 살아있다〉와 〈친일파 청산-끝없는 전쟁〉 등 『조선일보』와 『동아일보』의 식민지 시대의 대일협력의 역사를 파헤치는 프로그램을 내보내자 이들의 관계는 보다 험악한 상태로 빠져들었다. 이리하여 방송과 보수계 신문은 탄핵정국 속에서 전면 충돌하게 된다.

식민지 기간 동안에 벌어진 대일협력행위 진상규명에 관한 법제정을 둘러싸고 보수야당도 반대의 입장을 취해왔다. 즉, 『조선일보』, 『동아일보』와 보수야당은 단지 반공보수로서뿐만이 아니라 '친일'로도 강하게 얽여 있었던 것이다.

다소 보충을 하자면, 한국에서 기득권층과 친일세력은 불가분의 관계에 있다.

제2차세계대전 전에 일본의 식민지 통치에 적극적으로 부역했던 대일협력자들은 해방 후 미군정이 조선총독부의 행정·관료기구를 온존시킴으로써 친일세력으로 청산되지 않고 또다시 정치세력화되어 권력을 확대·강화해왔다. 만주국군 장교라는 친일경력을 갖고 있는 박정희는 쿠데타에 의해 권력을 잡자 식민통치에 대한 보상을 불문에 부치고 1965년 한일기본조약을 체결했다. 그들은 그 반대급부로 얻은 경제차관을 활용해 경제이권을 독점해왔다. 그러한 보수 기득권층이 오늘날의 한나라당에 이르기까지 부패한 권력정치의 주류를 형성해온 것이다.

안티조선운동의 첫 번째 근거로 들고 있는 대일협력이라는 과거 행위는 두 신문으로서는 짊어지고 가야 할 부채이다. 물론 과거 행위를 특히 문제 삼아 특정 신문을 비판하는 것은 도리에 맞지 않다.

그러면 어째서 이들 신문들이 '친일신문'이라 비난받고 있는 것일까. 그것은 『조선일보』와 『동아일보』가 대일협력의 역사를 갖고 있음에도 불구하고 그것을 철저히 숨기며 오히려 자신들을 '민족지'라 칭해왔기 때문이다.

### 한나라당의 기관지

이들 신문은 식민치하에서 3·1독립운동이 벌어졌던 이듬해인 1920년 '문화통치'의 일환으로 총독부에 의해 인가되었다. 1940년에는 전시경제 속에서 총독부에 의해 폐간되는데 그들은 그것을 '일제' 탄압의 결과라 하며 오랜 세월에 걸쳐 '민족지'로서의 근거로 삼아왔다.

물론 『조선일보』의 경우 1920년대에는 사회주의적 색채가 진했던 시기도 있었고 여러 차례에 걸쳐 정간처분을 받기도 했다. 그러나 광산업자였던 방응모가 경영권을 인수한 1932년 이후에는 일본에 적극적으로 협력함으로써 정간과 같은 시련에 이르는 경우는 없었다. 특히 중일전쟁이 시작된 직후부터 『조선일보』의 지면에는 천황에 대한 찬미, 대동아전쟁 선전, 독립운동가 매도, 지원병 참가 호소, 창씨개명 선동 기사 등이 다수 나타나게 된다.

그러나 해방 후 한국에서의 친일파 청산이 좌절된 가운데 이들 신문도 죄를 질타당하기는커녕 속간 후에는 식민지시대의 대일협력에 대한 반성도 없이 오히려 탄압받았던 부분만을 강조하며 '민족지'를 자처한다. 1940년 폐간 당시 총독부로부터 거액의 보상금을 받은 사실은 까맣게 잊어버린 채 말이다.

이러한 『조선일보』·『동아일보』의 대일협력 신문으로서의 과거에 대한 은폐는 '친일반민족행위 진상규명'을 반대하는 한나라당, 민주당과 이해가 맞아떨어지면서 신문과 정치권력을 잇는 '권언유착'의 연결고리가 되어왔다.

2003년의 16대 국회 마지막 본회의에서 쟁점이 됐던 '일제강점기 친일민족행위 진상규명에 관한 특별법'의 제정을 둘러싸고 각 언론이 사설과 기획기사, 그리고 보도를 통해 시급한 법률 처리를 요구했던 것과는 대조적으로 『조선일보』와 『동아일보』는 소극적 태도로 일관했다. 이들 신문의 전 사주는 해방 후 김구가 이끄는 임시정부 측이 작성한 '반민족행위 특별조사위원회'의 조사대상 친일파 263명 안에 포함되어 있었다.

한나라당은 그동안 일관되게 동 법안에 반대해왔는데 2004년 4월 15일 총선을 눈앞에 두고 마지못해 임시국회 회기 종료를 얼마 남겨두지 않은 시점에서 이 법안을 통과시키지 않을 수 없었다.

탄핵정국에서 '조중동'은 철저하게 야당을 지원했다. 『조선일보』의 한나라당 옹호는 한나라당 기관지라 야유를 받을 정도로 노골적이었다. 2002년 대선에서의 『조선일보』 보도 자세는 이미 앞에서 언급한 대로지만, 2004년 총선에서도 『조선일보』 기사는 2004년 총선미디어감시국민연대와 민주언론운동시민연합 등으로부터 '나쁜 보도'로 선정되는 등 일방적 경향이 강했다.

그러나 조중동은 이러한 비판에도 아랑곳없이 오히려 TV의 편향적 보도가 탄핵반대 데모를 선동하고 있다며 방송에 대한 공격을 개시했다. 그것은 야당과의 협력을 통해 이루어졌는데, 다음은 탄핵역풍에 있어서의 야당의 반응과 방송에 대한 압력에 대해 자세히 살펴보겠다.

### 야당 vs 방송

탄핵안을 가결시키고 '의회민주주의의 승리'라 외쳤던 한나라당과 민주당은 다음 날에는 탄핵에 반대하는 8만 명의 촛불집회의 역풍을 맞게 된다.

탄핵안 가결 직후 각종 여론조사에서는 탄핵반대 의견이 70퍼센트를 넘었고 그것에 연동하듯 한나라당과 민주당의 지지율은 급락했다. 그런 한편에서 열린우리당의 지지율은 30퍼센트 대에서 단번에 50퍼센트 대까지 뛰어올랐다. 초조해진 한나라당과 민주당의 지도부는 곧바로 탄핵반대 여론이 방송국의 편향적 보도에 의한 것이라며 이에 대한 비난을 개시했다.

먼저 움직인 것은 민주당이었다.

대규모 탄핵반대 집회가 있었던 다음 날인 2004년 3월 14일에 당대표 및 지도부가 KBS와 MBC를 항의 방문해 "탄핵사태에 대해 방송이 헌정중단, 국정혼란이라 하며 불공정보도를 한 것은 유감"이라며 "앞으로 공정방송과 함께 국민을 안심시키고 사회를 진정시키는 방향으로 보도를 했으면 한다"라고 불만을 나타냈다.

같은 날 "방송 3사가 마치 국정불안을 선동하듯 TV를 틀면 그것(탄핵안 처리장면)만 나온다"라며 방송국을 비난한 한나라당 대표도 15일에는 10명가량의 소속의원을 대동하고 KBS와 MBC를 방문했다. 거기에서 노무현 대통령에 대한 탄핵소추안 가결 보도는 도가 지나친 편향보도라며 사과와 시정을 요구했다.

한나라당의 KBS에 대한 항의는 훨씬 노골적인 것이었다. 방송국으로 달려간 한 의원은 "이런 식으로 방송사들이 계속 보도한다면 당 차원에서도 강력히 대응할 수밖에 없으니 KBS 간부들이 보도지침을 내려야 한다"고 주장했다. 전두환 정권 때의 언론통제수단이었던 '보도지침'이라는 말을 꺼내며 현장 보도를 컨트롤하도록 요구했던 것이다. 더욱이 이러한 보도는 방송수신료 거부로 이어지는 문제라며 재원 삭감을 고려하겠다는 식의 협박에 가까운 발언도 서슴지 않았다. MBC에 몰려 갔을 때는 촛불집회는 비추는 각도에 따라 10만 명으로도 보이고 만 명으로도 보이는 기술적 문제가 아닌가라며 구체적으로 카메라 앵글에 대한 주문까지 했다.

이러한 야당의 압력에 대해 두 방송사는 반발했다.

17일 밤의 MBC 라디오 뉴스는 야당에 대한 첫 공식적인 논평이 되었다. 8시 뉴스에서 나온 MBC 논평은 "참는 데도 한계가 있다"며 방송국을 항의 방문한 한나라당과 민주당을 비판함과 동시에 "아직도 방송을 장악해 여론을 조작할 수 있다는 위험천만한 생각을 정말로 하고 있는가" 반문했다. 같은 날 심야 TV의 '뉴스24'에서도 '비이성적 언론관을 개탄함'이라는 제목으로 비슷한 논조의 논평을 방영했다.

미디어 관련 노조와 시민단체들도 "거대 야당의 방송통제 의도가 노골화되고 있다"면서 맹렬히 반발했다. 전국언론노동조합, 한국기자협회, 민주주의언론운동시민연합, 언론개혁시민연대, 한국방송프로듀서연합회, 한국방송기술인연합회, 방송노조협의회 등 7개 단체는 긴급기자회견을 열어 "한나라당과 민주당은 탄핵정국의 책임을 방송사에게 떠넘기는 행동을 즉각 중지하라"는 성명을 발표했다.

### 신문 vs 방송

이와 같은 야당 측의 '항의'를 자진해서 떠맡은 것이 조중동이었다.

탄핵사태는 한국 정치사에 있어 지금껏 경험해보지 못한 미증유의 사건이었고, 또 한국전쟁의 폐허에서 민중의 치열한 투쟁을 통해 이룩한 민주주의의 전환점이 된다고 해서 미국 주간지 『타임』이 "한국 민주주의의 수치"라 보도했듯이 외신들도 주목한 정치적 사건이었다.

이러한 정치적 사건 및 그것에 대한 반응은 당연히 미디어 보도의 최대 의제로 설정되게 마련이다. 그러나 조중동이 중점을 둔 것은 탄핵안 가결 후의 일련의 사태가 불공정한 뉴스 보도에 의한 것이라는 야당의 언론관과 일맥상통하는 것이었다.

게다가 대부분 언론이 탄핵소추에 대한 시민의 다양한 반응과 촛불집회의 의미, 성숙한 집회문화에 비중을 둔 반면 '조중동'은 누가 보더라도 명백히 규모가 다른 보수세력의 탄핵지지 집회와 탄핵에 반대하는 시민집회를 동시에 다룸으로써 오히려 여론의 분열을 조장했던 것이다. 참고로, 광화문역 주변에서의 탄핵반대 데모 참가자는 20만 명에 달했는데, 이는 탄핵지지 집회 참가자 2천 명의 약 백 배에 달하는 규모였다.

여기서 방송의 '편향성'을 지적하는 조중동의 지면을 일부 살펴보자.

야당의 항의내용을 상세히 보도한 『조선일보』는 「방송은 이성을 찾아야 한다」(3월 15일자), 「방송위원회는 TV도 보지 않는가」(3월 16일자), 「TV를 이대로 둘 것인가」(3월 17일자) 등의 사설을 통해 방송이 공정성과 중립성을 짓뭉개버렸다며 연일 비판했다.

특히 『조선일보』는 3월 18일자 「국민의 전파를 되찾아야 할 때」라는 사설을 통해 다음과 같이 말하고 있다.

"이번 탄핵정국을 보도하는 한국 방송의 가장 큰 문제는 …… 방송 또는 방송종사자의 정치적 기호에 따라 얼마든지 자의적으로 사용될 수도 있다는 허점을 드러낸 것이다." 또한, "만약 방송이 공공성과 공익성의 핵심인 정치적 중립 의무에 정면으로 거슬러 특정 정파의 대변인처럼 행세한다면 그 허가의 타당성을 재검토해야 하고, 그 결과에 따라 전파를 주인인 국민에게 되돌려줘야 마땅하다"라고 이었다.

즉 이 사설이 주장하려는 바는 열린우리당에게 유리한 '편향보도'를 반복하는 방송국의 면허는 국가가 박탈해도 좋다는 것에 다름 아니다.

3월 16일자 정치면 특집기사 「탄핵가결 이후」에서도 「탄핵반대'로 꽉 찬 공영 TV」라는 제목의 기사는, KBS와 MBC의 뉴스와 시사프로그램에서는 탄핵에 반대하는 목소리를 집중적으로 전하고 있으며 방송에 비친 사회는 경악·위기·불안·대결로 채워져 있다며 '불공정한 보도'임을 강조했다.

안티조선운동에 의해 시민단체들로부터 친일신문, 반공신문, 권언유착의 신문이라 비판받아온 『조선일보』로서는, 자기 자신에게 씌워져 있던 오명을 방송매체에 덮어씌울 절호의 기회가 되었다.

당시 한국에서 '가장 신뢰할 수 있는 언론매체'로 KBS, MBC 등 방송이 1, 2위를 차지하고 있었다. 『조선일보』와 『동아일보』는 그 아래 순위로 신문보다도 방송의 신뢰도가 높았다.(리서치&리서치, 2004년 12월 1일) 그것은 1970년대의 자유언론실천투쟁 이후 내부로부터 언론 민주화를 요구하지 않았던 신문과는 대조적으로 방송사가 1980년대 후반부터 파업도 불사하며 방송민주화를 추진해온 것을 생각하면 쉽게 이해가 가는 대목이다.

『동아일보』도 KBS가 방송법을 어기고 있다고 하는 내용의 한국외국어대 언론정보학부 교수의 칼럼을 게재하는 등 야당의 방송에 대한 불만을 적극적으로 보도했다. 3월 15일자 사설 「TV '탄핵방송' 문제 있다」에서도 KBS가 공영방송으로서의 임무를 망각하고 있다면서 방송위원회에 '편파방송'을 제지하도록 요구했다.

이와 같은 신문의 보도공세에 대해 KBS 시청자위원회는 "KBS의 탄핵 관련 보도는 국민여론을 적극적으로 반영한 것"이라는 입장을 표명했다. 또한 총선시민연대가 주최한 탄핵 관련 미디어보도 토론회에서도 "다른 방송국에 비해 KBS의 보도량이 압도적으로 많다는 주장은 사실에 반한다"라는 분석결과도 보고되었다.

신문의 편파보도 공세의 타깃이 된 방송국도 가만히 있을 수만은 없었다.

앞에서 언급한 3월 17일 밤 8시 MBC 라디오 논평에서는 구체적으로 지목하지는 않았지만, 야당의 주장을 과대보도하며 "사실과 다를 뿐 아니라 본질상 중요하지도 않은 문제를 거듭하여 강조"하는 신문에 대한 비판이 전개되었다.

또한 3월 19일에 방영된 MBC 시사프로그램 〈신강균의 뉴스서비스 사실은〉에서는 탄핵의 문제점을 본격적으로 검증하며 조중동의 편파방송 공세에 대해 논박했다. 이 프로그램에서는 한발 더 나아가 노무현의 선거개입을 근거로 탄핵소추안을 가결시켰던 한나라당과 민주당의 이중성을 비판했다. 프로그램에서 드러났듯이 두 야당이 여당이었던 시절에 대통령의 선거개입을 옹호하는 입장을 자주 취했었다는 것이 명백했기 때문이다.

더욱이 〈신강균의 뉴스서비스 사실은〉은 '조중동'을 수구언론이라 규정하면서 탄핵가결에 반대하는 시민집회를 축소 보도하고 규모가 100분의 1에 지나지 않던 탄핵지지 집회를 같은 비중으로 보도하는 등, 마치 여론이 양분되어 있는 듯한 왜곡보도를 일삼고 있다고 지적했다. KBS의 방송비평 프로그램 〈미디어 포커스〉에서도 야당이 방송국을 항의 방문한 것과 『조선일보』와 『동아일보』가 야당의 주장을 중점적으로 보도하고 있는 것을 문제 삼았다.

### 창밖의 거대한 집회를 보도하지 않는 신문

실제로 3월 20일의 30만 명이 운집했다는 광화문 교차로에서의 탄핵반대 촛불집회에 대한 조중동의 보도는 다른 미디어와는 확연한 차이가 있었다. 무엇보다도 『조선일보』와 『동아일보』는 사옥이 촛불집회 개최장소인 대로변에 접해 있음에도 불구하고 수만 개의 촛불이 밝히는 광경을 무시한 것이다. 『조선일보』가 주목했던 것은 시민들의 분노보다는 '국가분열'이 심각하다는 점이었다.

더욱이 「친노—반노의 무한대결」이라는 제목의 기사에서 보여지듯 탄핵을 반대하는 시민들을 '노사모'와 '친노세력'이라 규정함으로써 민주주의를 수호하려는 시민들의 저항의 의미를 친노 대 반노라는 대립 도식으로 축소하려는 저의를 드러냈다.

지금까지 살펴본 바와 같이 '민주수호'를 외치는 수십만의 시민행동은 단지 노무현이라는 개인의 대통령직 진퇴와 관련된 문제로서 들고일어났던 것이 아니다. 그것은 1987년의 시민항쟁에 의해 쟁취한 민주주의가 야당의 담합에 의해 유린된 것에 대한 분노의 표시였다. 야당과 조중동이 두려워했던 것은 이러한 탄핵정국이 '민주 대 반민주'라는 구도로 전개되는 것이었고, 그것을 저지하기 위해 시민 집회를 일부 노무현 지지자들의 과격한 행동으로 축소화하려 했던 것이다.

MBC 기자들은 국민적 여론이 현실적으로 존재함에도 불구하고 기계적인 중립에 매몰되는 것은 공정하지 않다고 하나같이 입을 모았다. 야당의 방문 직후 MBC 보도본부장은 『오마이뉴스』와의 인터뷰에서 "MBC는 편파방송을 하고 있지 않다"고 강조하면서 앞으로도 "우리들의 철학과 콘셉트에 따라 추진해나갈 것"이라고 표명했다.

그런데 이러한 보수신문과 방송의 대결은 총선을 향해 한층 격화하는 싸움의 전초전에 불과했다.

### MBC의 반격

보수신문과 치열한 싸움을 전개해온 공영방송, 이들 양측의 대립은 선거가 다가옴에 따라 더욱 격화됐다. 특히 『조선일보』와 MBC는 각각 지면과 프로그램을 통해 서로의 '편파보도'를 철저히 비판하는 자세로 일관했으며, 이러한 공방은 전면전으로 확대되어갔다.

'탄핵방송'을 둘러싸고 벌어진 조중동과 공영방송의 제1라운드에 이은 제2라운드는 MBC의 선공으로 시작됐다. 『조선일보』가 사설과 칼럼, 그리고 '스트레이트 기사'를 총동원해 MBC를 비판하는 가운데 MBC도 정면으로 『조선일보』에 대한 반격을 개시한 것이다.

4월 9일, 시사프로그램 〈신강균의 뉴스서비스 사실은〉에서는 총선이 다가옴에 따라 『조선일보』의 한나라당 편들기가 노골화하고 있다는 내용이 방송되었다. 여기서는 『조선일보』의 일주일 치 사진 기사를 예로 들며, 한나라당의 박근혜 대표의 사진은 모두 해맑은 웃음을 띤 반면, 열린우리당의 정동영 의장 사진은 우울한 표정만 실었다고 지적했다.

12일의 〈시사매거진2580〉에서는 『조선일보』가 지금까지 선거에 개입해온 역사를 돌이켜보며 2002년 대통령 선거일의 「정몽준, 노무현을 버리다」라는 사설을 예로 들어 "언론사의 사설이라기보다 특정 정당의 기관지"라고 혹평했다. 또한 역대 군인 출신 대통령의 취임식과 김대중 대통령, 노무현 대통령의 취임식 사설을 비교하며 『조선일보』가 얼마나 군사정권에 호의적으로 보도해왔는지를 검증했다. 그것에 대해 『조선일보』는 다음 날인 13일에 「시사매거진2580의 '왜곡'」이라는 기사를 게재해 신문과 방송 간의 논쟁이 벌어졌다.

총선거일이 바짝 다가옴에 따라 조중동의 한나라당에 치우친 보도가 점증하는 가운데서 2004총선미디어감시국민연대는 '언론의 특정 정당에 대한 편향보도 시정을 촉구하는 기자회견'을 열었다. 그 자리에서 국민연대는 성명을 통해 "몇몇 거대 수구신문의 최소한의 양심마저 저버린 '특정 정당에 대한 편들기'는 매우 심각한 수준"이라고 비판하며 처절한 반성을 촉구했다.

# 5장

## 온라인 민주주의
―규제와 저항 사이에서

## 패러디 정치

### 패러디 사이트의 등장―〈대선자객〉선풍

인터넷이라는 무기를 정치 무대에 도입한 이래 네티즌들은 또다시 새로운 장르의 인터넷 문화를 낳았다. 지금까지 정치풍자라고 하면 시사만평이라 불리는 일간지의 시사풍자만화가 대표적이었다. 그런데 한국 정치의 '코미디'를 합성과 콜라주로 패러디하는 정치사이트가 등장한 것이다.

2003년 가을에 등장한 〈정치무협극화―대선자객〉이라는 작품이 있다. 이 작품은 무협영화에 정치가들의 얼굴 사진을 붙여 그린 패러디물로 인터넷상에서 큰 인기를 끌었다. 여기에서는 대선자금 문제를 밝히려 하는 검찰·정부와 대통령의 '측근비리'에 대한 청문회를 요구하며 탄핵공세를 벌이는 한나라당과의 대결이 그려지고 있다.

'딴나라당'의 '총수'(당대표)가 '청와궁'(청와대)의 노무현에 대해 탄핵공격을 개시한다. 거기에 '법무장군'(법무부 장관) 강금실과 '대검 중수부장수'(대검찰청 중앙수사부장) 안대회가 노무현을 구하기 위해 활약한다는 스토리로 한나라당의 탄핵 압력 공세와 검찰의 선거자금 수사를 테마로 하고 있다.

'시사정치 놀이터'를 표방하는 패러디 전문 사이트 '라이브이즈'에서 공개된 〈대선자객〉은 단행본으로도 출판될 만큼 작품성이 인정된 수작 시리즈물이다.

노무현 정권이 발족한 이래 한국 정치는 많은 '코미디'를 연출해왔다. 주역은 늘상 비주류 정치가로 학력도 없는 노무현을 대통령으로 인정할 수 없다는 야당과 보수세력이었다.

그것을 상징하는 장면이 있다. 법무부 장관에 발탁된 '민변'(민주사회를 위한 변호사모임) 출신의 강금실이 대통령 선거자금에 대한 특별검사제 도입을 둘러싼 국회에서의 토의 중에 한 야당의원의 무모한 발언에 대해 '코미디야, 코미디'라고 혼잣말하는 것이 카메라에 잡혔다. 그로 인해 야당 측으로부터 항의를 받았다. 하지만 당리당략을 위해 탄핵을 결행한 최종장에 이르기까지 한국 정치는 '코미디'의 연속이었다.

이와 같은 실제 정치에서의 코미디극이야말로 수많은 패러디를 낳는 원천이다. 디지털 기술을 구사한 많은 수작들이 급속히 사이버스페이스를 통해 퍼져나갔다.

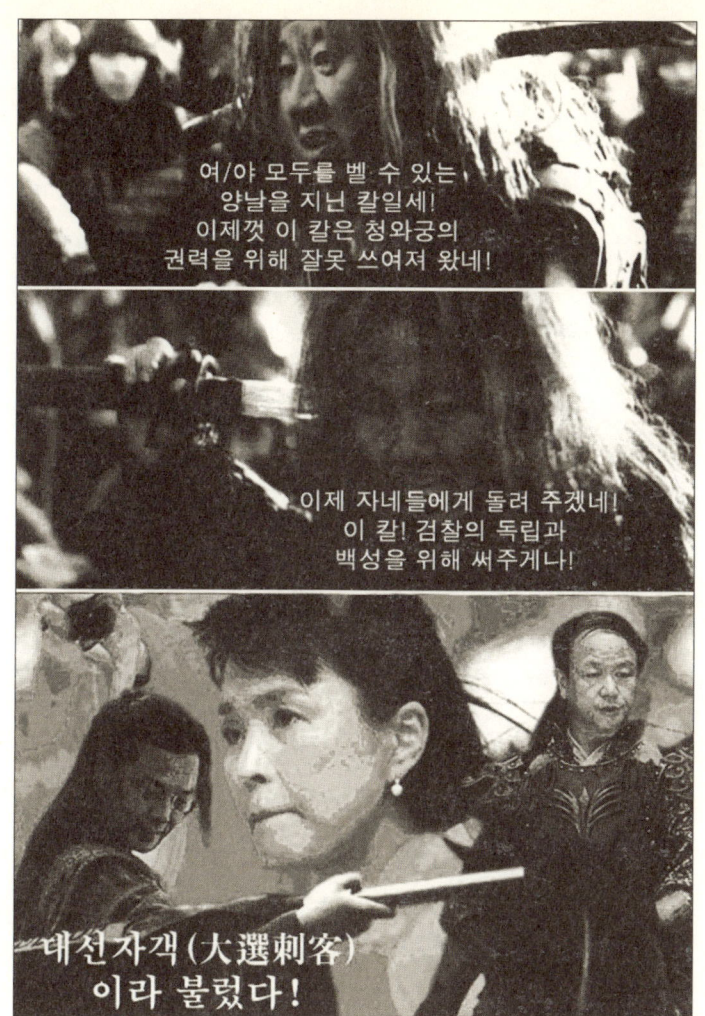

'라이브이즈'에 등장한 패러디 작품 〈대선자객〉

### 정치 패러디의 진원지

합성사진을 사용한 패러디는 이전부터 다양한 영역에서 만들어져왔다. 그것이 코미디 같은 한국의 정국 속에서, 특히 탄핵안 가결 후에 가히 폭발적으로 증가하게 된다.

이러한 붐의 발생지는 의외로 'DC인사이드'(www.dcinside.com)라는 정치와는 무관한 디지털카메라 관련 사이트였다. 이 사이트의 합성갤러리 코너는 장르별로 사진을 업로드할 수 있게 되어 있다. 그중 시사갤러리 코너야말로 정치패러디물의 경연장이며 배급지였다. 거기에 올려진 수많은 작품들은 '친일진상규명법'에 반대하고 탄핵을 추진한 야당에게 불리한 패러디물이 대부분이다.

탄핵정국에서 시사정치 패러디사이트로 유명해진 '웃긴대학'(web.humoruniv.com)도 원래는 정치와는 인연이 먼 유머 동화상이 중심인 게시판 사이트였다. 그러던 것이 탄핵 코미디극 개막 이래 이 사이트에는 탄핵을 가결시킨 국회와 야당을 풍자하는 패러디물이 다수 올라왔다. 그러자 관리자는 정치 관련 자료는 고발 게시판 코너인 '웃대특검'으로 이동시켜 관리를 강화한다고 공시했다.

패러디는 아니지만 위트 넘치는 화법과 문체를 가지고 야당의 유력자를 교묘히 비꼬는 글로 탄핵정국의 스타가 된 아이디 '910sky'를 배출한 것도 '마이클럽'(www.miclub.com)이라는 극히 평범한 여성 커뮤니티 사이트였다. 게재된 글에 의하면 작자 자신은 연예계 소식이나 인기드라마에 빠져 있는 보통 '여자아이'였다. 그런데 탄핵정국에서 정치에 눈을 뜨게 되면서 야당의 유력 정치가에 대한 불만을 '어제 그애예요'라고 말문을 여는 시리즈로 일약 네티즌의 스타가 되었다.

정치 관련 사이트도 아닌 일반 커뮤니티 사이트에 이러한 패러디물이 등장하게 된 것은 다름 아닌 자기들이야말로 막대한 불법선거자금 문제를 안고 있음에도 불구하고 대통령만을 탄핵하려 하는 야당의 부조리가 두드러졌기 때문일 것이다. 희화화될 조건을 야당 스스로 만들어버렸던 것이다.

### 조중동의 시사만화

인터넷과는 대조적으로 보수신문 쪽 풍자 대상은 노무현을 향해 있었다.

권력에 대한 비판과 견제라 한다면 최고권력자에 대한 풍자야말로 시사만화 본연의 모습일 것이다. 그러나 야당의 대통령에 대한 비판이 정책에 대한 것이라기보다 시종일관 대통령의 발언을 가지고 공세의 구실로 삼고 퇴진 압력을 가하는 것이었듯이, 조중동의 시사만화가 풍자의 대상으로 삼았던 것도 줄곧 파격 행동과 발언으로 권력을 포기한 노무현의 일거수일투족이었다.

더욱이 압도적 점유율을 자랑하는 조중동의 보도는 사실 여부를 밝히기 어려운 가정에 근거한 기사로도 정치적으로 쟁점화시킬 수 있었다. 야당 의원이 의혹을 제기하면 조중동은 그러한 의혹을 검증하지도 않고 '그것이 사실이라면'이라는 가정으로 그 효과를 증폭시켰다. 한나라당은 그러한 보도를 가지고 한층 공세를 강화했다. 조중동과 한나라당이 의혹을 주고받는 사이 '의혹'은 사실로 둔갑하는 것이다.

특별검사가 의혹 남발에 대해 사실을 정확히 밝힌 후에 문제를 제기하라고 불만을 토로했듯이 야당은 언제나 정치공세의 구실을 찾아내고, 만약 그것이 없으면 날조해서라도 탄핵과 퇴진을 압박했다. 나중에 의혹이 사실무근이라는 것이 밝혀지더라도 조중동이 그 의혹에 대한 결과를 정정하거나 추가보도하는 경우는 드물었다.

**보수 사이트의 패러디 작품**

반대로 인터넷상에서는 야당을 대상으로 하는 패러디가 쏟아져 나왔다. 그것은 주로 노무현 지지자들이 자신들이 만든 대통령을 지키기 위해 노력을 아끼지 않고 자발적으로 패러디 제작에 열심이었기 때문일 것이다. 그러나 보다 중요한 점은 야당과 보수세력이 합작해 만들어내는 정치공세의 부당성이 일반인들에게도 널리 알려졌다는 것에 있다.

물론 네티즌의 정치 패러디는 야당만을 대상으로 했던 것만은 아니다.

한나라당을 옹호하는 '좋은나라'(www.okjoa.com)와 노무현 대통령을 거부하는 사람들의 모임인 '짱노'(www.zzangno.com) 등에서는 '노사모'의 심벌이라 할 수 있는 '희망돼지'를 '노란돼지'로 패러디하는 등, '반노'적 작품을 만들어냈다.

'좋은나라'는 이제까지 개혁네티즌들의 패러디물에 대해 전혀 손쓸 수 없었던 한나라당이 '친노사이트'에 대항시키기 위해 개설한 사이트이다. 즉, 〈노란돼지〉는 지지자들이 자발적으로 만든 작품이라기보다는 한나라당이 〈대선자객〉 등에 자극받아 전략적으로 만들게 한 것이다.

단, 〈대선자객〉이 화제를 부른 것은 등장인물들의 실제 발언과 원 소재인 영화 대사가 교묘히 어우러져 패러디 본래의 유희성이 유감없이 발휘되었기 때문이다. 그 반면 서부활극을 배경으로 한 〈노란돼지〉는 노무현 대통령의 정국운영을 직접적 표현으로 과도하게 비판하고 있다는 점만은 지적해두자.

이러한 보수세력의 인터넷 사이트와 낙선운동, 그리고 패러디물까지도 개혁세력이 개발하고 발전시켜온 콘셉트를 차용하고 있다. 그중 〈노란돼지〉는 시대배경을 서부활극으로 바꿔 노무현을 '무법자'로 삼아서 조롱하고 있는 점만 뺀다면 '대선자객'의 포맷을 그대로 모방한 것이다.

'서프라이즈'의 한 칼럼니스트는 '독창성과는 거리가 먼 수준 이하의 모방 사이트'라며 '좋은나라'를 혹평했다. 예를 들면 '노란돼지'에 대한 댓글 중에 비교적 호의적인 평가로 이런 것이 있다. "합성의 레벨은 그럭저럭이지만 스토리가 산만하고 재미가 없다. 노무현 비방에 너무 많은 글자를 할애하고 있어 역효과. 화면이 지저분해 보인다. 스토리작가를 바꾸는 게 좋지 않을까."

### 〈무적의 투표부대〉

패러디는 온라인에서 유행했을 뿐만 아니라 오프라인에서도 활약했다.

한국의 여론이 세대에 따라 보수와 개혁으로 분류되자 투표율이 선거에 미치는 영향이 보다 뚜렷해졌다. 개혁지향의 젊은 세대의 정치혐오증이 두드러졌기 때문에 개혁네티즌들의 입장에서 보면 계속 떨어지는 2030세대의 투표율을 끌어올리는 것이 선거전의 포인트였다.

투표촉진운동은 필연적으로 열린우리당에게 유리하게 작용하게 된다. 더욱이 투표 장려는 선거법에 저촉되는 것도 아니기 때문에 개혁네티즌은 기발한 아이디어의 패러디와 퍼포먼스를 엮어 시민들에게 정치 참가를 호소하는 합법적 '선거운동'을 전개했다.

온라인에서 활약했던 것이 〈무적의 투표부대〉이다. 〈무적의 투표부대〉는 'DC인사이드'의 게시판에 처음 등장했다. 한 네티즌이 젊은이들의 투표를 독려하기 위해 전시포스터를 이용한 〈무적의 투표부대〉라 제목 붙인 30개가 넘는 패러디 작품을 올렸다. 그것을 네티즌들이 온갖 사이트에 퍼나르면서 신문

패러디 작품들 〈무적의 투표부대〉

이나 뉴스에도 소개가 되었다.

이들 포스터는 눈 깜짝할 사이에 인터넷상에서 화제가 되었고 〈무적의 투표부대〉는 젊은이들에게 투표에 참가할 것을 호소하는 심벌이 되었다. 1980년대 이후 학생운동 속에서 수많은 민중가요의 히트작을 낳은 윤민석이 이끄는 송앤라이프는 이들 포스터의 구호에 곡을 붙여 〈투표부대가〉를 만들어 발표했다. 참고로 송앤라이프는 이미 "제발 너흰 나라 걱정 좀 하지 마"라는 인상적인 가사가 등장하는 〈너흰 아니야〉라는 탄핵정국 최대 히트송을 발표했었다.

우리는 무적의 투표부대다
투표가 우리의 공격무기다
언제까지 욕만 하며 지켜볼 텐가
오라 투표부대로

폭설이 내려도 투표는 한다
데이트를 하더라도 투표는 한다
주침야활 했자는 도움 청해
오라 투표부대로

어떠한 시련이 있다 하여도
투표에 참가하라

우리는 무적의 투표부대다
출전태세를 갖추어라

나가자 투표부대
사월 십오일
모조리 방법하자
꼴통 무리들

〈투표부대가〉가 완성되자 이번에는 네티즌들에 의해 포스터에 끼워 맞춘 플래시와 뮤직비디오가 만들어졌다. 이러한 일련의 과정은 네티즌의 자발적 공동작업에 의한 것이었다.

투표촉진운동은 온라인에서만이 아니라 퍼포먼스를 섞은 다양한 형태로 오프라인에서도 벌어졌다.

앞에서 언급한 'DC인사이드'의 회원들은 유원지와 도심에 모여 투표참가를 호소했고 '건강사회를 위한 치과의사회'는 탄핵소추안 가결 후 썩은 정치를 풍자하는 '충치'를 뽑는 퍼포먼스를 선보이며 '탄핵무효와 참된 민주주의를 위한 범 치과계 선언'을 발표했다.

선거일 당일도 네티즌들은 2002년 대통령선거 때와 마찬가지로 인터넷과 휴대전화로 젊은이들에게 투표를 하도록 호소했다.

'미디어몹'은 투표를 장려하기 위해 투표시간 중에 서버가 다운됐다는 '안내문'을 내걸었는데, 실제로 그 시간대에는 서비스를 중지했다. 지금 이 순간은 컴퓨터에서 벗어나 투표하러 가길 바란다는 퍼포먼스였다.

참고로 '미디어몹'(www.mediamob.co.kr)은 최근에 홈페이지를 대신해 늘어나고 있는 블로그 서비스를 제공하는 사이트이다. 사이트명은 미디어media와 몹mob의 합성어로 편집권을 독자에게 주고 정치와 사회를 신랄하게 풍자하는 것으로 인기를 얻고 있다. 특히 메인 콘텐츠인 패러디뉴스 '헤딩라인 뉴스'는 일반 뉴스 프로그램의 형식을 취하면서 패러디를 이용한 웃음을 집어넣음으로써 인기를 모아, KBS의 〈시사투나잇〉의 고정 코너로 방영되기도 했다.

인터넷상의 패러디 영상이 마침내 지상파로 진출하게 된 것이다.

## 사이버스페이스에 드리워지는 규제의 그림자

### 처벌받는 패러디 작가들

이처럼 코미디 정치의 완결편이었던 탄핵소추안 가결은 그것을 주도한 야당 측에 대한 패러디물을 폭발적으로 쏟아냈다. 그리고 정치패러디 작가가 선거법 위반으로 체포되는 최초의 케이스가 된 것도 탄핵정국을 풍자한 작품에 의해서였다.

때마침 인터넷상의 선거운동을 주시해온 당국은 인터넷상에서 유통되는 정치패러디를 선거법이라는 잣대로 재단하기 시작한다.

2004년 3월 3일에는 '하얀쪽배'라는 ID의 대학생이 경찰 사이버수사대의 조사를 받았다. 그 학생은 주로 영화포스터에 정치가의 얼굴 사진을 합성해 '친일진상규명법'에 반대하는 한나라당 의원들의 부패를 희화화한 작품을 '라이브이즈'에서 선보였다.

이에 앞서 '라이브이즈'의 대표이기도 한 '첫비'라는 ID의 〈대선자객〉의 제작자가 '특정 정당을 비방한다'라고 제소된 결과 서울시선거관리위원회의 조사를 받는 일이 발생했다. 당초에는 사정청취만으로 끝났을 것이, 2004년 2월 3일에 게재한 '친일청산법에 반대한 국회의원'이라는 플래시가 허위사실 유포와 명예훼손에 해당한다고 해서 '라이브이즈'의 사무실이 압수수색을 당하기에 이르렀다.

또한 탄핵소추안 가결 후인 3월 23일에는 야당대표를 희화화한 패러디물을 인터넷상에서 유포했다고 해서 또 다른 대학생이 긴급체포되었다.

문제가 된 것은 탄핵안을 가결시킨 야당의 양 대표가 총선에서 낙선하여 일주일 후에 두 사람 모두 노숙자가 된다는, 어느 스포츠신문의 인기만화의 대사를 흉내 낸 패러디 등 4점이었다. 유머사이트에 개그물을 올려온 작자는 대학생으로 탄핵안의 가결을 보고 이러한 정치 패러디를 만들게 됐다고 한다.

이 대학생에 대해서 경찰은 "17대 국회의원 입후보 예정자인 최병렬 씨 등 8명을 쓰레기로 비유하고 4·15총선에서 국민심판으로 전원이 낙선돼 정치적 최후를 맞는다는 것은 낙선을 목적으로 한 허위사실 게시로 현행법 위반"이라며 체포 이유를 밝혔다.

## 규제와 불복종

패러디물에 대한 검열은 선거관리위원회가 2003년 가을에 등장한 〈정치무협극화-대선자객〉의 조사에 개입했을 때부터 이미 예고되었던 것이다.

그러나 패러디의 사전적 의미는 '문학작품의 한 형식'으로 '잘 알려진 문학작품의 문체나 음율을 모방해 내용을 바꾸어 골계화·풍자화한 문학', '또는 널리 회화·사진 등을 소재로 한 것'이라 되어 있다. 물론 다른 사람의 인격을 침해하는 것이 함부로 허용될 일은 아니며 책임감과 자기규제를 상실해서는 안 되겠지만, 패러디는 그 자체가 하나의 작품인 것이다.

이제껏 신문이나 잡지의 시사만평이 중심이 되어왔던 정치풍자는 정치 패러디라는 새로운 형식으로 네티즌이라 불리는 젊은이들에게 정치 참가를 촉구하며 인터넷의 보급에 따라 하나의 정치문화로서 정착해왔다.

이러한 정치 패러디의 본질은 허위사실 유포 따위가 아닌 정치의 폐악, 모순, 부조리에 대한 비판적인 의견 표현에 있다. 그럼에도 불구하고 실제로는 인터넷상에서 상상력을 발휘하며

한나라당과 민주당이 협력하여 탄핵안을 통과시킨 것을, 양당 대표의 연애관계로 희화화한 작품. 영화 〈사랑할까요〉의 포스터를 패러디한 〈탄핵할까요〉

한나라당과 민주당 대표가 총선에서 패배하여 노숙자가 되는 것으로 묘사하여 탄핵을 풍자한 작품

참신하고 위트가 넘치는 정치의식을 나타내는 행위가 제한받고 있는 것이다. 그것은 결국 표현의 자유를 침해하는 것으로 이어지기 쉽다. 〈어제 그애예요〉의 '910sky'조차 총선 후에 경찰의 조사를 받았다.

또한 문제는 네티즌의 패러디는 단속의 대상이 되지만 일간 신문에 게재되는 보다 노골적인 정치풍자 사사만화는 불문에 붙여진다는 모순이다. 『서울신문』의 만평을 그리는 전국시사만화작가회의의 백무현 고문은, 똑같이 법을 적용한다면 신문사의 시사만화도 모두 위법이라고 지적했다.

그러나 '하얀쪽배'와 라이브이즈의 대표 '첫비'는 결국 선거법 위반으로 기소되었다.(그 후 '하얀쪽배'는 벌금형, '첫비'는 집행유예 판결이 내려졌다.)

상황이 이 지경에 이르자 중앙선거관리위원회의 정치적 의사표시 단속에 항의하기 위해 인터넷 카페 '하얀쪽배 무죄운동'과 '중앙선거패러디위원회'라는 사이트가 만들어졌다. 그리고 아마추어 패러디작가들도 이러한 정치적 표현의 침해에 대해 '아마추어패러디작가연맹'(www.bangbup.com)을 결성해 인터넷상의 표현의 자유와 작가의 인권보호를 적극적으로 호소하였다.

### '전기통신사업법' 제53조 – '불온 사이트'의 규제 근거

인터넷상의 표현은 정보통신부 산하 정보통신윤리위원회

(ICEO)가 관리하고 있다. 이 ICEO는 '전기통신사업법' 제53조(불온통신의 단속)를 적용해 '불법·청소년 유해정보를 방지하고 건전한 정보문화를 확산시키기 위해' 인터넷상의 정보를 심의, 지금까지 몇몇 사이트에 수차례에 걸쳐 시정요구를 해왔다.

그 심의기준을 보면 동성연애자 사이트 '엑스존'이나 자퇴생들의 커뮤니티 사이트 '아이노스쿨' 등을 불온 사이트라 규정하는 등 종종 물의를 빚어왔다.

그런데 조금 시간을 거슬러 올라가보면 2002년 6월에 헌법재판소는 '전기통신사업법' 제53조(및 동 시행령 제16조)에 대해서 위헌판결을 내렸었다. '불온통신'의 개념이 애매하고 그것을 규제하는 것은 표현의 자유를 침해하기 쉽다는 판단에서였다.

그러나 '엑스존'이 자신들을 청소년 유해매체라 결정·고시한 정보통신윤리위원회(및 청소년보호위원회)를 대상으로 일으킨 행정소송은 2003년 12월 16일에 벌어진 항소심에서도 패소했다.

독립기관인 국가인권위원회는 이 결정이 헌법에서 보장하고 있는 행복추구권, 평등권, 표현의 자유를 침해한다고 해서 동 결정의 근거가 된 '청소년보호시행령'에서 '동성애'의 조항을 삭제할 것을 권고했다.

### '인터넷 실명제'의 성립

노무현 정권이 의지하는 개혁네티즌에 대한 규제의 움직임은 이미 수년 전부터 포석이 놓여 있었다. 예를 들면 '청소년 유해 매체물 표시'를 둘러싼 논란을 불러일으킨 것이 소위 2000년의 '통신질서확립법'과 '인터넷 등급제'이다.

이러한 정부당국에 의한 검열 시도에 반대해 2002년에는 '인터넷 국가검열 반대를 위한 공동대책위원회'가 결성됐다. 이 공동대책위원회는 '인터넷에 대한 국가검열을 폐지하고 사회적 마이너리티의 권리를 보장하기 위한 환경 만들기'를 목표로 하였다.

하지만 2002년의 대통령선거 후 앞에서 말한 '민주당 살생부'와 '전자개표 조작설' 등, 인터넷상의 정보가 정치적 파문을 불러일으킨 것을 계기로 정보통신부는 사이버스페이스에서의 인권침해를 방지한다며 마침내 '인터넷 실명제'를 들고 나왔다.

'인터넷 실명제'는 인터넷상의 게시판 등에 글을 올릴 경우 주민등록번호 등의 개인정보로 본인 확인을 의무화하는 것이다. 우선은 정부기관을 중심으로 도입해 전체로 확대해간다는 방침이었지만 공동대책위원회 및 참여연대 등의 시민단체와 네티즌들의 반대에 의해 일단은 철회되었다.

그런데 총선을 겨냥한 선거법 개정의 움직임 속에서 '인터넷 실명제'는 다시금 부상하게 되었다. 즉, 국회의 정치개혁특별위원회는 선거법 개정안에 '인터넷 게시판 실명제'를 포함시키기로 결정한 것이다.

공동대책위원회와 인터넷 기자협회, 그리고 인터넷신문협회는 곧바로 '인터넷 실명제'의 철회를 요구하며 만약 실시된다면 불복종운동에 나서겠다는 뜻을 분명히 밝혔다. 이러한 움직임에 포털사이트 '다음'과 인터넷신문사, 거기에 많은 시민단체가 동조했다. 국가인권위원회도 동 법안에 대해 반대를 표명했다.

그러나 2004년 3월 9일, '인터넷 실명제'를 포함한 개정 선거법은 다른 정치 관련 법안 등과 함께 국회를 통과했다. 구체적으로는 이 개정 선거법은 제82조 6(인터넷언론사 게시판·대화방 등의 실명확인)에서 다음과 같이 정하고 있다. "인터넷언론사는 당해 인터넷사이트의 게시판·대화방 등에 선거에 관한 의견을 게시할 수 있도록 할 경우 의견 게시를 하려는 자가 기입하는 성명과 주민등록번호의 일치 여부를 확인한 후에 한하여 의견 게시를 할 수 있도록 하는 기술적 조치"를 취해야 한다.

이에 대해 곧바로 '인터넷 미디어', '시민단체', '네티즌'의 명의로 헌법재판소에 헌법소원심판청구서가 제출되었다. 원고는 '인터넷 실명제'가 사실상의 사전검열이며 표현의 자유, 언론의 자유를 침해하고, 정보의 남용과 유출의 우려가 있다고 주장했다.

### 인터넷선거보도심의위원회의 관리

네티즌의 정치적 참가와 의견 표명을 가로막은 것은 정치 패러디 단속과 '인터넷 실명제'만이 아니었다.

예를 들면 선거관리위원회는 위 개정선거법에 따라 인터넷

언론의 선거보도에 대한 심의제도를 도입함으로써 인터넷을 통한 정치활동을 관리하에 놓으려 했다. 그것은 '공직선거 및 선거부정방지법' 제5조의 5(인터넷선거보도심의위원회)의 규정에 의한 것이다.

본래 인터넷신문을 언론으로 인정한다면 정기간행물법 혹은 미디어를 규정하는 법률에 의해 그 지위가 정해져야 한다. 그러나 실제로는 선거법 개정 이후 중앙선거관리위원회 산하 인터넷선거보도심의위원회가 설치되어 동 위원회의 훈령 제1호 '인터넷보도 심의기준'에 따라 '언론사'로서의 지위가 확립되었다.

2002년 대통령선거 민주당 예비선거 과정에서 『오마이뉴스』 등의 인터넷신문이 '정기간행물법'에 따라 언론기관이라 인정받지 못했던 것을 생각하면 격세지감이 드는 것도 분명했다. 그러나 그것은 결국 '인터넷언론'을 선거법에 따른 관리 대상으로 취급한다는 것을 의미했다.

이러한 제도화에 따라 인터넷신문의 업무 범위는 기존 미디어에 비해 크게 제한받고 있음에도 불구하고 '언론'의 일익을 담당한다는 책임과 의무를 보다 많이 부여받게 되었다. 또한 위원회가 지정한 '인터넷언론사'의 애매한 범위 규정은 무원칙적인 법 적용을 부르기 쉬운 것이기도 했다.

선거법 개정안 제8조의 5에서 인터넷언론사란 '정치·경제·사회·문화·시사 등에 관한 보도·논평 및 여론 등을 전파할 목적으로 취재·편집·집필한 기사를 인터넷을 통하여 보도·제공하거나 매개하는 인터넷 홈페이지를 경영·관리하는 자와 이와 유사한 언론 기능을 행하는 인터넷 홈페이지를 경영·관리하는 자'를 가리킨다.

### 인터넷언론사란 무엇인가

그러면 좀 더 구체적으로 인터넷선거보도심의위원회가 분류·제시한 '인터넷언론사'에 대해 살펴보자.

먼저 제1호에 해당하는 것은 '정기간행물법'과 '방송법'이 정하는 신문·방송의 인터넷 사이트이다. 예를 들면 중앙일간지와 이들이 발행하는 잡지와 지역신문, 그리고 지상파방송과 케이블TV의 홈페이지이다. 여기에는 조중동과 『한겨레신문』 등 일반지의 인터넷판, 그리고 KBS, MBC 등의 홈페이지가 포함된다.

제2호에는 자신들의 기사·논평·칼럼을 생산하고 신문·방송·웹매거진의 형태로 보도하는 인터넷 사이트가 포함된다. 『오마이뉴스』와 『프레시안』은 물론 '독립신문' 등의 우익 사이트, 그리고 '라이브이즈', '미디어몹' 등의 패러디 사이트, 인터넷 라디오 방송 '라디오21' 등이 이 카테고리에 포함된다.

제3호는 '다음'과 '야후 코리아' 등의 인터넷 포털사이트이다.

그리고 제4호는 한국인터넷신문협회 및 한국인터넷기자협회 등, 인터넷 관련 단체에 회원으로 가입하고 있는 인터넷 사이트이다.

이처럼 인터넷선거보도심의위원회는 인터넷언론사를 크게 네 가지로 구별하고 있는데, 그 선정이 애매하고 명확한 기준 또한 제시되어 있지 않다.

예를 들면 '라이브이즈'와 '미디어몹'의 패러디 사이트가 제2호의 테두리 안에 포함되어 있는 반면, 정치칼럼 사이트로서 영향력이 높은 '서프라이즈'는 어디에도 포함되어 있지 않다.

참고로 '인터넷 실명제'는 1개월의 유예기간을 두고 2004년 4월 12일부터 실행될 예정이었지만 얼마 되지 않아 선거가 끝났다는 이유로 총선에서는 실제로 적용되지 않았다.

그러나 아직까지도 인터넷언론이 미디어로서뿐만 아니라 정치적 규제의 대상으로 다루어지고 있는 것에는 변함이 없다. 그래서 인터넷신문협회는 총선 후에 '인터넷 저널리즘의 좌표와 진로'라는 심포지엄을 개최해 그 안에서 인터넷언론에 대한 법제화를 강하게 요구했다.

또한 협회는 인터넷언론의 개념 및 범위를 둘러싼 기준을 스스로 제시했다. 그것에 따르면 '미디어로서 사회적 기능을 수행할 것', '기사·논평의 갱신이 주기적일 것', '기사·논평을 독자적으로 생산할 것', '독립된 조직일 것', '지속적으로 운영하는 인원과 설비를 갖출 것' 등 모두 5개 사항이다.

물론 협회가 제시한 기준에도 이론의 여지는 있다.

예를 들면 미디어기관으로부터 뉴스를 공급받아 뉴스 부문을 강화하고 있는 포털사이트는 협회로의 가입이 유보되어 있다. 왜냐하면 협회가 제시한 기준으로 보면 어디까지나 기사·논평의 독자적 생산이 원칙이어서, 외부로부터 제공받는 기사를 편집·가공해 올렸다 하더라도 독자적으로 생산한 기사가 50퍼센트를 넘지 않으면 안 된다.

결국 상업적 사이트가 서비스 범위 내에서 뉴스와 논평을 제공한다 하더라도 그것들은 인터넷언론이라 간주할 수는 없다는 것이다.

이러한 협회의 기준은 현행규정과 충돌하고 있어 앞으로도 논의가 계속될 것이다.

### 인터넷언론의 현재

#### 정치비평 사이트 - '서프라이즈'

2장에서 살펴본 바와 같이 2002년 대통령선거에서는 『오마이뉴스』와 『프레시안』 등의 인터넷신문이 활약하고 거기에 '노사모', '노하우'가 정보공유의 네트워크를 형성함으로써 노무현 정권 탄생에 공헌했다.

그러나 2004년 총선에서의 열린우리당의 승리, 그리고 대통령의 복귀에 가장 강력한 도우미가 됐던 것은 '서프라이즈'일 것이다.

2002년 대통령선거 직전에 국민일보 정치부 기자의 개인 홈페이지에서부터 출발한 '서프라이즈'는 그 후 인터넷상에서 유명해진 '논객'들이 모여들어 대표적 정치비평 사이트가 되었다.

보도기능이 중심인 『오마이뉴스』 등의 인터넷신문과는 달리 '서프라이즈'는 순수한 정치비평 사이트이다. '서프라이즈'에서는 고정 칼럼니스트인 논설위원과 객원논설위원, 그리고 기자논설위원의 칼럼이 메인 화면을 의미하는 '대문'에 올려진다. 또한 게시판 글 중에 추천 점수가 높은 것이 '대문'에 실리는 시스템으로 되어 있다.

'서프라이즈'가 주목을 받고 있는 것은 고정 칼럼니스트와 독자논객이 개혁네티즌들에게 이론적 토대를 제공하고 있기 때문일 것이다. 개혁적 입장에서 정세를 분석하고 전략을 세우고 대책까지 제시하는 양질의 칼럼을 계속해서 양산하는 한편 지지자에 대한 응원 메시지와 감동과 웃음을 자아내는 글뿐만 아니라 일반인들의 의견과 논평, 정보 제공으로 넘치는 게시판은 '서프라이즈'의 핵심이라 해도 좋을 것이다.

이 사이트를 떠받치고 있는 것은 주로 노무현 지지자들로 접속 건수가 다른 정치 관련 사이트에 비해 비교할 수 없을 정도였다. 각 정당도 '서프라이즈'의 움직임을 주목하고 있다고 알려졌다.

'랭키닷컴'의 분석에 따르면 그 영향력은 정치 웹 매거진 부문에서 50퍼센트를 넘는 압도적 점유율을 기록했다. 총선 전날

(4월 14일)에 한국 전체 인터넷 사이트에서 87위에 랭크되었던 것만을 보더라도 그 무시할 수 없는 영향력을 충분히 짐작할 수 있다. 인터넷신문도 아닌 정치비평으로 특화한 사이트가 이 정도의 성과를 올린 것은 유례를 찾아보기 어렵다. 이것은 수많은 정치 관련 사이트 가운데에서도 '서프라이즈'의 위상을 단적으로 보여준다.

이 '서프라이즈'도 노무현 정권 발족 후에는 민주노동당에

▶ 2004/4/14 적용 랭키순위

| 분야순위 | 사이트 | 전체순위 | 분야 점유율 |
|---|---|---|---|
| 1 - | 서프라이즈 | 87 ▲3 | 56.03% |
| 2 - | 남프라이즈 | 316 ▲2 | 15.46% |
| 3 ▲1 | 라이브이즈닷컴 | 463 ▲30 | 9.66% |
| 4 ▼1 | 폴리티즌 | 464 ▼4 | 9.65% |
| 5 - | 기자 조갑제의 세계 | 1,174 ▲67 | 3.70% |
| 6 - | e-아고라 | 3,415 ▼379 | 1.25% |
| 7 - | 돼지껍데기 | 4,519 ▲95 | 0.94% |
| 8 - | 부추연 | 5,090 ▲226 | 0.83% |
| 9 - | 장노 | 7,606 ▲896 | 0.55% |
| 10 - | 민족신문 | 10,402 ▼165 | 0.39% |
| 11 - | 개혁광장 | 14,548 ▼1,251 | 0.26% |
| 12 ▲1 | 스탠딩 | 16,027 ▲1,503 | 0.23% |
| 13 ▼1 | 씨알소리 | 16,885 ▼706 | 0.21% |

'랭키닷컴' 정치 웹매거진 순위표(2004년 4월 14일). 1위 '서프라이즈'의 분야 점유율이 56.0%, 2위 '남프라이즈'와 비교해도 압도적이다. 한국 전체 웹사이트 순위에서도 87위에 랭크된 바 있다.

동정적인 논객과 민주당과의 분열에 반발하는 논객이 이탈하는 사태에 직면했다. 그러나 그러한 우여곡절을 거치면서도 열린우리당을 지탱하고 또한 비판도 서슴지 않는 토론 공간으로서의 역할을 담당해왔다. '서프라이즈'는 기득권층을 비판함과 동시에 민주당 및 민주노동당의 지지자들과도 논리적 대결을 벌임으로써 노무현 진영의 논리적 기반의 생산거점이 되었던 것이다. 총선 시에는 그야말로 대통령의 탄핵에 반대하는 네티즌들의 선거운동본부와도 같았다.

그렇다고 해서 '서프라이즈'가 단지 열린우리당만을 추종했다는 것은 아니다. 오히려 열린우리당을 지원하면서도 개혁 방향을 선도했다고 하는 편이 나을 것이다.

총선 후 열린우리당을 지지한 네티즌들은 열린우리당 의원이 『조선일보』의 인터뷰에 응했던 것이나 개혁노선을 게을리 하는 듯한 발언을 한 것에 대해서는 가차 없이 비판을 퍼부었다. 또한 선거법을 어긴 한나라당 의원에 대한 체포동의안이 일부 열린우리당의 반대표에 의해 부결되자 개혁지지자들은 반개혁적인 과거를 답습하고 있다면서 '서프라이즈'를 통해 맹렬히 비난했다. 그것에 대해 열린우리당 대표는 "열린우리당 의원들이 정치개혁에 대한 국민들의 열망을 무시한 것에 대해 진심으로 사과한다"는 성명을 발표할 수밖에 없었다.

참고로 대안 미디어를 표방하는 인터넷 사이트는 '서프라이즈'로부터 시작된 것이 아니며, 그 효시로 1998년에 개설된 '딴지일보'를 들 수 있다. 다만, '딴지일보'(www.ddanzi.com)는 '정통파'라기보다는 스스로가 표방하듯 "B급 오락영화를 지향하는 초절정 하이코미디·시니컬·패러디" 사이트이다.

그렇다면 1999년에 탄생한 '대자보'야말로 진보진영의 대안 미디어시대의 막을 올린 원조 사이트라 할 수 있을지도 모르겠다. 이러한 흐름은, 한편으로는 2장에서 논한 바와 같이 안티조선 사이트, 혹은 '서프라이즈'와 좌파 계열의 '진보누리' 등의 정치비평 사이트로 이어졌고, 다른 한편으로는 『오마이뉴스』 등의 독자적 보도기능을 갖춘 인터넷신문으로 발전해갔다.

### 분열하는 개혁파의 정치비평 사이트 — 5·18사태와 8·11사태

특히 2002년의 대통령선거가 끝난 후 1년간은 정치·시사 관련 인터넷 사이트의 변화의 시기이기도 했다.

정치적 입장에 따라 다양한 사이트가 생기고 그것들은 정계의 재편에 연동하며 분열하다가 사라져갔다. 무엇보다도 가장 활발한 정치토론을 전개해온 개혁네티즌들의 사이트는 민주당의 분열과 민주노동당의 약진 속에서 각각의 정치지향에 따라 분화해갔다. 이러한 정치비평 사이트는 한국 정치지형의 격변 속에서 이합집산을 되풀이해왔듯이 불안정한 기반을 드러낸 것이다.

이러한 분화는 개혁세력의 정치토론장의 확대를 의미하는

것일까? 그렇지 않으면 여론을 주도한다기보다 오히려 정치에 끌려다니며 비판을 허용하지 않는, 정치에 대한 취향을 함께 하는 닫힌 당파적 공간에 지나지 않는 것일까.

분열의 첫 진원지는 다름 아닌 '서프라이즈'였다.

'서프라이즈'는 지금까지 개혁세력들의 베이스캠프라 여겨져왔는데 신당 결성에 대한 이야기가 솔솔 나오면서 '친노' 입장에서 통합신당(열린우리당)으로의 지지 색깔을 드러내자 내부의 민주당 지지자들이 반발해 '동프라이즈'를 만들어 자신들의 토론과 주장의 장을 옮겼다. 이는 '서프라이즈'의 '서西'에 대응하여 '동東'을 딴 명칭을 붙인 것이다.

네티즌들 사이에서는 분열된 날짜를 따서 '5·18사태'(2003년)라 불리고 있다. 개혁진영의 인터넷 사이트 최초의 분열이었다.

더욱이 노무현 정부가 대북송금에 대한 특별검사 도입을 수용하고 거기에다 이라크 파병을 결정하자 거기에 비판적인 집필진과 운영권을 둘러싼 문제가 얽히면서 일부가 떨어져나갔다. 그들은 정권에 대한 합리적 비판과 대안 제시를 목표로 하여 '시대소리'를 만들었다.

인터넷상에서의 개혁진영의 분열은 여기에 그치지 않았다.

'동프라이즈'(www.dongprise.com)의 메인 화면에 민주노동당 지지자의 칼럼이 게재되자 여기에 불만을 품은 민주당 지지자들이 이번에는 '남프라이즈'(www.namprise.com)와 '씨알소리'(www.ssialsori.org)를 만들어 뛰쳐나갔다. 이것이 소위 '8·11

사태'이다. 참고로 많은 논객이 떠난 '동프라이즈'는 '폴리티즌'(www.politizen.org)으로 재출발한다.

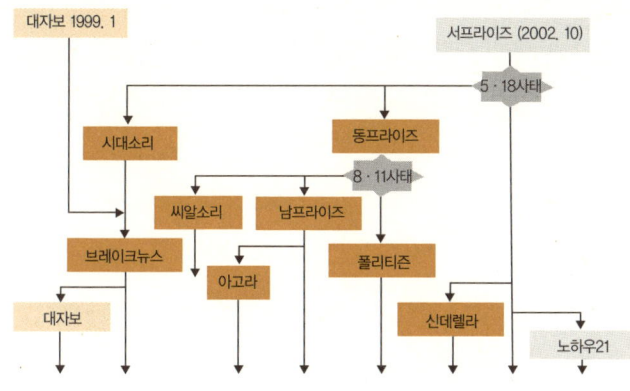

정치비평 사이트의 분화

### 더욱 진행되는 분열과 통합

개혁파의 정치비평 사이트는 그 후에도 분열과 통합을 반복했다.

'시대소리'는 '서프라이즈'로부터 분리되었지만 아직 노무현에 대한 비판적 지지 입장을 취하는, 다층적 지지자들이 혼재되어 있는 상태였다. 머지않아 그들도 칼럼을 중심으로 사이트를 지속시킬지에 대한 방향성 문제에 직면했다. 여기에 당파성 문제가 결합되어 15명의 운영위원 중 4명이 떠나는 사태가 발생했다. 그 후 '시대소리'는 노무현에 대한 찬반에 구애됨 없이 이라크 파병과 핵폐기물처리장 문제 등의 개혁노선을 견지하며 정권에 대한 비판적 기능을 담당한다는 노선을 분명히 했다.

나중에 칼럼 중심의 '시대소리'는 뉴스 사이트로서 연륜을 쌓아온 '대자보'와 통합해 종합적 뉴스·칼럼 사이트 '브레이크뉴스'(www.breaknew.com)를 탄생시킨다. 그러나 친민주당 색채가 강했던 '브레이크뉴스'는 다시금 노선 대립으로 인해 분열돼 2004년 6월에는 '대자보'가 다시 분리되어 나온다.

한편, 야당으로 전락해 동요하던 민주당의 현상을 반영하듯 '남프라이즈'는 운영자와 논객들과의 갈등이 원인이 돼 분열하고 이탈한 논객들이 중심이 되어 '아고라'(www.e-agora.org)를 오픈했다.

또한 '서프라이즈'에서도 탄핵안 가결에 추종했던 민주당 추미애 의원에 대한 비판이 강해지자 추 의원을 지지하는 논객이 이탈해 '신데렐라'(www.xinderella.com)를 개설했다.

민주당 지지자들의 사이트가 혼란상태에 있던 반면 '서프라이즈'는 '친노'세력을 비교적 잘 통합해왔다. 그러나 그러한 '서프라이즈'도 개혁의 철저성을 둘러싼 문제로 결국은 분열에 이르러 이탈파는 '노하우21'(www.knowhow21.co.kr)을 만들었다.

말할 필요도 없이 정치비평 사이트는 이러한 노무현계와 민주당계뿐만 아니라 그 이외의 것들도 존재했다. 예를 들면 민주노동당을 지지하는 '진보누리'(news.jinbonuri.com), 우파계 사이트인 '독립신문'과 '사이버뉴스24', 그리고 혁신과 보수가 아닌 중립을 표방하는 '중프라이즈'(www.joongprise.com)와 '업코리아'(www.upkorea.net) 등이 각자의 정치적 입장에 서서 활약하였다.

### 정치비평 사이트는 정당의 응원단에 지나지 않는가

이러한 정치비평 사이트의 분화와 통합은, 한편으로는 대안 미디어의 다양화와 확대라는 측면에서 평가할 수 있는 부분도 분명 있지만, 인터넷 매체가 내포하는 여러 가지 문제가 표면화되고 있는 측면이 있다.

즉 이러한 주요 정치비평 사이트의 분화는 이미 살펴본 대로 정당과 당파의 분열에 거의 조응하고 있는 것이다. 이것은 결국 정치비평 사이트가 입장과 방향성을 달리하는 다양한 의견을 수용해 생산적 토론의 장이 되기보다는 현실 정치를 추종하는 각 정당의 응원단적 성격을 벗어나고 있지 못하다는 것을 보여주고 있다.

'친노' 진영의 중심축으로 기능해온 '서프라이즈'에서 '노하우21'이 분리된 것도 익명성을 이용한 매도, 비방이나 중상에 대해서 취약점을 나타냈기 때문이다. 논객의 칼럼이나 독자들에 의한 게시판 글에는 의견이나 감상을 자유롭게 달 수 있었는데, 상대방에 대한 공격이 정도를 더해가는 과정은 개혁네티즌들 사이에서도 별반 다르지 않았다.

그것은 인터넷이라는 미디어의 특징이기도 하다.

'반노무현'의 개혁네티즌이 의기투합하여 새로운 사이트를 만들어도 그 저류에는 다양한 정치적 입장이 혼재했다. 게다가 그러한 정치 지향성 이전에 인터넷상의 공동작업을 통해 개설한 사이트의 주도권 싸움이 실제로 분열 요인이 되는 예도 비일비재했다. 정치적 입장과 운영상의 문제가 부각되면 자신들의 정치적 주장을 개진하는 사이트를 개설하는 것이 기술적으로도 그다지 어렵지 않아서 의견의 틈새를 메우기보다는 분열로 나아가기가 쉬웠다.

이러한 카오스 속에서 한국의 개혁네티즌들은 "수구세력은 부패로 망하고 진보세력은 분열로 망한다"는 격언을 곱씹으면서도 각자의 당파성을 드러내며 오늘도 인터넷 정치를 펼치고 있는 것이다.

### 수구를 비판하기 시작한 보수사이트

이처럼 정치적 입장을 분명히 하는 인터넷 사이트의 성쇠에 보수세력들도 뒤처질 수는 없는 노릇이다. 대표적 사이트로서 '독립신문'이 있다.

단, 인터넷신문을 자임하는 우파 사이트는 변함없이 반김정일, 반북, 반공, 반노무현을 내걸 뿐 건설적 토론은 거의 보이지 않는 것이 현실이다. 또한 『오마이뉴스』 등의 콘셉트를 도입해 인터넷신문의 체제를 갖추고는 있지만 제목은 선동적이고 내용도 감정에 호소하는 것이 많다. 더욱이 지면은 정권비판 '기사' 일색으로 논조와 시점의 차이에서 비판하는 것은 드물다. 주류 미디어에 대항하는 대안 미디어로서 독자적 의제를 발굴해 여론화시키는 움직임도 찾아볼 수가 없다.

그렇기에 당연히 '독립신문' 등의 기사가 일반지와 많은 인터넷신문이 기사를 제공하는 '다음', '네이버', '야후 코리아' 등 포털사이트에 게재되는 경우도 없다.

다만 이러한 보수사이트에서 '건전한 보수'를 지향하는 사이트가 이탈하는 상황에 대해서는 몇 가지 주목할 만한 움직임이 있다.

앞에서 언급한 '자유민주주의수호 사이트'에는 당초 '뉴스타운'(www.newstown.co.kr)도 포함되어 있었다. 그러나 '뉴스타운'은 거꾸로 '독립신문'을 비판함으로써 수구와의 차별화를 꾀하며 건전한 보수세력의 부활을 도모하였다.

예를 들면, '뉴스타운'의 「독립신문, 지금이 84년인가?」(2004년 3월 14일자)라는 기사에서는 '독립신문'이 이 나라의 보수를 파멸로 몰아가고 있다고 비판했다. 그들이 문제 삼은 것은 「북, 탄핵반대데모의 지령을 내리다」라는 제목의 기사이다. 탄핵반대데모의 배후에 마치 북한이 있다는 듯한 뉘앙스를 주는 기사에 대해 '뉴스타운'은 "독립신문의 보도를 보고 온몸의 힘이 쭉 빠지는 것을 느낀다"라고 평하며 "이런 메시지에 과연

동조할 만한 독자들이 얼마나 될 것인가. 여기에서 독립신문의 현실인식이 과연 합리적인지 묻지 않을 수 없다"고 반문했다.

'뉴스타운'의 기사는 보수에 대한 '애정'의 발로일 것이다. "이 나라의 보수세력은 개혁세력의 힘에 무너지고 있는 것이 아니다. …… 스스로의 과오와 무능, 현실감각의 부재 때문에 스스로 무너지고 있다"라고 하는 등 비판도 마다하지 않지만, 마지막에는 확신을 갖고 보수의 부활을 외침으로써 격려의 말도 잊지 않았다.

완고한 반공·반정부 성향인 보수세력은 '뉴스타운'에서 볼 수 있는 초조함 그대로 스스로 무너져 사라지려 하고 있었.

지금까지 굳건한 결속력을 보여온 기득권층도 무엇보다도 늦게 찾아온 냉전구조의 해체와 두 번에 걸친 선거에서의 패배, 그리고 탄핵작전이 실패한 것으로 인해 현실과 인식의 차가 벌어지는 가운데 오히려 자기 비판적 흐름을 드러내는 모습도 보였다.

무엇보다도 탄핵반대 촛불집회에 대항해 우파단체가 조직한 탄핵찬성 집회가 MBC의 시사프로그램에서 생생하게 다룬 것처럼, 대통령 부인을 비하하는 과격함과 비이성적인 모습을 대중에게 보인 것은 그러한 흐름을 가속시키는 꼴이었다.

이러한 차별화 속에서, 반공보수적이기는 하지만 나름대로 논리와 이성을 갖춘 보수사이트가 생겨나기 시작하는 것이다.

## 인터넷은 권력인가

### 2004년 총선 후의 언론개혁에 대한 열망

총선은 끝났어도 싸움은 여전히 계속되었다.

열린우리당이 과반수를 차지하자 시민단체는 모두 각종 개혁안을 제시했다. 그 가운데서도 가장 긴급한 과제라 여겨진 것은 단연 언론개혁이었다.

총선 직후인 2004년 4월 21일에는 당장 시민단체와 방송 관련 단체 주최로 '편파·허위·왜곡 선거보도 규탄 및 언론개혁 촉구대회'가 열렸다. 권영길 민주노동당 대표도 선거일 다음 날 '언론개혁 없이 정치개혁은 불가능하다'라며 곧바로 언론개혁에 대한 의욕을 나타냈다. 민주노동당은 당론으로 『조선일보』 인터뷰를 거부했다. 열린우리당도 언론개혁플랜을 공개하며 17대 국회에 언론발전위원회를 설치할 것을 밝혔다.

MBC의 여론조사(6월 2일)에서는 국민의 73퍼센트가 언론개혁은 시급한 과제라고 대답했다.

이러한 분위기를 진전시키기 위해 6월 4일에는 216개 시민단체가 참가하는 언론개혁국민행동이 발족했다. 국민행동은 출범선언문을 통해 "국민의 알 권리와 언론자유 보장이라는 본연의 기능을 충실히 이행할 수 있도록 법과 제도, 그리고 관행과 문화를 정비하고 바로잡아 나가고자" 한다고 밝혔다.

2004년 9월부터 시작된 정기국회에서 여야당은 국가안전법 폐지, 사립학교 조직개편, 과거사 진상규명, 언론개혁 등 이른바 '4대 개혁법안' 및 행정수도이전을 둘러싸고 격하게 대립했다.

한나라당은 이러한 개혁법안에 대해 '국민분열법'이라 규정하고 '4대 국민분열법 바로 알기 네티즌 운동'을 전개하는 등, 단호한 저지 방침을 세웠다.

임시국회로 넘어간 '4대 개혁법안'이지만 이때는 '정기간행물법'을 개정한 '신문 등의 자유와 기능보장에 관한 법률'(신문법)이 성립하는 데 그쳐, '언론개혁법'만이 국회에서 통과하는 결과로 끝이 났다.

### 개정신문법의 성립—세계 최초의 인터넷언론의 법제화

그러나 개정된 '신문법'은 여야당의 타협 속에 당초의 개혁성이 퇴색했다고 하여 시민단체로부터 많은 비판을 받았다.

당초 '신문법'을 둘러싸고서는 열린우리당으로부터 '시장 지배적 사업자 규정', '신문광고비율 50퍼센트 제한', '편집위원회·독자위원회의 의무화' 등의 요구가 있었다. 이에 비해 한나라당은 '신문·방송 겸업 허용'을 강하게 요구했다.

'신문법'에서는 "신문 하나의 발행부수가 30퍼센트를 넘거나 상위 세 개 신문사가 60퍼센트를 넘을 경우 해당 신문을 시장 지배적 사업자로 본다"고 되어 있다. 그리고 이 시장 지배적 사업자로 분류되면 국고로부터 지원되는 신문발전기금의 특혜를 받을 수 없다. 그러나 야당의 요구에 따라 시장점유율 제한의 조항이 인정되는 대상 범위가 중앙일간지뿐만 아니라 지방지, 스포츠지, 경제지, 전문지 등 모든 일간지를 포함할 만큼 광범위해졌다. 그 결과 상위 세 개 신문사인 조중동의 시장점유율은 낮아지게 되었고 시장 지배적 사업자로 인정될 가능성은 낮아졌다.

언론운동 진영은 이러한 대상 범위의 확대와 지배적 주주의 소유지분제한 조항이 제외된 것은 개혁의 핵심부분이 빠져버린 누더기법이라며 개정 '신문법'을 비판했다. 반면에 『조선일보』 및 『동아일보』는 각각 「"신문법", 자유민주주의의 이해도가 이 정도인가」, 「시장 점유율 규제는 위헌이다」라는 제목의 사설을 게재하여 '신문법'의 '위헌성'을 주장했다.

이처럼 보수와 개혁 양 진영으로부터 비판받는 '신문법'이지만 그 성립에 따라 발행부수와 수익상황이 공개되고 무엇보다 신문 독점이 공공의 시점에서 명확해진다는 것은 확실한 성과라고 할 수 있다. 그 결과 신문시장 정상화에 대한 일정 정도의 변화를 초래하는 효과도 기대할 수 있게 되었다.

또한 개정 '신문법'은 인터넷 언론기관의 항목이 포함되어 있어 지금까지 선거법으로 정해진 인터넷언론이 '신문법'을 통해 정식으로 언론으로 규정되게 되었다. 세계 최초의 인터넷언론의 법제화였다. 개정된 '신문법'에서 "'인터넷신문'이란 컴퓨터 등 정보처리능력을 가진 장치와 통신망을 이용하여 정치·

경제·사회·문화·시사 등에 관한 보도·논평 및 여론 및 정보 등을 전파하기 위하여 간행하는 전자간행물로서 독자적 기사 생산과 지속적인 발행이 이루어지는 것"을 일컫는다.

이에 따라 인터넷신문은 기존 미디어와 동등한 지위와 의무를 부여받게 되었다.

### 과거청산, 미래를 위한 싸움

당시 한국에서는 과거사에 대한 포괄적 재조명이 이루어지고 있었다. 그리고 과거사를 둘러싼 문제는 교과서 문제 및 독도 문제와 얽히면서 일본을 끌어들이는 형태로 전개되었다. 이러한 역사청산 움직임에 대해 일본 신문은 '친일진상규명법'을 '반일법'이라거나 또는 '쓸데없이 국내 대립을 선동하고 한일관계에 나쁜 영향을 끼치는 것은 걱정'이라는 등의 목소리를 내왔다. 그러나 과거청산은 현재의 한일관계가 아닌 오히려 한국 내부의 문제로 봐야 할 것이다. 『뉴욕타임즈』(2005년 1월 6일자)가 적절히 표현했듯이 "전환점에 선 한국에서 역사를 둘러싼 투쟁은 미래에 대한 투쟁"이기 때문이다.

해방 후 식민지 시기의 친일행위를 조사하는 '반민특위'가 좌절된 이래 한국에서의 과거사 청산 움직임은 그때마다 벽에 부딪혀야 했다. 4·19혁명 이후의 한국전쟁에서의 민간인 학살에 대한 조사도 군부세력의 등장에 의해 곧바로 좌절됐다. 과거사에 대한 진상조사가 공식적으로 벌어진 것은 1987년의 민주화 이후 '5공비리청문회'가 처음일 것이다. 이 당시의 '5공비리 청산'도 역사의 청산이라기보다는 민주화투쟁의 대상을 추궁하는 현실적 과제였다.

그런데 민주화에 의해 과거에 대한 물음을 허락하지 않던 국가권력의 옥죄임이 느슨해지자 그때까지 봉인되어왔던 민중의 기억은 되살아나고 민주주의와 생존권이라는 시민권리를 둘러싼 싸움이 기억을 둘러싼 싸움으로 탈바꿈했다. 그리고 1990년대부터 '종군위안부'를 둘러싼 일본정부에 대한 사죄와 배상 요구가 시민단체를 중심으로 본격적으로 제기되게 되었고, 한국전쟁 당시 군과 우익조직에 의한 민간인 학살행위가 하나둘씩 드러나게 되었다.

단, 과거청산은 베트남전쟁에서의 한국군 학살행위에까지 미쳤듯이 단지 일본에 대한 내셔널리즘, 혹은 국가권력에 대한 정치적 반응에 수렴되는 것은 아니다. 그것은 피해와 가해를 불문하고 한국 국민 스스로가 관계됐던 민중에 대한 권력형 폭력에 대한 총체적 재조명이라 할 수 있다.

과거청산은 각국의 다양한 '진실위원회'처럼 명칭과 표현의 차이는 있을지언정 전쟁과 학살, 내전과 폭력, 점령과 통치의 소용돌이 속에 휩쓸려온 나라나 지역이라면 어떤 사회에서도 안고 있을 수밖에 없는 문제이다. 다만 그 대처 방식은 '과거'라는 사건의 성격과 그것이 만들어내는 기억의 형상에 따라 달라질 수 있다.

한국의 경우, '친일파' 문제는 해방 후 60년이 지난 오늘날까지 청산된 적이 없었다. 그리고 이러한 '친일파'야말로 한국의 국가기구를 장악하고 독재권력을 휘둘러왔던 것이다. 그러한 독재권력에 의해 '사법살인'과 '의문사'와 같은 정치적 탄압을 한국 국민은 받아왔다. 궁극적으로는 권력 찬탈의 과정에서 다수의 시민이 무참히 학살되었다. 한국의 현대사에는 이러한 반공 보수적 정치권력의 일관된 흐름이 존재해왔던 것이다.

한국에서의 과거청산에는 분단과 냉전구조하에서의 좌우 이데올로기 대립도 얽혀 있다. 그런데 '친일파'로부터 오늘날의 기득권 세력에 이르는 지배의 연속성은 마침내 본격화하기 시작한 과거청산을 정치적 문제로 더욱 복잡하게 만들었다. 즉, '친일진상규명법' 등의 과거청산 관련법이 노무현 정권의 정략적 수단으로서 이용되고 있다며 야당 측이 입법화에 반대해온 것이다.

그렇다고 해서 그러한 작업을 한없이 미룰 수만도 없었다.

무엇보다도 피해자의 입장에 선다면 1948년에 제주도에서 일어난 4·3항쟁처럼 이데올로기의 대립에 의해 학살된 피해자에 대해 오랜 세월 그 죽음을 기리지도 못하고, 수십 년간 그것을 입에 담는 것조차 허락되지 않았던 것에 대해 진실을 규명하지 않으면 안 된다. 그들의 명예가 겨우 회복되었다 할지라도 보상은커녕 그 깊은 상처는 아직도 아물지 않은 채로 있기 때문이다.

친일과 냉전에 의해 왜곡되어온 한국의 현대사를 그 굴레로부터 해방시킨다는 의미도 중요하다. 예를 들면 '종군위안부'도 지금은 한국 측이 일본에 대해 교과서에 자세히 기술할 것을 요구하고 있지만 군사정권하의 한국의 국정교과서에서 이것을 제대로 다룬 적은 한 번도 없었다. 최근까지 4·3은 '폭동'이었고 4·19는 '의거'에 지나지 않았으며, 반면 5·16은 '혁명'으로 기술되어왔다. 또한 한일조약 교섭문서의 공개도 정보공개법에 의거한 판결에서 패소해서 이루어지기는 했으나, 그것은 한국 정부가 국가에 대한 피해자의 하소연을 포용하는 것의 표명이기도 했다. 과거사 청산은 국가권력에 의한 권력의 가해성을 명확히 하면서 역사와 진지하게 마주하는 것이기도 하다.

한국 사회에서의 과거사 재조명은 갑자기 시작된 일이 아니다. 하지만 노무현 정부 시기 이러한 작업의 의미는 기득권 세력과 대결한 개혁세력이 이니셔티브를 쥐고 마침내 그것에 착수할 수 있게 되었다는 데에 큰 의의가 있다. 그것은 한국 현대사의 굴곡을 덮어왔던 터부가 하나둘씩 벗겨지고 있다는 것을 의미하기도 했다.

### 한나라당 그리고 박근혜 지원 사이트 — '박사모'와 '5107프로젝트'

2002년 대선에서 '노사모'의 위력에 압도당한 한나라당은 그 패인이 인터넷 대책의 부재에 있다고 인식했다. 그래서 그들은 다음 총선에 대비해 디지털 한나라당 추진위원회를 설치하는 등 인터넷 대책에 나섰다.

그러나 결과는 2004년 총선에서의 패배였다. 그러자 한나라당은 인터넷 공간의 점령 없이 선거에서의 승리는 불가능하다고 하며 이번에는 '5107프로젝트'라는 플랜을 들고 나왔다. 이것은 2007년의 대통령선거에서 51퍼센트의 지지율을 획득해 집권한다는 필승 전략이었다. 그 중심과제는 한나라당에 충성심을 갖고 있는 10만 명의 네티즌을 양성하는 것이었다.

여기에서 주목을 끄는 것은 한나라당 대표 박근혜의 지원 사이트 '박사모'(박근혜를 사랑하는 사람들의 모임, cafe.daum.net/parkgunhye)의 활동이다. 총선을 앞둔 한나라당 대표에 박근혜가 취임했을 때 개설된 인터넷 카페이다.

과거청산을 둘러싸고 여야가 대립하는 가운데 '박사모'는 노무현 정권에 대해 '정권이 자신들의 좌 편향을 고백'하고, 또 '민주주의의 수호와 시민시장경제를 위한 정책 수립'을 지향할 것을 요구하는 '전면전 선언 경고문'을 발표했다. 요구에 응하지 않으면 전원이 전투태세에 돌입해 정권타도 규탄대회를 개최한다며 '박사모'는 기세를 올렸다.

'박사모'가 '노사모'에 대항할 만한 지지 네트워크가 되기를 바라고 있다는 것은 상상하기 그리 어렵지 않다. 그러나 '박사모'의 회칙에도 나와 있듯이 이들의 구성 원리에는 근본적 차이가 존재한다.

'노사모'는 지역주의라는 벽에 가로막혀 정치가로서 최악의 상태에 있던 노무현을 응원하기 위해 그의 뜻에 공감하는 사람들이 자발적으로 만든 모임이었다. 게다가 그것은 지역주의 극복이라는, 누구나가 공감할 수 있는 보편적 가치를 발현해나가는 것이기도 했다. 그것이야말로 '노사모'의 구심력의 원천이었다.

한편 '박사모'는 한나라당의 대표가 된 박근혜를 대통령으로 만들기 위해 만들어진 것이다. 그들이 한나라당과의 직접적 연결고리가 없다 하더라도 그것은 대통령선거에서의 승리를 위한, 목적지향성과 하향식의 수직적 구성방식으로 경직되어 있었다. '박사모'의 회원들이 박 대표를 대통령으로 만드는 신조와도 같은 그 무언가를 공유하고 있다 한다면 그것은 오로지 '좌파정권'으로부터 권력을 탈환하는 것뿐일 것이다.

## 공감의 정치

2장에서 '노사모'와 '노하우'가 많은 사람들을 회원으로 흡수하며 온라인에서 오프라인으로 그 원을 넓혀갔던 것은 게시판 등에 올려진 이야기들의 '감동'에 있다고 했다. 그들은 거기에서 게시판 같은 곳에서의 커뮤니케이션을 통해 논리를 키우고, 서로 격려하고, 역사의식을 공유하며 민주화에 대한 사명감을 고양시키고 새로운 정치문화를 개척해나갔다.

물론 정치사이트에서의 이러한 공감이 자연스럽게 생기는

것은 아니다. 그것은 독재정권하에서 고통받고 그 권력에 정면으로 대항해 오늘날의 민주화의 토대를 쌓아온 세대로부터 촛불을 손에 들고 민주주의의 수호를 외치는 젊은 세대에게 그 가치를 전수하는 가운데에서 생겨난 것이다.

개혁네티즌들을 무턱대고 공격하고 현 정권을 주야장천 '좌파 정권'이라 단정하는, 자칭 '우파 네티즌'들이 정치적 입장에 따라 각각의 정치 참가를 온라인과 오프라인에서 전개할 수는 있다. 그러나 한 나라의 정치를 움직이는 정치 사이트가 지속적으로 운영될 수 있는 요건이란 그러한 공감을 기반으로 한 자발적 네티즌이 기쁨과 신뢰를, 때로는 슬픔과 분노까지도 공유하는 것에 있다. 과연 '박사모'는 그러한 요건을 갖추고 있을까.

보수신문의 '선전기사'에도 불구하고 '박사모'가 주최한 2004년 8월 9일의 첫 옥외집회는 100명 남짓이 참가하는 초라한 집회로 끝났다. 그런 직후의 '박사모' 게시판에는 '박사모는 20명 정도고 그 외는 대부분 노인'이라는 자괴감에서부터 '박사모는 노사모 같은 데모꾼이 아니다'라며 당당해지자는 태도까지, 글을 통해 나타난 반응은 다양했다.

그러나 거기에서 하나의 공통된 의견이 부상했다. 그것은 민주화투쟁의 과정에서 민중의 애국가로서 널리 불려온 〈임을 위한 행진곡〉과 같은 일체감을 형성하는 노래가 '박사모'에도 필요하지 않을까라는 것이었다. 제안자는 이 노래가 갖고 있는 힘에 '경의'를 표했지만 과제는 이러한 노래를 누가 어떻게 만드느냐는 것이었다.

첫 옥외집회의 쇼크 속에서 '박사모'의 게시판에는 땡볕이 내리쬐는 밑에서 이루어진 스타트라는 것을 감안해볼 때 이것은 나름대로 성공이라며 서로를 격려면서 또한 '감동'에 젖어 있었다. 이러한 공감이 주관적인 감정이라 하더라도 '박사모'의 회원들도 게시판 속에서 서로를 의지하며 토론을 통해 방향성을 모색하고 있다고 말할 수 있을 것이다.

단, '박사모'에서 〈임을 위한 행진곡〉과 같은, 세력을 결집할 수 있는 '응원가'를 만들자라는 토론 속에는 결정적으로 빠져 있는 것이 있다.

여기에서는 이 노래가 민중들에게 애창되고 투쟁심을 고양시켜왔다는 점은 인정하면서도 그것이 어떠한 역사적 경위를 통해 세상에 태어나게 됐는지는 아무도 언급하고 있지 않다는 것이다. 이 작곡자 미상의 비장한 노래는 그 노랫말의 의미를 곱씹으며 노래하는 이들에게 끊임없이 용기를 주어왔다. 죽은 자들의 유지는 어떻게 이어졌으며 사람들은 자신들의 의지를 어떻게 다져왔는가. 〈임을 위한 행진곡〉도, 광주항쟁의 좌절감을 극복해가는 사람들의 모습을 돌아보지 않는다면 생명력을 잃게 된다. 하물며 단지 일체감을 갖게 하기 위한 노래를 찾는 것이라면 그것은 일과성 이벤트 송에 지나지 않으며 거기에 '감동'이 살아 숨 쉴 일은 생겨날 수 없다.

### 네트워크 권력

2004년 6월 2일, 탄핵무효·부패정치청산범국민행동이 주최한 '탄핵 4·15총선과 민주개혁의 방향과 과제'라 제목 붙인 토론회에서 나온 한나라당 의원의 말은 인터넷이 사회를 움직이는 권력으로서 이미 무시할 수 없는 존재라는 것을 인정하는 것이었다.

"한나라당은 권력이 이동한 것을 이해하지 못했다. …… 두 번째는 미디어다. …… 엄청난 권력을 갖고 있다고 생각한다. 인터넷으로 대표되는 새로운 권력 요소가 등장했고 미디어·시민사회·인터넷이라는 세 요소가 새로운 변화의 기초라 생각한다."

두 번에 걸친 선거의 패배는 전 시대의 기득권층들로 하여금 지금까지 '경박한 커뮤니케이션'이라 일축해온 인터넷을 '새로운 권력'이라고까지 간주하게 만들었다.

인터넷언론을 둘러싼 토론에서도, 또는 인터넷상의 정치 패러디에서도 인터넷 정치가 기존 미디어에 대항해 부상하고 있다는 것을 알 수 있다.

이미 살펴본 바와 같이 인터넷언론은 2002년 대통령선거를 계기로, 이제까지 보수이데올로기를 생산하고 정치권력을 만들어온 언론권력을 불안하게 만들었다. 더구나 그것이 2004년 총선에서 열린우리당에게 승리를 가져다준 것은 권력상실의 위기감마저 느끼게 했을 것이다.

이러한 상황에서 '서프라이즈' 대표의 처가 문화관광부 차관을 통해 대학교수 임용에 입김이 작용하게끔 요청한 사실이 밝혀지자 그것은 보수신문에게 있어 '신언론권력'의 등장을 선포하는 기회가 되었다.

조중동 등의 보수신문은 1면에서 4면에 걸친 이례적 크기로 관련 기사를 게재했다. 예를 들면 『조선일보』는 「엄청난 친노 사이트의 위세!」라는 제목의 기사에서 '서프라이즈'가 "노무현 정부에서 신언론권력으로 등장"했다고 보도했다. 권력의 비호를 받고 성장해온 '탈세신문'으로서의 자신들의 역사는 반성하지 않으면서 그들은 그것을 '서프라이즈'와 정부의 '권언유착'이라 평했다.

2002년 대통령선거 후에 인터넷의 힘을 애써 깎아내리던 지금까지의 태도와는 달리 『조선일보』가 '서프라이즈'를 '신권언유착'이라 간주했듯이 이제는 보수신문이 솔선해서 인터넷의 권력화에 앞장서고 있다. 그것이 자신들의 권력성을 왜소화시키기 위한 과장된 반응에 지나지 않는다 하더라도 인터넷이 지금까지의 언론권력에 대항하는 새로운 형태의 권력으로 부상하는 것은 분명하다.

그렇다고 해서 인터넷권력이 조중동과 같은 방식으로 언론과 정치권력의 결탁을 통해 여론을 독점하고 일방적으로 이데올로기를 강요했던 것은 아니다. 그것은 생산과 소비, 지식인과 일반시민의 경계선이 무너진, 다원적 민주사회를 지향하는 분산과 자발적 참가 네트워크로서의 권력이다.

　예를 들면 인터넷신문과 포털사이트에 제공되는 통신사와 일간지의 뉴스는 기사마다 댓글을 달 수 있게 되어 있다. 기사의 사실 관계의 오류는 말할 것도 없고 논조에 있어서도 독자의 신랄한 비판에 노출되어 있는 것이다. 즉, 인터넷상에서 기사는 기자들에 의해 쓰여진 문장만으로 구성되는 것이 아니라, 독자의 비판적 코멘트와 함께 생산되고 소비되는 모습으로 변화하고 있다.

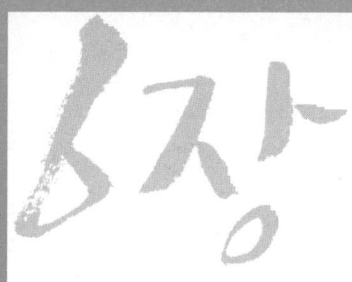

## 인터넷과 미디어의 공공성
—황우석 현상에서 본 여론과 정치
(2005년)

## 격변하는 미디어의 공공성

### 두 신화의 붕괴

2005년, 한국과 일본에서 두 신화가 붕괴했다. '황우석 신화'와 '라이브도어livedoor 신화'가 바로 그것이다. 황우석 교수와 호리에 타카후미堀江貴文 라이브도어 사장은, 둘 다 매스컴을 교묘히 이용해 기성질서에 도전하는 모습을 연출함으로써 여론의 압도적 지지를 이끌어냈다. 또한 정계와도 결탁하여 실체 이상의 허상을 만들어내는 데에 성공하지만, 끝내는 붕괴하여 사회적 파문을 불러일으켰던 것이다.

이러한 전략극을 보도하는 미디어의 손바닥을 뒤집은 듯한 논조와 일반시민들의 반응 차이에는, 비주류의 기득권에 대한 도전이라는 시민들의 기대가 적지 않게 존재했음을 보여주었다.

그러나 일본에서의 '인터넷 시대의 총아'가 개혁의 레토릭을 구사한 신자유주의를 발판 삼아 기득권의 벽을 뛰어넘으려 했던 반면, '한국 과학의 영웅'은 애국심을 자극하는 것을 자신의 행위의 추진력으로 삼았다. 이처럼 비슷하면서도 각기 다른 두 현상은 한일 사회가 지향하는 가치를 잘 드러내는 것처럼 보인다.

특히 한국의 경우 벽 건너에 있는 것은 '선진국'으로의 편입이라는 것이었으며, 또한 그 '선진국'에 어울리는 과학입국의 꿈이었다. 한국 국민들은 그 꿈을 바이오 테크놀로지BT에 걸었던 것이다. 거기에 방해가 되는 윤리문제란 '서양적 기준'의 강요였으며, 한국 경제를 부활시킨 IT에 이은 BT야말로 미래의 국부의 원천이 되리라 확신해 마지않았던 것이다. 여기에서 분출되는 '애국주의'를 둘러싼 논쟁이 한국의 정치지형을 크게 뒤흔들며 사회 전체를 논쟁의 소용돌이 속으로 몰아넣었다.

허상을 실상으로 보이게 하는데 매스컴이 선동을 했다는 점에서도 이들은 공통된다. 그러나 황우석 사건이 일본의 경우와 다른 것은 한국에서는 그 허상의 해체도 미디어에 의해 진행되었다는 점이다. 그만큼 황우석 사건은 한국 미디어의 왜곡된 구조를 그대로 보여준 사건이기도 했다.

그 중심에 있었던 것이 KBS와 함께 2대 공영방송의 하나인 MBC이다.

### 흔들리는 방송 시스템

1987년의 민주화 이후 방송은 파업도 불사하는 투쟁을 통해 권력의 통제를 끊고 내부 구조의 민주화를 도모해왔다. 간판 프로그램인 〈PD수첩〉은 민주화의 영향으로 탄생한 사회고발 프로그램이다. 한국 사회의 투명성과 건강성 향상에 공헌해온 심층취재 프로그램은 'PD저널리즘'이라 불리며 '기자저널리즘'과 함께 방송저널리즘을 구성하고 있다.(원용진, 「두 방송저널리즘: PD 저널리즘, 기자 저널리즘」, '황우석 신드롬과 〈PD수첩〉, 그리고 언론보도의 문제' 토론회 발표문, 한국언론정보학회·한국언론재단 주최, 2005. 12. 13) 황우석 교수의 생명윤리 위반 의혹과 논문 날조 의혹을 추궁했던 것이 바로 이 〈PD수첩〉이다.

그런데 이러한 의혹을 파헤치는 〈PD수첩〉의 보도는 '국익'을 해친다는 이유로 여론의 반발을 샀다. 보수세력과는 늘 대립해왔던 터라, 여론이 등을 돌린 MBC에 대한 보수신문의 공세는 공영방송으로서의 존립 자체를 위협하는 것이었다. 여기에서 방송의 공공성을 요구하는 동시에 민영화를 요구하는 모순된 현상이 생겨난 것이다.

이처럼 방송의 공공성이라는 의미가 왜곡된 배경에는 독재정권에 의한 미디어 탄압과 장악, 그리고 거기에 맞서 시민과 저널리스트들이 대항하는 한국 미디어의 특수한 사정이 있다. 권위주의 체제하에서는 국가에 의해 통제되는 '공영' 시스템이 제격이었다. 그러나 민주화가 진전되어 권력에 의한 통제가 먹

히지 않게 되자, 오히려 민영화시켜 경쟁을 유발하는 상업방송 시스템이야말로 보수세력에게는 가장 바람직한 모습이 된 것이다. 특히 보수신문으로서는 이것을 방송업계에 진출하는 발판으로 삼고 싶은 속셈도 있었다.

'황우석 현상'이라는 비이성적 여론은 단지 '애국주의'의 발로로서만이 아니라, 보수신문과 공영방송의 이데올로기 대립으로 표면화하는 미디어의 구조가 밑바탕에 있었기에 나타난 것이라 할 수 있다. 거기에 인터넷을 사회적 커뮤니케이션 수단으로 적극 활용하는 세대의 정보활동이 얽히면서 발생했던 것이 이 일련의 사건이라 할 수 있다.

황우석 사건이 개혁세력을 지지해왔던 정치칼럼 사이트 '서프라이즈'와 보수신문인 『조선일보』가 결탁하는 정치적 '이변'을 초래했듯이, 기존의 이데올로기 대립만으로는 더 이상 파악할 수 없게 된 한국의 정치지형의 변화를 표면화시켰다. 또한 이 사건은 공공성을 위해 시장원리를 도입한다는 모순에 의해 방송구조를 크게 뒤흔들었던 것이다.

이러한 두 '기이한 현상'에 초점을 맞춰 정치와 미디어, 그리고 내셔널리즘이 뒤엉킨 상황으로부터 격변하는 한국 미디어의 공공성을 살펴본다.

## 한국의 공영방송 시스템

### 위기의 MBC

로이터통신 기자의 '신뢰성 없음Zero Credibility'이라는 냉소에서 볼 수 있듯, MBC는 좋게든 나쁘게든 세계적인 관심의 표적이 되었다. 2005년에 MBC는 'X파일 사건'의 보도를 시작으로, 때때로 스캔들을 일으키기도 하는 뉴스의 진원지였다.

대통령 탄핵사건으로 보수세력을 신랄히 비판했던 시사프로그램 취재팀이 취재대상으로부터 유명 브랜드 핸드백을 받았다가 돌려준 것이 알려져 파문을 일으킨 것을 시작으로, 인디즈 밴드에 의한 생방송에서의 노출사고, 영화의 한 장면을 731부대 생체실험 영상이라며 내보낸 오보 사건, '가요콘서트' 공개녹화 공연장에서의 압사 사고 등 불상사가 끊이지 않았다. 황우석 사건에서는 〈PD수첩〉 취재팀의 연구원에 대한 강압취재가 논란이 되었다. 이 취재윤리 위반을 포함해 MBC의 사과방송은 모두 일곱 차례에 이르렀다.

이러한 '총체적 위기'를 보이는 한편으로, 우여곡절을 거치면서도 정보기관의 정치개입, 권력·미디어·자본의 커넥션을 파헤친 'X파일 사건' 및 '황우석 사건'과 같이 MBC는 자본과 정치권력, 그리고 여론의 반발에 굴하지 않고 성역에 도전해왔다.

그러나 〈PD수첩〉의 취재윤리 위반은 조중동 등 거대 보수신문에게 있어 MBC에 공세를 펼칠 더없는 찬스였다. 『조선일보』는 KBS와 MBC가 심층·탐사보도의 간판으로 내걸고 있는 'PD저널리즘' 성격의 시사프로에 대해, "PD의 좌파적 혹은 대한민국 체제전복적 이념 성향이 여과 없이 시청자에게 그대로 노출된 프로그램"이라고 사설을 통해 혹평했다. 그리고 그것의 근본적인 원인이 MBC의 '기형적'인 경영구조에 있다고 하였는데, 그것은 다름 아닌 공영방송인 MBC의 민영화를 요구하는 것이었다.

### 언론탄압 속의 공영—민영 시스템

그러면 왜 MBC는 조중동이 '기형적 체제'라고 하는 '비정상'적인 구조가 되었는지를 돌이켜보도록 하자. 그 배경에는 독재권력에 의한 언론탄압이라는 일막이 있다.

MBC는 1959년의 부산문화방송으로 거슬러 올라간다. 이는 한국 최초의 민간 상업방송으로 설립된 라디오 방송국이었는데, 곧 향토 재력가로 부산일보사를 경영하고 있던 김지태가 인수했다. 서울에서는 1961년에 한국문화방송이 개국하는데 이것이 지금의 MBC이다. 이리하여 김지태는 부산일보, 부산문화방송, 한국문화방송을 소유하기에 이르렀는데 그것이 쿠데타세력의 눈에 띄게 되었다. 방송사에 앞서 김지태는 1958년에 토지를 재원으로 하는 부일장학회를 설립했었다.

1961년에 쿠데타를 통해 권력을 장학한 박정희는 여론통제를 위한 미디어를 필요로 했다. 국가정보원의 '진실규명위원회'가 발표한 부일장학회 등의 헌납사건에 대한 조사결과에 의하면, 1962년에 중앙정보부가 개입하여 김지태는 국내재산도 피방지법 등의 위반으로 징역 7년이 구형되자, 그 석방을 조건으로 미디어 3사와 부일장학회의 포기를 요구받았다. 이렇게 해서 부산일보사, 부산문화방송, 한국문화방송의 주식과 부일장학회의 토지를 강제로 국가에 헌납하게 되었던 것이다.

　박정희 정권은 '기부'받은 재산을 기반으로 5·16장학회를 설립한다. 이것은 사실상의 강탈이었다. 박정희 정권은 같은 수법으로 1965년에는 국가보안법 위반으로 사장에게 사형을 구형하고 그러한 상황에서 『경향신문』을 매각시켰다. 『경향신문』도 훗날 문화방송이 흡수함으로써 5·16장학회의 소유가 되었다.

　국영 기간방송인 KBS는 1973년에 한국방송공사로 개편되었다. 이리하여 MBC와 『중앙일보』 계의 TBS(동양방송), 『동아일보』 계의 DBS(동아방송) 등의 민간 상업방송과 더불어 공영-민영방송의 시스템이 정착했다. 참고로 MBC는 1969년부터 TV방송을 개시했다.

### MBC의 '왜곡된' 소유구조

그러나 전두환의 등장은 다시금 언론계를 뒤흔들게 된다. 1980년 11월의 언론통폐합에 따라 TBS와 DBS등 민간 상업방송은 KBS에 통합되었고 MBC는 지방방송국의 주식 51퍼센트를 매수하여 계열화한다. 1981년에는 5·16장학회가 소유하고 있는 MBC의 지분 70퍼센트가 KBS에 양도됨에 따라 사실상 공영방송의 독점 시스템이 완성된다.

물론 공영이라고는 하나 전두환 정권하에서 방송은 정치권력에 의해 철저히 통제를 받았다. 5·16장학회는 1982년에 박정희와 부인 육영수의 이름을 따 정수장학회로 개칭을 하는데, 30퍼센트의 MBC 지분을 그대로 소유한 채 측근과 유족에 의해 운영되어왔다.

1987년 6월항쟁에 의해 제도적 민주화가 실현되고 언론기본법은 폐지되었다. 이에 따라 신문사에는 노동조합이 결성되었고 MBC에도 방송사상 처음으로 노동조합이 결성되었다. 이리하여 방송의 민주화운동이 전개되게 되는데, 급무는 공공성을 확보하면서 KBS의 지배를 받는 MBC의 왜곡된 소유구조를 해소하는 일이었다. MBC의 인수기구로서 설립된 것이 방송문화진흥회이다. KBS가 소유하는 70퍼센트의 지분을 이관 받은 방송문화진흥회가 최대주주로서 MBC 경영에 대한 관리감독을 벌이고 있다. 이러한 구조가 오늘날에까지 이어져 내려오고 있다.

이처럼 공영적 성격의 소유구조이면서 재원을 광고수익에 의존하고 있는 것이 보수신문들이 비판하는 '비정상'적인 구조이다. 하지만 비판의 진정한 목적은 소유구조 그 자체라기보다, 그것이 낳은 노동조합의 영향력에 메스를 갖다 대는 것이다. 방송민주화라는 중요한 성과를 거둬온 MBC는 전국언론노동조합(언론노조)을 주도해왔다. 2005년 당시 사장이었던 최문순도 언론노조 초대위원장을 지닌 노조위원장 출신이다. 이처럼 KBS를 포함해 공영방송의 수장은 개혁 성향의 인물이 차지해왔다. 한나라당은 지금까지 수신료 제도의 폐지와 KBS의 제2채널 및 MBC의 민영화를 주장해왔다.

  1990년에 민영방송으로 SBS가 인가를 받았던 사정도 그 근저에는 상업방송을 통해 KBS와 MBC의 경쟁을 유발시킴으로써 방송민주화에 대항케 한다는 속셈이 있었다. 이때 방송법의 개정 속에서 KBS로부터 교육채널이 분리돼 EBS(한국교육방송공사)가 되었다.


### 황우석 사건―무너진 신화

#### X파일 사건

공영방송이면서도 광고료를 재원으로 하는 방송 시스템은 방송민주화운동의 조건인 동시에 권력과 자본으로부터 독립된 공정방송의 토대가 되어왔다. 황우석 교수의 논문 날조 의혹과 X파일 사건의 보도도 이러한 방송의 물적 토대와 관계가 없지 않다. MBC의 2005년의 2대 특종이라고 할 수 있는 X파일 사건의 전말은 다음과 같다.

X파일 사건이란 1997년 대통령선거에서 재벌기업 삼성이 계열사인 『중앙일보』 사장을 통해 막대한 부정 정치자금을 건네는 모습이 국가안전기획부(안기부)의 비밀도청 테이프가 유출됨에 따라 밝혀진 사건이다. 권력을 감시해야 할 언론의 사회적 책무를 저버리고 사장이 나서서 모기업과 유력후보의 부정한 정치자금 거래의 하수인 역할을 했던 것이다.

사태의 발단이 된 안기부의 불법도청 테이프를 확보한 것은 MBC의 이상호 기자였다. 그는 전 안기부 직원으로부터 정보 제공을 받아 2004년 말에 미국으로 건너가 테이프를 입수했다. 그런데 거기에 담겨진 충격적인 내용에 MBC는 당혹했다. 취재팀은 면밀한 조사에 착수한다. 하지만 MBC는 2005년 6월 도청 테이프에 관한 보도를 유보한다는 방침을 정했다.

MBC의 소극적인 태도에 이상호 기자가 입수한 테이프와 취재내용은 'X파일'이라 불리며 여러 가지 억측과 궁금증을 증폭시켜 다른 미디어들도 독자적으로 취재에 돌입하게 된다. 구체적인 정황은 분명치 않더라도 오늘날 한국을 대표하는 재벌기업이 당시의 보수 여당에 제공한 불법 정치자금에 관계된 내용이라는 것이 공공연한 비밀이 되어 떠돌았다.

말할 필요도 없이 한국 최대의 스폰서 기업인 삼성과 대립한다는 것은 미디어 기업에 있어서는 존립 자체를 위협받는 상황을 각오해야만 했다. 실제로 삼성의 미디어 지배력은 막강하기 때문이다. 민언련이 주최한 토론회 '잘못된 삼성 관련 보도, 어떻게 경제 의제를 왜곡하나'(2005년 7월 12일)에서 참여연대가 밝힌 바와 같이, 삼성은 방송 3사의 광고매출 총액의 9.07퍼센트, 전국 일간신문 매출 총액의 6.48퍼센트(구독료를 제외하면 9퍼센트를 넘는다는 예상치도 있다)를 차지하고 있다.

시민단체와 시민언론운동단체는 파일의 공개를 요구하며 '삼성공화국'에 대한 우려를 나타냄과 동시에 거대 미디어마저 삼성에 대한 감시기능을 상실한 것에 대한 비판의 수위를 높혀왔다. 그러한 가운데 녹취기록을 입수했던 일부 신문사가 보도에 나서자 실물 테이프를 갖고 있는 MBC로서는 '보도 불가'라는 방침을 바꾸지 않을 수 없었다. 그러나 MBC의 7월 21일 뉴스는 소극적 보도에 그쳤다. 그러자 MBC의 인터넷 사이트 게시판에는 외압에 굴복해 진실 보도를 포기했다는 비판의 글이 쇄도한다.

MBC는 마침내 22일의 메인 뉴스에서 관계자의 실명을 언급하는 등, 적극적인 보도에 나섰다. 이러한 MBC의 입장 변화에는 시청자들로부터의 항의와 비판도 있었지만 노동조합의 성명도 영향을 끼쳤을 것이다. 노조는 22일 오후, "스스로 언론이기를 포기한 MBC의 행태에 대해 노조도 또한 책임이 큰 점을 통감하고 국민 앞에 무릎 꿇고 사죄한다"는 성명을 발표했던 것이다. 이날의 MBC 보도는, 시청자들의 예상을 웃도는 파문을 불러일으키는 것이었다. 도청 테이프가 전면 공개됨으로써 언론계·정계·재계·검찰이 한데 뒤엉킨 부정한 정치자금의 전모가 드러났다.

그러나 '삼성 불법대선자금 사건'에 대한 검찰조사 결과는 허무하게 마무리되었다. 공소시효 만료 등의 이유로 삼성 관계자는 불기소처분을 받았고, 거꾸로 이상호 기자에게는 통신비밀법위반 혐의가 적용되는 웃지 못할 결과로 끝이 났다.

그래도 X파일 사건은 MBC가 보도에서 꼬집었듯이 "재벌과 언론이 일체화됨으로써 어디까지 타락할 수 있는지를 보여준 사례"로 "믿기 어려운 사실"을 그대로 드러냈던 것이다.

### 〈PD수첩〉-황우석 교수에 관한 의혹 제기

이러한 소동이 한창일 때 〈PD수첩〉이 움직이고 있었다. 2005년 5월, 미 과학잡지 『사이언스』에 게재한 논문에 관한 기자회견에서 "과학에는 국경이 없어도 과학자에게는 조국이 있다"라고 말한, 황우석 교수를 향한 열광이 정점으로 치닫고 있던 6월에 전 연구원으로부터 〈PD수첩〉에 정보가 제공되었던 것이다. 그 내용은 난자 채취에 있어서의 윤리규정 위반과 2005년 『사이언스』에 실린 논문이 허위일 가능성이 있다는 충격적인 것이었다.

당초에는 〈PD수첩〉팀도 황 교수의 논문이 거짓이라는 것을 믿을 수 없었다고 한다. 그러나 황 교수 측으로부터 제공받은 줄기세포를 가지고 독자적으로 DNA 검증을 의뢰한 결과가 논문과 일치하지 않았다. 그런 가운데 10월에는 '세계 줄기세포 허브'가 문을 열어 한국이 줄기세포 연구의 세계적인 중심지로 부상했다며 여론이 들끓었다.

얼마 지나지 않아 연구용 난자 제공자에게 금품이 지급되었으며 연구원으로부터도 난자를 제공받았다는 것이 밝혀짐에 따라, 지금까지 부인을 계속해오던 황우석 교수는 해명을 하지 않을 수 없는 지경에 이르렀다. 그러나 생명윤리를 둘러싼 파문이 확산되어가는 가운데서도 '난자기증재단'이 결성되는 등 연구를 지원하는 분위기는 계속된다.

이러한 상황에서 MBC는 11월 22일에 〈PD수첩〉의 〈황우석 신화와 난자 의혹〉편의 방송을 예고하고 다음 날 방영을 하기에 이른다.

MBC의 〈PD수첩〉에 대한 비판은 프로그램이 예고된 시점에서부터 시작되어 프로그램 사이트의 게시판에는 연일 악의적 비난이 쇄도했다. 반면, 시민단체는 공동으로 성명을 발표하고 "난자가 실험용으로 사용되는 것은 세계 과학사의 수치"라며 의혹에 대한 해명을 요구했다. 민언련도 "〈PD수첩〉의 용기에 경의를 표한다"라는 성명을 냈다. 그러나 황우석 교수가 '세계 줄기세포 허브'의 소장을 사임한다고 전해지자 이에 동정하는 여론은 다시 들끓게 되어 〈PD수첩〉은 매국노 취급을 받게 된다. 결국 '국익'과 '진실'과의 게임이 시작되는데, 이것은 서막에 불과했다.

### 국익과 진실의 게임

황우석 교수의 연구를 국익과 결부시키는 관점에서 〈PD수첩〉을 재단하게 되자 개혁파 인터넷신문을 중심으로 사회의 비이성적 움직임을 우려하기 시작했다. 한국의 민족주의적 동향을 "우경화된 애국주의"(『데일리 서프라이즈』), "비뚤어진 애국주의"(『한겨레신문』), "광신적 민족주의"(『오마이뉴스』)라며 비판하는 칼럼과 기사가 게재되기 시작한 것이다.

그러나 '네티즌'의 반감은 수그러들지 않고 오히려 〈PD수첩〉의 스폰서를 압박함으로써 11개 사의 광고가 중단돼 프로그램은 존폐의 위기에 빠졌다. 『조선일보』와 『동아일보』는 이러한 '네티즌'의 반응을 상세히 전하며 여론몰이에 나섰다. 지금까지 '네티즌 여론'의 추종을 포퓰리즘이라며 부정적으로 다루어왔던 보수신문들이 돌변하여, 그것을 일반적 여론이라고 추켜세웠다. '친일파'와 신문권력에 관한 프로그램을 통해 자사의 이미지가 크게 손상당했다고 생각하는 이들 신문에게는 〈PD수첩〉을 폐지시켜야만 하는 상당한 이유가 있었다.

여론의 거센 풍파 속에서도 〈PD수첩〉팀은 기자회견을 열어 지금까지의 취재일지를 공개하며 논문검증의 필요성을 주장하고, 의혹을 추궁하는 프로그램 제2탄 방영을 결정했다. 초점은 연구의 절차상의 문제로부터 내용에 관한 문제로 옮겨지게 된다. 그런데 그 앞에는 MBC의 시련이 놓여 있었다. 미국에 있는 연구원에 대한 강압적 취재가 있었다며, 이번에는 거꾸로

〈PD수첩〉의 취재윤리 문제가 부상했던 것이다.

문제를 제기한 것은 뉴스 전문 채널인 YTN이었다. YTN은 황우석 교수 일행의 미국 방문에 동행해 현지 연구원으로부터 〈PD수첩〉에 의한 협박과 회유가 있었다는 인터뷰를 확보했던 것이다. 그런데 후에 YTN의 취재가 황 교수 측의 '청부 취재'였다는 것이 밝혀진다. 즉, 황 교수 측이 〈PD수첩〉의 후속방송을 저지시키고자 YTN 기자를 동행시킨 것이다. 그러나 MBC는 12월 4일, 〈PD수첩〉의 취재 과정에서의 윤리위반 사실을 인정하고 메인 뉴스에서 사과를 표명했다.

인터넷상에서는 YTN에 대한 격려가 넘쳐나는 한편, MBC에는 다시 비난이 빗발쳤다. 보수신문은 취재윤리를 구실로 최초의 정보제공자를 찾아낼 것을 선동하고, MBC의 '폭주'를 방관했다며 정부를 싸잡아 비판했다. 사태는 취재 과정상의 문제로 인해 그 결과까지도 부정되는 상황으로 기울어져갔지만, 그것이 본질과 무관하다는 지적은 소수에 불과했다. 결국 MBC는 12월 6일로 예정했던 〈PD수첩〉의 황우석 관련 제2탄의 방영을 취소했다.

미디어의 상황을 보면 이전부터 생명윤리에 관해 문제를 삼아온 인터넷신문 『프레시안』을 비롯해 『오마이뉴스』, 『데일리서프라이즈』, 『한겨레신문』이 〈PD수첩〉을 긍정 평가하는 입장을 취했고, 조중동은 황 교수를 적극적으로 옹호했다. '황우석 신화'에 비판적인 신문은 MBC와 함께 비난의 표적이 되었다. 반대로 의기양양해진 것은 보수신문이었다.

『동아일보』는 사설 「'삼성·황우석 때리기'로 일본 돕는 사람들」(12월 7일)에서 MBC가 삼성과 황 교수를 때리는 동안 일본 정부와 산업계, 그리고 연구자가 한국을 추월한다고 하며 "자신들의 행동이 결국에는 우리나라를 가난으로 몰고 일본 등 다른 나라에 부역하게 되는 것임을 언제쯤 깨달을까"라며 글을 맺고 있다. 『조선일보』도 황우석 교수가 〈PD수첩〉에 시달리는 동안 '세계 최초의 논문'을 일본에 빼앗겼다는 기사(12월 5일)를 내보냈다. 한국 내의 반일 감정을 우려해야 하는 이들 보수신문들이 오히려 일본과의 경쟁의식을 유발시켜 내셔널리즘을 부추기며 황 교수를 옹호하고, 동시에 MBC에는 비난을 퍼부었던 것이다.

모든 상황이 MBC에게는 불리하게 전개되어 마침내는 〈PD수첩〉의 폐지가 결정된다. 이렇게 해서 이제 〈PD수첩〉은 누구나가 곧 폐지되리라 여겼다. 그러나 거기에는 극적인 반전이 기다리고 있었다.

### 반전, 그리고 되살아난 〈PD수첩〉

반전은 소장파 과학자들의 사이트로부터 시작됐다. 〈PD수첩〉이 궁지에 몰린 가운데 프로그램에서 제기한 의혹을 해명하기 위해 BRIC(생명학 연구정보센터)라는 한 과학 관련 사이트에서 회원들이 황 교수 논문의 화상 조작 의혹을 제기했던 것이다. 논문 데이터를 상세히 분석한 문서도 올라왔다. 노무현 대통령의 탄핵사태 때, 수많은 패러디 작품이 업로드되어 유명해진 것이 'DC인사이드'의 시사갤러리 게시판이었는데, 이번에는 과학갤러리에 의혹의 사진이 게재되어 논쟁의 중심으로 부상했다. 오프라인에서는 진정되기 시작했지만 온라인에서는 논문 날조 의혹이 끊임없이 제기되면서 진실공방이 진행되고 있었다.

황 교수 측은 이를 진화시키려 분주했지만 이러한 온라인에서의 의혹 제기는 황 교수에 대해 논문 재검증을 압박했다. 때마침 〈PD수첩〉 방영 후에 팬 사이트 '아이러브 황우석'을 개설해 온라인과 오프라인에서 MBC를 비판해온 것이 YTN 출신으로 황우석 측의 언론대책 활동을 하고 있던 인물이라는 것이 밝혀졌다.

학계에서도 논문의 재검증 요구의 목소리가 높아졌다. 『사이언스』 측에서도 외부기관의 검증을 기대한다며 지금까지의 황우석 지지에서 입장을 바꿨다. 마침내 『프레시안』이 〈PD수첩〉의 강압 취재로 문제가 됐던 연구원과의 인터뷰 취재기록을 공개했다. 거기에는 『사이언스』에 게재된 논문에 대해 연구원이 황 교수의 지시로 2개의 줄기세포 사진을 11개로 늘렸다는 내용이 담겨 있었다. 이렇게 되자 황 교수 측은 서울대학교에 요청하여 DNA 재검증을 실시하게 된다.

그러나 서울대학교 조사위원회의 검증을 기다릴 필요도 없이 의혹은 사실로 드러났다. 연구 파트너였던 미즈메디병원 이

사장이 9개의 줄기세포는 가짜이며 나머지 2개도 실재가 불분명하다고 고백했던 것이다. 이 사실을 각 방송사가 12월 15일 밤 메인 뉴스로 보도를 하자 한국 사회 전체가 충격에 휩싸였다. 다음 날 기자회견에서 황 교수는 논문의 결함은 인정했지만 줄기세포가 누군가에 의해 바뀌치기 되었으며 그것이 존재한다는 주장을 굽히지 않았다. 그러나 〈PD수첩〉의 취재대상이었던 연구원도 일간지와의 인터뷰에서 줄기세포 사진의 조작을 인정해, 논문이 날조되었다는 것은 이제 돌이킬 수 없는 사실이 되었다.

이에 따라 MBC는 불발로 끝났던 〈PD수첩〉 제2탄의 방영을 결정하고 당일에 〈특집-PD수첩은 왜 재검증을 요구했나〉를 편성했다. 프로그램 폐지라는 위기에 몰렸던 〈PD수첩〉이 되살아난 것이다. 반면, 입장이 역전된 언론은 당황했다. 특히 지금까지 황 교수를 적극적으로 옹호하고 인터넷상의 여론에 편승해 MBC를 맹렬히 비난해왔던 것이 조중동이었다.

MBC에 들이밀던 취재윤리라는 비난의 화살은 고스란히 YTN으로 향했다. YTN은 독자적으로 의뢰한 DNA 검사결과가 불일치했었음에도 불구하고 그것을 공표하지 않았다. 또한 〈PD수첩〉의 취재윤리 위반을 지적했던 취재가 미국으로 건너갔던 황 교수 일행과의 동행취재였던 것이 판명났으며 취재비용도 황 교수 측이 부담한 것으로 드러났다. 이러한 '진실은폐'와 '청부취재'는 MBC의 강압 취재보다도 엄중한 취재윤리 위반이라고 할 수 있다. 결국 12월 29일에 YTN도 방송을 통해 사과를 표명해야 했다.

MBC는 〈PD수첩〉의 속편을 계속해서 편성하고 해가 바뀌고 나서 〈줄기세포 신화의 진실〉편(1월 3일), 〈황우석 신화, 어떻게 만들어졌나〉편(1월 10일), 최종편으로 〈생명과학, 위기를 넘어〉편(1월 17일)을 방영했다. 1월 10일에는 서울대학교의 조사위원회도 조사 결과를 발표하고 황 교수가 주장하는 독창적 기술은 존재하지 않는다고 결론 내렸다. 『사이언스』측도 1월 12일에는 논문 취소를 공식적으로 발표했다.

## 인터넷 여론과 포털사이트

### 포털 권력의 대두

각종 미디어는 황우석 관련 보도를 둘러싸고 "'국익과 여론'에 편승해 '진실과 검증'이라는 엄격함과 정밀함을 놓쳤"(『중앙일보』)던 것에 대한 반성으로 2005년을 결산했다. 한국 미디어는 '세계적 성과'에 현혹됨으로써 저널리즘의 비판적 기능을 상실하고 '황우석 신화 만들기'에 앞다투어 뛰어들었다. 또한 〈PD수첩〉의 취재윤리 문제와 그것에 대한 신문과 방송, 그리고 인터넷의 과도한 비판, 정치적 목적을 노린 조중동의 왜곡보도에서 볼 수 있듯이 이 사건을 통해 한국 언론의 온갖 문제들이 표면화되었다고 할 수 있다.

특히 인터넷은 '국익과 여론에 편승'한 매스미디어에 여러 가지 형태로 영향을 미쳤다. 보수신문은 탄핵사태 시에 인터넷 여론을 매도했던 것과는 정반대로 이번에는 그것을 적극적으로 이용했다. 그런데 이처럼 네티즌의 동향이 여론과 직결된 배경에는 점차 미디어로서의 영향력을 더해가고 있는 포털사이트의 존재가 있다.

한국의 포털사이트는 '네이버'가 압도적인 점유율을 자랑하고 '다음', '야후 코리아', '네이트' 등이 그 뒤를 따르고 있다. '네이버'의 하루 방문자 수는 1,300만 명이라고 한다. 여러 가지 서비스를 제공하고 있는 포털사이트는 뉴스 부문의 강화에 따라 여론 형성에 있어서의 역할이 높아지고 있다. 포털은 이제 검색을 위한 도구라기보다는 사회의 여러 문제에 대한 의견을 표출하고 토론을 벌이는 공간인 것이다.

황우석 사건에서도 포털사이트는 '네티즌 여론'을 만들어냈다. 대부분 포털사이트는 전국 일간지는 물론 방송과 인터넷신문으로부터도 기사를 제공받는다. 그러나 포털사이트는 뉴스를 제공하는 공간에 머물지 않고 네티즌의 문제 제기가 확산됨으로써 종종 '뉴스'를 생산하기도 한다. 국민연금의 위기적 상황과 서귀포의 부실도시락 사건 등은 포털사이트로부터 의제화된 것들이다.

취재기자가 있는 '다음'을 제외한 포털사이트들은 자신들이 직접 취재하는 경우는 없지만 제공받은 뉴스를 독자적으로 선택·배열함으로써 사회적 영향력은 확대일로에 있다. 민언련의 조사에서는 포털사이트가 평균 85.4퍼센트의 기사 제목을 바꾸고 있다는 것이 밝혀졌다. 포털사이트에 대한 법적 정비의 필요성이 종종 논란이 되고 언론중재의 대상으로 삼는다는 소리가 높아지고 있는 것도 이러한 연유에서이다. 이런 상황을 반영하듯 '포털 저널리즘' 혹은 '포털 권력'이라는 말이 등장하게 되었다.

### 감정이 주도하는 인터넷 여론

황 교수를 둘러싼 보도에서는 〈PD수첩〉에 의한 최초의 의혹 제기 직후 『동아일보』가 포털사이트와 언론사 사이트의 의견이라며 스폰서의 불매운동을 전개한다는 글을 비판하기는커녕 있는 그대로 다뤘다. 『조선일보』의 경우, 「부활하라, 황우석!' 국민들 응원 물결」이라는 기사에서 포털사이트의 여론조사를 그대로 소개하며 '네티즌'의 압도적 다수가 황 교수를 지지하고 있다는 것을 강조했다. 또한 '아이러브 황우석'의 의견이라며 사장의 사과와 관계자 문책 등 납득할 만한 조치가 없을 때에는 서명운동과 촛불데모, 사장퇴진, 광고거부 운동을 전개하겠다는 '네티즌 경고'를 소개했다. 몇몇 과잉 반응들은 '인터넷 여론'으로 증폭되고, 실제로 〈PD수첩〉은 스폰서가 하차하는 궁지에 몰렸다.

그런데 '네이버'의 조사(2006년 1월 25일)에서는 뉴스 서비스의 댓글의 절반은 0.25퍼센트의 이용자에 의한 것이라는 것이 밝혀졌다. 게다가 이용자의 0.66퍼센트가 하루 평균 20건 이상의 댓글을 달고 전체의 4분의 1을 생산하고 있다. 이것은 특정 이슈에 있어서 일부 세력이 인터넷상의 여론을 주도할 수 있는 가능성을 시사한다.

포털사이트는 새로운 뉴스 소비 구조를 확립했다. 이미 언급했듯이 수용자는 신문기사를 그대로 뉴스로서 받아들이는 것이 아니라 기사는 거기에 달려 있는 반론의 댓글 등 다른 의견과 일체가 되어 비로소 뉴스를 구성한다. 전통적 미디어의 역할은 해체되고 뉴스의 가치에 대한 인식도 바뀌어가고 있는 것이다. 그것은 기존의 언론권력에 대항하면서 민주적 여론 형성을 주도하기도 하지만, 한편으로는 '네티즌'의 감정표출이 그대로 여론화된다는 것도 분명히 보여주었다.

### 분화하는 이데올로기

오랫동안 사상과 표현의 자유를 억압받아온 한국에서 이데올로기의 대립은 사회 정책을 기반으로 한 생산적 논쟁으로서가 아닌 정치적인 세력 다툼으로 나타나고 있다. 그것은 거꾸로 정치적 논쟁이 종종 좌우의 대립으로 표면화하는 것을 의미하기도 한다. 황우석 사태를 둘러싼 보도에서 『조선일보』는 〈PD수첩〉의 프로듀서들의 전력을 조사해 좌파계열의 학생운동 출신이라는 것과 또한 민주노동당과의 관련설을 퍼뜨리며 논점을 이데올로기 논쟁으로 끌어가려고 했다.

그러나 이번 소동은 진보·개혁세력과 보수·수구세력의 대립이라는, 한국 사회의 가장 선명한 구도로는 파악하기 힘든 정치지형의 변화를 수반한 것이었다. 이 사건을 통해 '국익'이라는 이데올로기를 축으로 해서 '진보파'와 일부 '개혁파'가 결정적으로 결별을 하게 되었던 것이다.

보수세력이 이들 진보세력을 한데 묶어 '좌파'라 규정하더라도 그 폭은 상당히 넓다. '좌파'임을 자인하는 민주노동당 지지자들을 '좌파적 진보파'라 한다면 노무현 정권의 지지자는 오히려 '개혁적 자유주의파'라 말할 수 있다. 양자 간에는 냉소와 독선으로 만들어진 골이 있고 인터넷상에서는 지지자들끼리의 비방전도 벌어진다. 하지만 정치 정세는 양자가 진보세력으로서 하나가 될 것을 요구해왔다.

2002년 대통령선거에서는 민주노동당에서 권영길 후보가 출마했지만 노무현 후보의 후보 단일화의 파트너였던 정몽준의 갑작스런 배신극을 보며 민주노동당 지지자들의 일부는 노무현에게 투표했다. 2004년 총선에서 민주노동당은 크게 약진을 하지만, 직전에는 이들 모두 보수세력에 대항해 탄핵반대 전선을 이뤘다. 그 후에도 민주노동당은 열린우리당과는 정책면에서 대립은 있었지만 개혁법안의 성립을 향한 양자의 목소리는 일치했다.

조중동의 대척점에 있는 MBC는 이러한 개혁·진보세력의 강력한 원군이었다. 그리고 정치 칼럼사이트 '서프라이즈'는 『조선일보』에 반대하는 안티조선운동의 흐름을 이어, 인터넷 상의 보수언론과 기득권에 대항하며 노무현 개혁의 이론적 거점을 제공하는 개혁파의 구심이었다. 단핵사태에 있어서 대통령의 복권에 공헌한 '서프라이즈'는 반권위주의, 반매스미디어, 반엘리트주의, 반교조주의를 속성으로 하고 있었다. 거기에서는 MBC 토론 프로그램 〈100분 토론〉이 끝나면 패널들의 품평으로 떠들썩해지고 사회 부조리를 고발하는 프로그램에는 갈채를 보냈다.

그러던 것이 황우석 교수의 의혹을 제기한 〈PD수첩〉을 계기로 어긋나기 시작한다. '노무현 지지'라는 '서프라이즈'의 아이덴티티가 '황우석 지지'로 변하는 순간, 그 창끝은 황우석을 비판하는 '좌파'로 향했던 것이다. 황 교수를 일관되게 지지하는 '서프라이즈'에서는 『조선일보』를 대신해 MBC가 새로운 비판의 타깃이 된 것이다. MBC에 동조하는 『프레시안』, 『오마이뉴스』와 『한겨레신문』도 '진보=좌파 언론'이라 재단되었다. 그것은 『조선일보』의 MBC에 대한 매도를 능가하는 것이었다.

### '서프라이즈'의 일탈

이후 '서프라이즈'는 황우석 교수 지지 일색이 된다. 사이트 자체는 익명의 공간으로 누구나가 자유롭게 글을 올릴 수가 있었기 때문에 그 성향은 '독자'에 따라 방향이 정해지지만 여론을 주도했던 '논객'들의 영향력은 컸다. 그들은 황 교수 지지의 이론적 생산자가 되었고, 지지자들은 자신들의 행위의 정당성과 감정 공유의 연대를 찾아 '서프라이즈'로 모여들었다. 이런 흐름에 따라 '황우석 현상'에 비판적 견해를 갖고 있는 사람들은 배제되든가 아니면 멀어져갔다.

황우석 사건을 통해 '서프라이즈'의 독자층에는 적지 않은 변화가 있었다. 열린우리당의 당 대회가 개최되어도 정치노선을 둘러싸고 토론이 활발히 진행되어야 할 '서프라이즈'는 황교수 화제에만 관심을 보였고, 정치칼럼 사이트에서 정치가 실종되었다. 게다가 한나라당 지지자가 올린 '위험한 동거'의 유혹에 노무현 지지자들이 응답해 의기투합을 하는 기묘한 현상도 벌어졌다. "민주정부를 지지하는 과거 민주화운동세력의 일부와 극우세력 간의 연대"(최장집)를 주도한 '서프라이즈'의 '일탈'에 대해 개혁의 선명성을 둘러싸고 '서프라이즈'로부터 '별거'했던 '노하우21'의 시선은 차가웠다. 그것은 신뢰성을 상실함으로써 재차 이전과 같은 정치적 역할을 담당할 수는 없다고 본 '서프라이즈'와의 '파경' 선언이었다.

하지만 '서프라이즈'의 변모는 민주 대 반민주라는 한국 현대사의 '커다란 서사'를 넘어, 국가공동체를 우선할지 개인의 자유와 생활세계를 중시할지를 두고 정치지형이 재편될 가능성을 예고하였다.

**민주주의의 버전 업을 위해**

'국익'과 결부된 '황우석 현상'은 지지자들의 온라인과 오프라인을 넘나드는 활약과 보수신문의 MBC 때리기로 분출되었지만, 다른 한편으로는 진보매체로부터 '비뚤어진 애국심'이라 비판받고, 또는 '유사파시즘'이라 힐책을 받았듯이 사회 내부에 논쟁을 불러일으켰다. 사건이 한창이었을 때 '국익과 진실보도, 언론의 바람직한 방향은 무엇인가', '황우석 사태에서 본 한국 사회의 현재와 미래' 등 미디어의 보도 자세와 민주주의 현황을 묻는 다양한 토론의 장이 만들어졌다.

이러한 현상을 과도한 애국심이나 민족주의로 환원시키는 것은 쉽다. 정치학자 최장집이 황우석 사건에 대해 "민주주의가 퇴행할 때 어떤 사태가 벌어지는가를 잘 드러내는 징후적 사건"이라 지적했듯이, 그 본질은 민족주의보다도 민주주의의 문제로 파악할 것을 한국 사회는 요구받고 있다.

한국 논단에서는 지금 '1987년 체제', 즉 1987년의 민주화 이후에 이룩해온 민주주의 성과를 둘러싼 다양한 토론이 진행 중에 있다. 계간 『황해문화』는 2005년 겨울호에서 '민주주의 시대에 민주화가 없다'라는 특집을 꾸몄다. 그것은 한마디로 말해 민주화의 성과가 온전히 달성되지 않았음에도 불구하고 민주화 세력이 취해온 행태에 대한 비판과 자성일 것이다. 사회가 다원화되고 적대적 관계도 복잡해졌다는 것을 무시한 채 민주화에 대한 성취감은 보수 전체에 대한 우월감으로 표현되어왔다. 거기에서 김동춘은 "1987년 민주화의 환상으로부터 확실히 벗어나야 한다. 이제 민주화란 말은 그만 하자"라고 제안했다.

'서프라이즈'의 MBC에 대한 공세도 반매스미디어를 슬로건으로 내세워 진행되었다. 한국의 '개혁네티즌'들은 2002년 대통령 선거와 탄핵사태에 있어서 보수 미디어에 대항해 민주주의를 지켜왔다는 자부심을 갖고 있다. 그 진지가 바로 반매스미디어·반기득권력을 기치로 했던 '서프라이즈'였다. 다만 '서프라이즈'의 주류 미디어에 대항한다는 관성은 민주주의 본연의 모습과는 거리가 먼 '네티즌 권력'의 절대화로 탈선했다고 할 수 있을 것이다.

황우석 교수에 대한 지지와 비판의 대결 속에서 혼란에 빠진 정치와 미디어가 크게 변화할 가능성을 보였다. 그것은 정치적 수단으로서의 좌우대립이 이념적으로 재편된다는 것을 말하는데, 인터넷 미디어는 앞으로도 정치지형의 재편에 다양한 형태로 관계해나갈 것이다. 이러한 새로운 미디어 환경을 직시하면서 한국 사회는 민주주의 프로젝트의 버전 업을 준비하고 있는 것이다.

# 인터넷 선거에서 인터넷 정치로
―2002년 대통령선거와
2007년 촛불집회의 현장에서

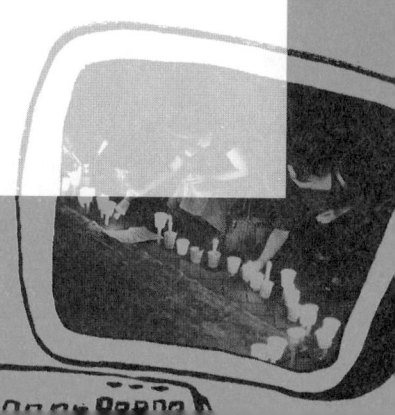

## 기로에 선 '디지털 민주주의'

2002년 대통령선거에서 '인터넷이 대통령을 만들었다'고 이야기 된 것처럼, 인터넷 선거는 큰 주목을 받았다. 주류 미디어에 대항하는 대안 미디어가 대두하여, 온라인에서의 정치참가와 선거활동이 활발해짐으로써 인터넷상의 여론형성이 선거결과를 좌우하는 '디지털 민주주의'의 시대가 다가온 것이다. 이제, 인터넷은 정치와 선거에 있어서 커다란 영향을 갖는다고 여겨지게 되었다.

하지만 2007년 대선에서는 그간 비약적으로 기술이 향상되었음에도 불구하고, 이전과 같은 인터넷 선거는 실현되지 않았다. 테크놀로지가 진보한 만큼 규제도 더불어 강화된 것을 하나의 요인으로 생각할 수 있다. 하지만 그것 이상으로 선거가

현 이명박 대통령의 독주상태로 진행된 것과, 인터넷상에서 사람들의 마음을 끌어당기는 매력 있는 후보가 존재하지 않았던 것처럼 선거를 둘러싼 정세가 2002년과는 판이하게 달랐던 것이 주 원인이라 할 수 있다.

2002년 대선에서 '인터넷이 만든 대통령'이라 불리운 고 노무현 전 대통령이 오프라인 보수미디어의 집요한 공세로 인해 죽음에 이르렀듯이, 한국의 '디지털 민주주의'는 지금 기로에 서 있다. 본 장에서는 이러한 민주주의 위기 속에서 2002년과 2007년의 대통령선거를 검토하여, '인터넷 선거'를 가능하게 하는 조건을 후보자의 인물상에 초점을 맞춰 살펴보고자 한다. 또한 지난 대선에 있어서 인터넷 활용의 저해 원인이 되었던 공직선거법의 규제가 인터넷상의 표현의 자유를 제약함으로써 격변하는 한국의 일상적 정치와 미디어의 현황에 대해서 고찰해볼 것이다.

거듭 말하지만 실제로 대통령을 만들고 지켜낸 것은 인터넷이라는 테크놀로지 그 자체가 아니다. 참가형 저널리즘의 활성화는 기술적인 문제라기보다 정치를 대하는 태도의 문제에 달려 있다고 할 수 있다. 한국의 경우 인터넷이 정치를 바꿨다기보다 개혁을 지향하는 시민이 인터넷을 적극적으로 필요로 했던 것이다. 즉 한국에서는 정치·사회적인 필요성에 의해 사회적 커뮤니케이션의 수단으로서 인터넷이라고 하는 미디어를 원했던 것이다.

그렇다면 이러한 개혁을 지향하는 시민의 인터넷 이용에 위기의식을 느낀 보수세력 입장에서 선거에서 인터넷의 영향력을 봉쇄하는 것은 사활이 걸린 문제가 된다. 실제로 그 후부터는 인터넷상의 표현의 자유에 대한 압력이 점차 거세지게 된다.

그리고 한국 정치에 있어서 인터넷이 개혁지향적인 사회적 커뮤니케이션의 수단으로서의 의미를 잃은 것이 2007년 대선이었다.

## 추락하는 인터넷 선거

### 인터넷이 사라진 2007년 대선

2007년 대선에서는, 2002년 이래 인터넷의 보급률의 확대와 이용률의 증가, 블로그나 UCCUser Created Contents 등으로 대표되는 테크놀로지의 진전, 서비스 형태와 콘텐츠 유형의 다양화로 인해 명실공히 '인터넷 선거'가 실현될 것으로 기대되었다. 전년 미 중간선거에서 '유튜브YouTube'가 활약하여 주목을 받았듯이 새롭게 등장한 UCC를 활용하는 선거운동에 대응하듯, 선거관리위원회 등 관련 조직에서는 UCC에 대한 가이드라인을 마련했다.

하지만 2007년 대선에서 인터넷 선거운동은 부진을 면치 못했다. 영향력은 제한적이었으며, 2002년과 같은 위력을 발휘하는 일도 없었다. 유력 후보들의 온라인 선거운동 또한 인터넷 이용자의 마음을 끌지는 못했다. 윤성이의 조사(「17대 대선에 나타난 온라인 선거운동의 특성과 한계」, 『한국 정치학회회보』 Vol. 42, No. 2, 2008)에 따르면 2002년 대선에서 노무현 후보 홈페이지의 하루 평균 접속자 수가 30만을 넘고, 페이지뷰도 200만에 달했지만, 2007년에는 유력 후보의 홈페이지조차 방문자 수가 월 평균 10만을 넘지 못했다. 팬클럽 사이트도 월 평균 3~4만에 그쳤다.

그렇다면 어째서 2007년에는 이전에 비해 테크놀로지나 서비스가 눈부시게 향상했음에도 불구하고 인터넷 선거가 무산된 것일까.

그 이유로, 선거정세가 이전 두 번의 대선과는 달리 이명박 후보의 독주상태로 시종 일관하여, 민주주의와 권위주의의 대결이라는 지금까지 한국의 국정선거에서 중요한 의제를 구성해온 대립점이 옅어지면서 선거 자체가 유권자의 관심을 끌어올리지 못한 것을 들 수 있다. 그것은 2002년 대선에서 지역주의 타파와 권위주의 청산이라는 한국 정치의 개혁을 내세워 등장한 노무현과 같은 사람들의 관심을 이끌어내는 후보가 존재하지 않았다는 것을 의미한다.

그렇다면 압도적인 승리를 거둔 이명박 후보의 당선은 무엇으로 설명해야 할까? 한국 사회가 정치개혁을 더 이상 필요로 하지 않는 것이 아님에도 불구하고 이명박 후보에 대항할 만한 후보가 출현하지 못한 것은, 개혁이라는 의제보다도 이명박 후보가 내세운 경제발전의 환상에 유권자가 기대를 걸어서, 그것으로 선거가 거의 결정되어버린 결과라 할 수 있다. 2005년의 일본 총선거에서 고이즈미 총리가 우정 민영화를 내걸어 개혁을 주창한 것이 자민당에 역사적이라 할 만한 압승을 가져다준 것과 일맥상통한다.

2002년 대선이 57만 표, 그전 대선이 39만 표라는 박빙의 접전이었던 것을 고려하면, 2007년 대선의 '특이'한 결과는 유권자가 '민주개혁'과는 다른 가치를 추구했다는 것을 알 수 있다. 그것은 이명박 후보가 내세운 '747공약'으로 대표되는 성장주의 노선이다. 노무현 정권과 김대중 정권을 '잃어버린 10년'이라며 '파탄'한 경제를 살리겠노라고 외치는 이명박 후보가 당선하면 성장의 은혜를 향유할 수 있다는 환상을 심어준 것이 이명박의 압도적 승리로 나타난 것이다.

하지만 이명박 정부가 출범 후 얼마 되지 않아 시민들의 커다란 저항에 직면하고 정치적 위기를 맞이한 것을 보면, 530만 표라는 압도적 표차로 끝나버린 선거를 둘러싼 정치정세와 여론을 동원하는 주류 미디어의 보도, 그리고 선거정세를 고정화하는 데 중요한 역할을 한 공직선거법에 의한 인터넷을 이용한 선거운동의 규제에 대해서 무시할 수 없다.

이러한 독주를 허용한 것이 후보자나 유권자가 인터넷을 충분히 활용하지 못했기 때문이라는 설명이 가능하다면, 유권자의 관심이라는 것이 인터넷 선거의 부진을 설명하는 인과관계로는 불충분하다. 그래서 인터넷 선거에 직접적으로 영향을 끼친 법제도적인 문제를 살펴보고자 한다.

### '인터넷 실명제'라는 괴물

이와 같이 이명박 독주의 구도에 인터넷이 비집고 들어갈 틈이 전혀 없었던 것은 공직선거법의 규제가 인터넷상의 정치적 표현을 가로막고, 인터넷 선거의 가능성을 봉쇄했던 것을 지적할 수 있다.

한국의 공직선거법은 대중 동원이나 전통적 미디어를 중심으로 이루어져온 선거로부터 통신기술을 활용하는 선거에 대응하여 테크놀로지의 발전에 맞춰서 개정되어왔다. 2000년부터의 인터넷의 폭발적인 보급에 따라 공직선거법도 개정되어 후보자는 선거운동에 인터넷을 적극 활용하고, 시민들도 '낙선운동'을 전개하는 등 '인터넷 선거'의 가능성이 활짝 열렸다. 하지만 실제로는 공직선거법이 인터넷의 보급에 충분히 따라가지 못했다.

이처럼 법률이 현실을 따라가지 못하는 상황을 해소하듯 2004년에 공직선거법이 개정되는데, 이는 인터넷 등의 미디어를 이용한 선거운동을 주류로 하는 한국 선거문화에 있어서의 일대 전환으로 평가되고 있다.

하지만 이 시기의 공직선거법의 개정은 이미 지적한 바와 같이 2002년 대선에서 인터넷 선거에 대응하지 못하여 패배하고, 그 후에도 인터넷상의 정보가 정치적 파문을 일으키는 상황에 위기의식을 느낀 야당 우위의 국회가 2004년 총선거를 앞두고 규제를 강화하려 했던 것이 주된 목적이었다. 이렇게 해서 도입된 것이 '인터넷 실명제'이다.

당시는 법 제정 직후에 총선이 실시되어 제도적인 정비가 이루어지지 않아 실제로 운영되지는 않았지만, 2006년 5월 통일지방선거에서는 '인터넷 실명제'가 전면적으로 적용되었다. 개정선거법 제82조 6의 '인터넷언론사 게시판·대화방 등의 실명확인'의 규정에 따라 '인터넷언론사'로 지정된 800여 사이트는 게시판 글쓰기에 대해서 본인임을 확인하는 시스템을 설치해야 하며, 실명확인이 안 된 글을 방치할 경우 사이트 운영자

네이버, 2006년 5월 29일

는 과태료를 물게 된다.

위 그림은 당시 선거기간 중에 '네이버'의 기사에 올라온 댓글인데, 본인 확인이 된 댓글에는 실명 마크가 붙여져 있다.

한편 공직선거법에 의한 '인터넷 실명제'와 별도로, '인터넷상의 익명성에 의한 역기능'에 대응한다고 하여, 정보통신망법이 개정되어 2007년 7월부터 '제한적 본인 확인제'가 도입되었다. 이것은 국가기관이나 사회적 영향력이 큰 포털사이트, 인터넷언론 등에 댓글이나 자료를 올릴 경우 본인 확인을 의무화하는 것이다. 새로 도입된 제44조의 5 제1항 제2호에서는 "일일 평균 이용자 수가 10만 명 이상이면서 대통령령으로 정하는 기준에 해당하는 자"를 대상으로 하고 있다. 동 법의 시행령에서 정보통신부는 일일 평균 방문자 수 30만 명 이상의 포털사이트, 20만 명 이상의 인터넷언론사에 적용하기로 하여 35개 사이트가 그 대상이 되는데, 선거기간만이 아니라 항상적으로 적용된다는 점에서 본격적인 '인터넷 실명제'의 실시라고 볼 수 있다.

인터넷을 통한 정치 참여를 통해 개혁을 추진해온 참여정부에서 '인터넷 본인 확인제'가 성립된 것은 아이러니이다. 후에 언급하겠지만 방송통신위원회의 정보통신망법 시행령의 개정으로(2009년 1월 28일), 그 대상이 일일 평균 방문자 수 10만 명 이상으로 확대됨에 따라 적용받는 사이트의 수가 대폭 증가하게 되어 또 다른 논란을 불러일으키게 된다.

이와 같이 공직선거법의 '인터넷 실명제'는 선거운동 기간 중이기는 하지만 광범위하게 인터넷선거보도심의위원회의 독자 판단으로 규제 대상이 선정되도록 하고 있다. 한편 정보통신망법의 '제한적 본인 확인제'는 대상이 되는 '정보통신서비스 사업자'가 유력 사이트로 한정되기는 하지만 항상적으로 규제를 실시함으로써 표현의 자유를 심각하게 침해하는 문제를 안고 있다.

### 공직선거법의 규제

2007년 대선은 '인터넷 실명제'를 근거로 하여 유권자의 정치 참가와 의견 표출을 위축시키는 중앙선거관리위원회가 과도하게 선거법 위반을 단속하는 속에서 행해지게 되었다. 선관위는 선거일 180일 전부터 선거에 영향을 주는 게시물을 규제하는 공직선거법 제93조의 1에 따라 선거 관련 UCC를 집중적으로 단속했다. 이 조항은 "누구든지 선거일 전 180일부터 선거일까지 선거에 영향을 미치게 하기 위하여 이 법의 규정에 의하지 아니하고는 정당 또는 후보자를 지지·추천하거나 반대하는 내용이 포함되어 있"는 내용물을 게시할 수 없도록 하고 있다. 이는 선거 후보자에 대한 비판이나 평가를 규제하는 것으로, 유권자의 정치 참여를 촉진하여 여론을 형성하는 정치적 표현의 자유를 침해한다고 해서 위헌소송의 대상이 되는 등 논란을 불러일으키고 있다.

실제로 이러한 규제는 인터넷상의 정치적인 표현활동에 적용되어, 선거일 수개월 전에 이명박 후보를 비판하는 내용을 담은 UCC를 제작하거나, 『오마이뉴스』, 『프레시안』 등 이명박 후보에 비판적인 인터넷신문의 기사를 자신의 블로그에 게재한 대학생들이 선거법 위반으로 잇달아 기소되었다. 또한 블로그에 특정 후보를 비판하는 내용을 게재하여 기소된 사례도 있다. 인터넷신문 『참세상』은 본인확인 시스템을 도입하지 않았다고 해서 천만 원의 과태료를 물어야 했다.

선관위의 단속과 선거법에 의한 처벌은 인터넷상의 선거활동을 급속히 위축시켰다. 선관위가 발표한 '선거UCC운용기준'도 각종 제약조건을 규정하고 있다. 사실상 유권자는 공식 선거운동 기간에 한해서 UCC를 제작·배포할 수 있는데, 그 내용도 정당이나 특정 후보를 유리 혹은 불리하게 하는 의도가 있으면 불법이 되고, 공표된 사실에 의해 구성된 것이라도 '공격적'이고 '악의적'인 것이라면 비방, 중상으로 간주돼 처벌의 대상이 된다. 선거에 관한 단순한 의견 개진, 의사 표시는 선거운동에 해당되지는 않지만, 그것을 반복적으로 유포하는 것은 선거운동에 해당되어 금지된다. 사실상 유권자의 선거에 대한 논의나 정치 참여를 허용하지 않는 것이다.

이러한 규제로 인해 2007년 대선에서 선관위 요구에 의해 삭제된 인터넷상의 글이나 UCC 등 표현물의 건수는 66,367건에 이르렀고, 선거법 위반으로 선관위로부터 고발당한 건수도

57건에 불과했던 2002년에 비해 1,236건으로 급격히 증가했다고 한다. 대부분이 한나라당이 고발한 것으로 규제의 칼끝이 어디로 향해 있는지 알 수 있다. 이렇게 되면 올라온 UCC 대부분도 선거캠프에서 제작될 수밖에 없어, 실제로 그러한 것이 전체의 8할에 달해 이용자에 의해 제작된 콘텐츠라고 하는 UCC 본래의 의미와도 동떨어진 것이었다.

최근 한국에서는 포털사이트의 사회적 영향력 증대와 더불어 포털을 중심으로 한 뉴스의 소비구조가 정착되어가고 있다. 이에 따라 포털사이트에 대한 압력도 높아지는데, 2007년 대선에서는 포털사이트에서 형성되는 공론 공간도 단체의 홈페이지나 개인의 블로그처럼 규제를 받게 되었다. '포털사이트 및 단체'는 선거기간 중이 아니면 선거운동을 할 수 없게 돼, 포털에서의 댓글 달기도 규제의 대상이 된 것이다.

상황을 중시한 '네이버'는 댓글 관리를 용이하게 하고 잠재적인 선거법 위반자를 방지한다는 명목으로 정치 관련 기사에 대한 글쓰기란을 폐지하고 선거에 관련된 논의를 '정치토론장'에 일원화시켰다. 이것은 이용자의 반발로 철회되었지만 '네이버'는 대통령선거라는 정치의 계절에 메인 뉴스박스에서 선거 관련 기사가 노출되지 않도록 했다. 이러한 조치 또한 정치적 공정성에 반하는 것으로 비판받게 되는데, 이때 한나라당의 한 의원은 "네이버는 평정, 다음은 아직도 폭탄"이라는 발언으로 물의를 빚기도 했다.

대선에 있어서 '네이버'의 소극적 자세가 어디에서 연유한 것인지 알 수 있는 대목이다.

## 발흥하는 인터넷 정치

### 디지털 민주주의는 파탄했는가

2007년 대선에서는 '인터넷 선거는 없었다'라는 게 대체적인 시각이다. 인터넷이 대통령을 만들었던 2002년 대선은 인터넷 선거의 시대를 활짝 연 획기적인 선거였던 것이 아니라, 그저 일회적 사건에 불과했던 것일까. 인터넷이 만든 노무현 전 대통령까지 퇴임 후, 검찰의 언론플레이에 맞장구치며 확실한 증거도 없는 검찰 발표를 기정사실화하여 온갖 모욕과 망신을 주는 보도로 일관한 조중동 등 보수신문의 공세로 인해 정치적인 죽음에 몰려 세상을 떠남으로써 '디지털 민주주의'는 파탄한 듯이 보였다.

하지만 2008년 5월 이후 이명박 정권의 미국산 쇠고기 수입 재개방침이 도화선이 되어 새 정부가 추진하는 신자유주의 정책과 권위주의적 역행에 대항하여 3개월간 지속된 촛불시위는, '인터넷 선거'라는 유권자로서의 인터넷 활용에 그치지 않는 시민으로서 권력에 대한 항의와 반대 의견을 전개하는 '인터넷 정치'로 자리매김할 수 있을 것이다.

'인터넷 선거'라고 하면 대통령을 만들어낸 2002년의 대선과 낙선운동을 전개한 2004년 총선거를 마지막으로 그 흐름은 단절된 듯이 보인다. 하지만 '인터넷 정치'라는 측면에서 보면 2002년 미군 장갑차에 깔려 사망한 여중생 추모 촛불집회와 대통령선거, 2004년 탄핵반대 집회, 2008년 쇠고기 정국에서의 촛불집회, 2009년 노무현 추모행사가 이어지는 것에서 볼 수 있듯 '디지털 민주주의'는 진화하면서 새로운 정치문화를 만들어내고 있다.

본 절에서는 이명박 정권이 출범한 지 3개월도 못 돼 미국산 쇠고기를 둘러싸고 시민의 대대적인 저항에 직면하고, 또한 미국발 경제위기에 휩말리면서 취약해진 정권 기반을 만회하고자 권위주의적으로 역행하는 가운데 언론을 장악하려는 시도와, 그것에 대항하는 방송사 노조와 시민세력의 움직임에 대해서 살펴본다.

이명박 정권은 갖가지 권력기관을 동원하여 방송계 재편을 강행함으로써 미디어 공공성은 위기에 처해졌다. 이러한 미디어 공공성에 대한 도전에 대항하여 시민은 다시금 사이버 공간에서의 논의를 통해 자발적으로 참여하고 즐기는 디지털 시대의 새로운 정치집회를 전개하면서, 공영방송의 가치를 지켜내고 표현의 자유를 옹호하는 싸움에 나서고 있다.

### 출범 3개월 만에 '아웃'을 들이댄 시민들

대통령 취임 직후에 급격히 지지율이 떨어지는 것은 한국 정치에 있어서 이례적인 것이었다. 경제 대통령을 자임하는 이명박에게 경제 활성화의 돌파구가 되는 한미FTA(자유무역협정)는 긴급한 과제였다. 다만 참여정부에서 체결된 한미FTA가 미 국회에서 비준을 얻기 위해서도 2007년 여름 이래 중단되고 있는 미국산 쇠고기 수입을 재개하여 분위기를 띄우는 것이 필요했다.

  2008년 4월 19일 한미정상회담 전에 미국산 쇠고기 수입 논의가 있었는데, 월령제한이나 특정위험부위SRM 등에 관련해 지금까지의 수입조건을 한국 측이 대폭 양보하는 선에서 합의가 이루어졌다. 선물보따리를 안겨줌으로써 전격적으로 수입제한을 철폐한 이명박 정권의 졸속적인 수입재개 합의에 대해서 시민의 분노는 폭발하였고 미국과의 재협상을 요구하는 항의 집회가 연일 대규모로 열리게 되었다. 이에 응하려 하지 않는 이명박 정부는 출범으로부터 3개월이 채 지나지 않아 시민들의 퇴진 요구에 봉착한다.

  그렇다면 한국 시민들은 왜 불과 반년 전 대선에서 압도적인 지지를 가지고 이명박을 선택했던 것일까.

  2007년 12월의 대선 결과는, 사회적 배분보다 경제성장을 중시하는 한국 사회의 변화하는 욕구를 반영했다고 할 수 있다. 사회의 양극화나 불경기에 시달리는 시민들에게 필요한 것은 '과거청산'이나 '민주적 가치'보다는 재벌 계열 건설회사의

CEO(최고경영책임자) 출신자가 내뿜는 강력한 경제적 지도력이었다. 국가 지도자의 자질로서 도덕성이나 청렴성은 이미 포기되어진 지 오래였다. 이것은 2007년 대선에서의 이명박의 압승과 2008년 4월 총선거에서의 한나라당 과반수 획득으로 나타났다.

성장을 향한 욕망이 낳은 신정권에 대한 기대는, 참여정부를 전면 부정하고 잇달아 내놓는 신자유주의 정책, 그리고 미국산 쇠고기 수입재개를 둘러싼 공방 속에서도 허무하게 사라져간다. 부패와 각종 의혹을 불문에 부친 채 경제 활성화에 희망을 걸어보았지만, 효율과 경쟁을 최우선시하는 '실리주의'의 본질이 간파되기에는 그리 많은 시간을 요하지 않았다.

4월 말에 미국산 쇠고기 수입 재개에 반대하여 이명박 대통령에 대한 탄핵서명을 요청하는 사이트가 등장했다. MBC 시사보도 프로그램 〈PD수첩〉이 광우병BSE 문제를 다루면서 사이트 접속이 급증하여 서명은 순식간에 130만을 넘어섰다. 도심에서는 미국산 쇠고기 수입협상의 철회를 요구하는 촛불집회가 열려, 수만 명 규모의 사람들이 모여들었다.

이러한 '쇠고기 정국'을 주도한 것은 『오마이뉴스』나 '서프라이즈' 등 개혁적인 인터넷신문이나 정치칼럼 사이트가 아니었다. 탄핵서명란은 포털사이트 다음의 정치토론장인 '아고라'에 등장하여, 130만이 넘는 서명을 모았는데, 이 '아고라'야말로 '이명박 OUT'의 진원지이며, 정권의 입장을 대변하는 보수신문에 대항하여 대규모 집회를 조직하는 담론 생산의 공간이었다.

　포털사이트인 '다음' 자체는 특정한 정치성향 없이 온갖 의견이 유통되는 사이버공간이다. 이러한 '다음'의 정치토론 공간 '아고라'가 시민의 항의 행동을 주도하는 것이 쇠고기 정국의 본질을 나타내고 있다.

　사이버공간에서 추동되는 촛불시위이기에 거기에는 지도부라는 중심도 없거니와 통일된 행동지침도 없다. 정해진 행사 프로그램도 없이 대집회는 무정형에다가 비폭력적으로 진행된다. 그러면서도 대통령에게 퇴진을 요구하는 '급진성'은 정부당국만이 아니라 기존의 운동조직에게도 당혹스러운 것이었다. 다양한 직업과 연령층이 참가하는 항의행동은 지금까지 운동조직이 넘어서지 못했던 경찰 저지선을 돌파하기도 하면서, 연일 철야로 수만 명, 많게는 수십만 명이 넘쳐나는 전민항쟁의 양상을 띠는 것이었다.

　발족 직후의 '아웃' 선고는 이명박 정권의 독선적인 정국 운영 스타일에 대한 견제임과 동시에, 보수신문에 의해 과잉 평가된 허상의 실상으로의 되돌림이다. 이전 어느 정부보다 분배에 역점을 두었음에도 불구하고 글로벌화로 인해 노무현 정권에서 더욱 진행될 수밖에 없었던 격차와 불평등의 심화에 대한 반작용으로 부풀려졌던 허상은 두드러져 보였다.

　하지만 이전 정권을 좌파정권으로 규정하여 그 성과마저도 실리라는 명목으로 모두 부정하고, 교육, 복지, 의료, 공공서비스 등 사회 제 부문에 경쟁원리를 도입하는 등 철저한 시장주의를 눈앞에서 보면서, 그 되돌림의 속도도 급격했다.

### '촛불은 이념방송과 인터넷이 만든 유령'

탄핵서명과 촛불집회라고 하는 시민의 저항에 직면한 이명박 정권은 그 원인이 방송과 인터넷에 있다고 보았다. 촛불집회 1년이 지나 보수단체가 발행한 『거짓과 광기의 100일』(홍성기 지음, 시대정신, 2009)은 "촛불은 이념방송과 인터넷이 만들어낸 유령"이라며, 촛불집회가 방송과 인터넷이 생산한 유언비어에 의해 유발된 반정부 투쟁이었다고 주장한다. 이 한 구절이 보수세력의 위기의식을 응축하고 있었던 것일까, 이러한 위기감은 권력의 방송과 인터넷에 대한 탄압을 예감하는 것이었다.

〈PD수첩〉이 광우병BSE에 대한 심층을 짚어내는 보도를 통해서 여론을 환기시켰던 영향은 무시할 수 없다. 하지만 그것은 황우석 교수의 줄기세포 논문 날조사건을 철저히 추적하여 의혹을 밝혀냈던 것처럼, 미국산 쇠고기 수입협상의 합의에 있어서 미국의 검역상황을 검증하고 한국 정부의 졸속한 교섭태도를 비판한 것으로 시의적절하고 온당한 내용이었다.

그럼에도 불구하고 4월 29일에 〈PD수첩〉의 BSE 관련 제1편 〈긴급취재! 미국산 쇠고기, BSE로부터 안전한가〉가 방영되자, 정부는 프로그램에 대한 '제재'에 나서게 된다. 먼저 농림수산

식품부는 〈PD수첩〉에 대해 프로그램 내용에 오역이 있었다고 하여 언론중재위원회에 '개정 및 반론보도 청구조정'을 신청, 그 결과 언론중재위원회는 일부 내용에 대해서 '개정 취지의 보도를 할 것'을 결정했다.

농림수산식품부는 이 결정이 내려짐에 따라 〈PD수첩〉을 명예훼손으로 고발하고(6월 20일), 검찰은 특별수사팀을 꾸려 수사를 개시, MBC에 방송 테이프의 원본 제출을 요구한다. MBC 측은 검찰 수사는 언론 자유에 대한 중대한 침해라고 하여 제출을 거부, 언론노동조합 MBC 본부도 "역대 어떤 정권도 시도한 적이 없는 언론보도의 내용 검증을 검찰이 행하는 것은 비판언론을 압살하려는 언론탄압"이라며 강하게 비판했다.

수사를 담당해온 주임검사가 기소 요건에 해당되지 않는다고 해서 수뇌부와 대립한 끝에 사표를 제출할 만큼 애초부터 무리한 수사였다. 그런데 2009년에 들어서자 검찰은 수사팀을 교체해, 〈PD수첩〉의 담당 프로듀서와 구성작가의 사적인 전자메일까지 압수하여, 출두명령을 거부한 제작팀의 프로듀서를 체포하기에 이른다. 이어서 검찰은 프로그램의 촬영원본을 압수한다고 하여 방송국 압수수사에 나서지만 이것은 노조원들의 저항에 의해 무산됐다.

하지만 총리가 국회 답변에서 "전 세계에 MBC같이 사실을 오도하는 방송이 흔치 않다"고 하여 검찰수사를 두둔하는 한편, 조중동은 검찰이 흘리는 정보를 가지고 〈PD수첩〉이 중대한 잘못을 저지른 것처럼 부정적 이미지를 증폭시킴으로써 국가권력과 보수신문의 파상공세가 이어졌다.

### KBS 사장 축출공작

방송에 대한 압력은 KBS에도 미치고 있었다. 박정희 정권의 언론탄압에 대항한 1974년의 자유언론실천운동의 과정에서 『동아일보』에서 해고, 그 후에 『한겨레신문』에서 활약한 정연주 사장은 보수세력에 있어서 눈엣가시 같은 존재였다. 한나라당의 부대표는 "국민의 자산인 전파를 좌파이념의 선전도구로 전락시켰던 정연주는 사퇴 0순위"라고 하여 노골적으로 정치개입에 나섰다. 최시중 방송통신위원회 위원장은 KBS 이사장과 면담한 자리에서 "정연주 사장 때문에 이명박 정부의 지지율이 떨어지고 있다"고 발언했다.

이러한 속에서 보수단체는 국민감사청구제도를 이용하여, "편파 왜곡 선동 등 좌 편향 방송에 의해 국가의 정체성이 훼손되었다"라는 명분을 가지고 KBS의 감사를 요구했다.(5월 21일) 감사원이 '국민청구'를 접수하여 세무조사에 착수하자, 검찰은 KBS 직원이 정연주 사장을 '배임용의'로 고발한 건에 대한 수사에 나서게 된다. 조중동도 사설과 기사를 통해 검찰 수사를 거들었다.

권력기관을 총동원하여 무리하게 표적수사를 펼친 끝에 정연주 사장에게 '기업범죄'의 딱지를 붙인 것은 사장 해임을 위한 정지작업이었다. 문화체육관광부 차장은 "대통령이 KBS 사장 임명권만이 아니라 해임권도 가지고 있다"고 법적 근거도 없는 발언(7월 4일)을 하면서, 청와대 국정기획수석은 KBS가 '정부산하기관'이라고 하여, "정부의 국정철학과 달라서는 안 된다"며 정연주 사장의 퇴진을 요구(7월 18일)하게 된다. 이처럼 이명박 정권의 KBS에 대한 태도는 공영방송의 독립성을 유린하고, 바로 그 독립성을 위해 대통령의 '임면'을 '임명'으로 바꾼 통합방송법(2000년 개정)의 취지를 무시하는 것에 다름 아니었다.

감사원은 8월 5일, KBS 사장에 대해서 '방만경영'과 '인사권 남용'을 이유로 해임을 요구했다. KBS 이사회는 감사원의 요구에 따라 개최된 7일의 이사회에서 '정연주 사장 해임 제청안'을 가결하였다. 이것은 친 정연주계의 이사를 터무니없는 방법으로 교체한 끝에 가결에 필요한 이사 수를 억지로 끼워맞춘 결과였다. 뿐만 아니라 규약에도 없는 '해임제청안'의 행사에 반대하는 일부 이사가 퇴장하고, 항의하는 사원을 경찰이 쫓아내는 속에서 벌어진 일이었다.

11일에는 이명박 대통령이 해임안을 받아들임으로써 정연주 사장은 정식으로 해임된다. 다음 날에는 검찰이 정연주 사장의 체포영장을 발부받아 자택에서 체포하여, 이윽고 배임죄로 기소하게 된다. 국가 기간방송인 공영방송 사장이 정권교체로 인해 억지로 끌어내려지고, 결국 공권력에 의해 체포되는 상황에 이르렀던 것이다.

1년 후 서울중앙지방법원은 검찰의 주장을 전면적으로 물리치고 정연주 전 사장에게 무죄를 선고했다. 정치적 중립성을 상실한 검찰이 권력을 남용한 끝에 방송의 독립성을 심각하게 유린하는 언론장악 기도가 드러났다.

하지만 정부가 영향력을 행사하는 다른 정부출자 방송국에는 속속 이명박 선거캠프의 언론특보가 낙하산으로 투입되었다. 뉴스전문채널 YTN에서는 이명박 캠프의 방송상임특보였던 구본홍이 사원들의 격렬한 출근 저지 속에서 취임했다. 또한 디지털 위성방송 스카이라이프와 해외를 대상으로 하는 국제방송 아리랑TV 사장도 이들 언론특보가 차지했다.

### 인터넷에 대한 단속

쇠고기 문제로 여론이 들끓어 이명박 정권 지지율이 급락했던 2008년 5월 9일, 청와대 관계자와 각 부처 대변인에 의한 언론대책회의가 열렸다. 청와대 언론비서관 및 홍보기획비서관, 언론정책을 관장하는 문화체육관광부 차관을 비롯한 대부분의 부처 대변인이 출석한 이 회의에서는 신문, 방송, 인터넷의 '관리방책'과 정부 발주 광고 등에 대해서 논의되었다.

『한겨레21』(2008년 5월 26일)이 입수한 '부처 대변인회의 참고자료'에 의하면, 모두발언한 문체부 차관은 "부정적 여론 확산의 진원지(방송, 인터넷)에 대한 각 부처의 적극적 관리가 필요"하다고 하여, "학생, 주부 등 정서적 민감 계층의 동요가 많은 것을 감안해 교과부, 보건복지가족부 등에서는 교육 현장 및 주부 대상 프로를 활용한 정확한 정보제공의 노력이 필요"하다고 강조했다.

이러한 발언에서 볼 수 있듯이 쇠고기 문제에 있어서 국민여론의 악화는 방송이나 인터넷에 그 원인이 있으며, 따라서 관리를 철저히 해야 한다는 것이 권력 측의 인식이다. 그리고 그것은 공영방송에 대한 압박과 인터넷상의 정보규제, 집회의 제한 등 미디어 전반에 대한 통제로 나타났다. 이미 살펴보았듯이 여기에는 온갖 권력기관이 동원되고 있다.

'다음'에는 5월 22일에 국세청이 세무조사에 들어갔다. 이미 최대 규모의 '네이버'나 '야후코리아'에도 들어가 있었지만, 통상 상장기업에 대해서는 5년마다 이루어지는 세무조사가 '다음'의 경우 4년 만에 실시되었고, 그것도 특별세무조사로 진행된 이례적인 '정기조사'였다. 기간도 대폭 연장되어, 결국 40억 원가량이 추징되었는데, 이는 포털사이트에 대한 압박이라고 여겨졌다. '다음'에 대한 세무조사가 '정치적 의도'임을 정부가 부인한다 하더라도, 동영상 투고 사이트 '아프리카TV'(www.afreeca.com) 사장의 체포는 명백한 정치탄압이라 할 수 있다. 촛불집회에서 경찰과 시민 간의 물리적인 충돌이 확산되는데, 신문이나 방송에서는 점차 과격화되는 시위대만이 클로즈업되고, 그것을 유발하는 경찰의 폭력행위에 대해서는 거의 다루어지지 않았다. 그러자 시민들은 비디오카메라와 노트북 컴퓨터를 가지고 촛불집회 현장을 '생중계'했다. '아프리카TV'는 이러한 '스트리트 저널리즘'이라 할 수 있는 콘텐츠가 모여드는 인터넷방송 사이트이다.

'아프리카TV'에서는 동영상 투고만이 아니라 이러한 '생중계' 채널을 설치할 수 있게 되어 있다. 5월 31일 촛불집회에서 심야에 시민과 경찰이 충돌하는 모습이 2501개 채널에서 방송되어, 127만 명이 시청했다고 한다. 동시에 최대 10만 명이 시청 가능하다. 이러한 '스트리트 저널리즘'에 의해 경찰의 과잉진압이 사람들에게 알려져, 온라인과 오프라인의 항의를 매개함으로써 시민들의 집회 참가는 급격히 증가한다. '아프리카TV'를 운영하는 나우컴NOWCOM 사장은 인터넷상의 위법 다운로드를 방치했다고 해서 저작권법 위반 혐의로 검찰에 체포된다.

'다음'과 '아프리카TV' 등 인터넷상에서 논의를 전개하고 온라인 생중계로 온·오프를 연결하는 '디지털 민주주의'의 실천은 새로운 여론 형성 능력을 발휘하면서, 인터넷에 기반한 시민행동을 업데이트해왔다. 이러한 디지털적인 항의행동을 구시대의 권위주의적 체제의 틀 속에서 단속하는 것이 여러 가지 현실적인 문제를 야기하고 있다.

'아고라'에서 이명박 대통령의 탄핵서명을 주도한 고등학생에게는 경찰이 조사방침을 밝혔고, 또 다른 고등학생은 수업 중에 불러내 조사를 벌이기도 했다. 2007년 대선 기간 중에 인터넷상의 글이 선거법을 위반했다고 하여 기소되면서도 1심에서 표현의 자유라고 해서 무죄를 선고받은 사람이 2심에서는 유죄 판결을 받는 사례도 빈발했다.

### 미네르바 사건의 본질

이처럼 개인에게 침묵을 강요한 대표적인 사건이 인터넷 논객 '미네르바'를 둘러싼 소동이다. '아고라'에 경제논평의 글을 올렸던 인터넷 논객 '미네르바'는, 미국의 서브프라임 사태나 리만브라더스의 파산, 그로 인한 물가 상승과 원화 가치 하락 등을 정확히 예측하여 인터넷상에서는 '경제 대통령'으로 불리며 일약 유명인이 된다.

그런데 한국 경제의 비관적인 전망을 내놓는 미네르바의 영향력이 커지자, 이를 못마땅하게 여긴 정부는 그가 경제 위기를 조장하고 있다고 하여 처벌의 가능성을 시사한다. 위기의식을 느낀 미네르바는 한때 글쓰기를 자중했지만, 2008년 연말에 정부가 금융기관 및 수출입 관련 주요기업에 달러 매입을 금지하는 긴급공문을 보냈다는 내용의 글을 '아고라'에 올렸다. 이것이 허위정보에 해당된다고 본 검찰은 공익을 해치는 목적이 있다고 판단, 전기통신기본법 위반 혐의로 2009년 초에 미네르바를 체포하게 된다.

인터넷상에서 경제 분석을 행하는 일상적인 글쓰기를 문제 삼아 작자가 체포된 것은 큰 파문을 일으켰다. 시민사회는 '미네르바' 체포가 인터넷상에서의 표현의 자유를 위협하는 권력의 폭거라며 검찰을 비판했다. 조중동을 제외한 대부분의 신문이 정부에 비판적인 인터넷 여론을 가로막으려는 과잉수사에 의문을 제기하고, "MB정부의 코미디"(『경향신문』)를 조소했다.

해외 언론도 '미네르바'의 체포에 관심을 보였다. 특히 영국 주간지 『이코노미스트 The Economist』의 지적은 신랄하다. 「한국의 금융예언자를 편집증적으로 격리」라는 제목의 기사는 "얼마나 많은 미네르바가 있든 블러거를 내려치는 커다란 해머가 있기에 이명박 대통령이 자신의 몰상식을 깨닫지 못할 것"이라고 비판했다. '국경없는기자단RSF'도 미네르바의 석방을 요구했다.

검찰 기소로부터 약 3개월 후 '미네르바' 박대성은 4월 20일에 1심에서 무죄판결이 내려져 석방되었다. "공익을 해칠 목적이 있었는지 없었는지는 행동의 동기와 수단, 내용 등을 종합해 사회통념에 맞게 판단해야" 한다고 지적, "공익을 해할 목적을 갖고 있었다고 보기 어렵다"는 판결로 무죄를 선고했듯이, 검찰의 기소는 처음부터 무리한 법 적용이었다.

인터넷상의 글에 과잉 반응하여, 사실에 반하는 내용이 포함된다 하더라고 그것은 '공익을 해할 목적'이 있다고 판단하는 것은 지극히 자의적이며 표현의 자유를 제약하지 않을 수 없다. 실제로 일련의 소동 속에서 검찰이 마음만 먹으면 인터넷상의 어떠한 내용의 글이라도 트집을 잡아 처벌할 수 있다는 분위기는 인터넷이라는 공공영역을 위축시켰다. '아고라'의 인터넷 논객들은 모습을 감추고, 댓글로 의견을 개진했던 사람들도 목소리를 낮춰 사이버 민주주의가 크게 후퇴하게 된다.

대부분의 신문이 당연하게 받아들이는 무죄 판결에 조중동은 못마땅한 심기를 드러냈다. 『동아일보』는 관련 사설 「1심 무죄라도 '미네르바 현상'은 바람직하지 않다」를 게재했는데, "미네르바 현상은 인터넷의 역기능과 함께 우리 사회가 얼마나 선전선동에 휩쓸리기 쉬운지 보여줬다"며 '미네르바 현상'을 단죄하고 싶은 속내를 드러냈다.

사법 판결은 표현의 자유에 대한 헌법상의 권리를 확인한 것에 지나지 않는다. 하지만 조중동에게 중요한 것은 기본적 인권으로서의 표현의 자유를 옹호하는 것이 아니라, "제2의 광우병 사태와 같은 수준 낮은 일"을 방지하는 것이다.

### 대립을 조장하는 조중동

노무현 정권에서는 틈만 나면 '언론자유 수호'를 외쳐온 이들 신문은, '국경없는기자단'이 매년 발표하는 언론 자유도 랭킹이 하락하고, 세계 각지에서 한국의 표현의 자유, 언론의 자유에 우려를 나타내고 있음에도 불구하고, 이러한 기본적 인권은 안중에 없다. 지난 10년간 수없이 치켜들었던 '권력을 감시하는 비판기능'은 이명박 정권하에서는 품속에 고이 간직되고 있을 뿐이다.

그것보다 더 큰 폐악은 이명박 정권이 개혁세력이 집권한 10년을 '잃어버린 10년'이라며 모든 것을 부정함으로써 이념적 갈등의 불씨를 지펴대면, 보수신문은 정국을 좌우 프레임으로 몰아가 재단함으로써 대립과 갈등을 조장하는 것이라 할 수 있다.

촛불집회에서 조중동이 시민으로부터 비판받은 것은, 시민의 주장을 '괴담'이니 '유언비어'니 하면서 깎아내리고, 군중심리에 휩쓸려서 몰려나온 사람들을 계몽하려 하는 자세에 있다. 그리고 과거 정권하에서 BSE의 위험성을 엄중하게 지적하던 것이, 이명박 정권에서는 오히려 안전성을 강조하여 정권을 옹호하는 일관성이 결여된 행태를 보였기 때문이다.

하지만 무엇보다도 조중동의 사옥에 시민들이 '조중동 폐간' 스티커를 붙이고 이들의 취재를 허용하지 않았던 것은, 시민사회의 정당한 항의행동을 '좌파'로 몰아가는 것에 대한 분노가 결정적으로 작용한 것이라고 본다.

『동아일보』는 촛불집회가 본격화되기 이전부터 「반미 성향의 일부 시민단체가 여론을 유도하고 있다」(2008년 4월 23일)라는 제목의 사설에서, 쇠고기 수입에 대한 문제 제기가 '좌파세력'에 의한 정치적 책동이라고 보았다. 〈PD수첩〉의 관련 프로가 방영되고 나서, 「반미·반이에 유도하는 '광우병괴담' '촛불시위'」라는 제목의 5월 2일자 사설에서도 알 수 있듯이, 촛불집회를 반미운동 혹은 반정부활동의 차원에서만 바라보려 한다.

이 사설은 "과학적으로 검증되지 않은 내용을 충격적인 영상으로 교묘하게 감싸고, 시청자의 광우병 공포를 자극했다"고 하여 방송에 비판의 칼끝을 돌렸다. 『중앙일보』도 "비현실적인 가정에 근거하여 충격과 공포를 증폭"하는 '무책임한 방송'(5월 2일)이라고 비판했다. 이렇게 해서 조중동은 〈PD수첩〉 등의 방송을 괴담을 유포하는 진원지로 지목하는데, 보수신문이 전개하는 '좌파방송'에 대한 공세는, 이명박 정권의 권력기관을 동원한 방송에 대한 압박과 더불어서 KBS로도 향한다.

『조선일보』는 「KBS는 조선중앙TV 서울출장소인가」라는 자극적인 사설(7월 4일)에서, 1987년 민주화항쟁과 비교하며 촛불집회를 검증한 시사프로그램 〈시사기획 쌈〉을 문제 삼아, KBS를 "정부 전복투쟁의 선동대 선두에 서려는 것"이라고 비판했다. 즉 KBS가 반국가단체의 국영방송이라는 것이다. 『동아일보』 7월 25일자 사설 「KBS, 반정부 좌파연대의 진지로 놔둘 수 없다」에서는 "좌파의 선전매체가 된 KBS"를 되찾기 위해서도, 정권이 바뀌었는데도 퇴임을 거부하는 정연주 사장은 하루바삐 사임해야 한다고 주장했다.

이처럼 보수신문은 촛불집회가 '좌파의 궐기'이며, 집회 참가자에 대해서는 '좌파' 혹은 '반미'로 단순화하고 비약함으로써 궁극적으로는 제거해야 될 대상으로 만들었다.

민주화가 진전되고 북한과의 화해·협력이 진행되면서 '좌파'라는 딱지가 정치적인 생명은 물론 생물적인 생명마저 위협했던 상황이 크게 변화한 것도 사실이다. 하지만 좌파세력에게 '좌파'라고 부르는 것은 둘째치고라도, 냉전 이데올로기가 아직도 뿌리 깊은 가운데, 정부 비판적인 사상이나 행동을 철저하게 배제하기 위해 '좌파'라는 이념용어를 남용하는 것은, 사회가 다원화되고 세계적으로도 신자유주의에 대한 성찰이 이루어지는 상황에서 정치정세를 분석하는 데 적절한 방법이 아닙니다.

이와 같이 권력과 결탁하여 냉전 이데올로기적인 시점에서 정치적 대립을 조장하고 편향적이고 왜곡된 보도를 전개해왔기에, 한국에 있어서 신문의 신뢰도는 민주화 이래 급격히 하락해 왔다.

한국언론재단이 2년마다 실시하는 수용자 의식조사 중, '가장 신뢰하는 매체의 추이'(『신문과방송』, 2008년 7월호)를 살펴보면

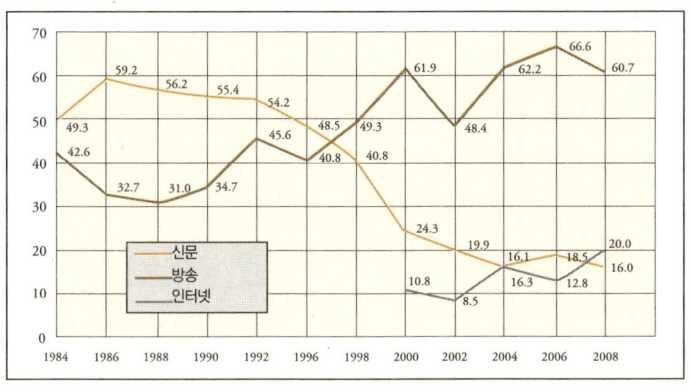

가장 신뢰하는 매체 (『신문과 방송』, 2008년 7월호 한국언론재단.)

신뢰도 면에서 신문은 방송과 큰 격차를 보이는 것을 알 수 있다. 이제는 인터넷보다도 낮은 수준에 머물고 있다.

이러한 신문의 신뢰도 위기의 배경에 대해 조중동은 미디어에 대한 국가권력의 압박이 언론의 자유를 침해하고 있다는 인식은 전혀 없이, 오히려 권력 측에 서서 방송과 인터넷에 압력을 가하고 있는 것이다.

검찰의 〈PD수첩〉에 대한 수사 과정에서 제작팀의 사적인 전자메일을 압수하여 공표한 것은, 표현의 자유와 언론의 자유 이상으로 사상과 양심의 자유와 결부되는 중대한 문제인데도 불구하고, 조중동은 온갖 지면을 할애해서 〈PD수첩〉의 '의도적인 왜곡보도'의 근거를 들춰내 검찰 수사를 부채질한 것이다. 〈PD수첩〉의 담당 주임검사가 사표를 제출했을 때도 『조선일보』는 「'검사사표', 〈PD수첩〉에 잘못이 없다는 의미로 오해 않기를」이라는 사설을 게재하여 "〈PD수첩〉의 왜곡·과장보도는 형사재판이든 민사재판이든 어떠한 절차를 거쳐서라도 진상을 규명하여 책임을 물어야 한다"고 주장했다.

### '인터넷 실명제' 확대와 '사이버모욕죄'의 도입

'미네르바'에 대한 1심 무죄 판결로 권력 측이나 보수신문은 깊은 낭패감을 맛보았을 것이다. 하지만 그럴수록 더더욱 '공익을 해치는 목적의 허위정보'라는 법리적 측면에 얽매이지 않고, 보다 포괄적이고 항시적인 인터넷상의 표현을 감시하고 단속하는 제도적 장치를 필요로 했다. 이러한 의도를 반영하는 궁극적인 법이 '사이버 모욕죄'이다.

한국에서는 대기업과 거대 신문사에 지상파방송 진입의 길을 터주고, 현재의 공영방송체제를 민방을 중심으로 재편하려는 미디어 관련법 개정을 둘러싸고 공방이 계속되어왔다. 정부 여당이 개정을 시도하는 미디어 관련법에 포함되는 '정보통신망법' 개정안에는 '사이버 모욕죄'의 항목이 있다.

이명박 정권에 정치적 위기를 가져다준 촛불집회가 수그러들기 시작한 7월 22일, 김경한 법무부 장관은 국무회의의 '인터넷 유해 환경 단속 경과 및 향후 대책'을 보고하는 자리에서 "인터넷상 명예훼손, 허위사실 유포, 기업 광고 중단 위협 등의 행위가 위험수위에 이르고 피해가 심각해 국민의 우려가 고조됐다"고 지적, "사이버 공간에서 불법과 무질서가 한계에 달해 이를 바로잡기 위한 특단의 조치가 필요"하다고 하여 '사이버 모욕죄'를 신설하겠다고 발언해 파문을 일으켰다.(이수운 지음, 『누구를 위한 인터넷 규제인가』, 전자신문, 2009) 이것을 계기로 한나라당은 '사이버 모욕죄'의 신설을 골자로 하는 정보통신망법 개정안을 발의했다.

개정안에는 인터넷상에서 공연히 사람을 모욕한 경우 2년 이하의 징역 혹은 금고, 또는 1천만 원 이하의 벌금에 처한다고 되어 있다. 게다가 형법상 친고죄로 수정된 소추요건을 반의사불벌죄로 완화함으로써, 피해자의 의사가 없으면 처벌받지는 않지만 제소는 가능하게 되어, 인터넷상의 명예훼손에 대한 수사와 처벌을 용이하게 했다. 한나라당은 형법 개정안에도 '사이버 모욕죄'를 집어넣었다.

'정보통신망법'에 있어서 또 하나의 논란을 불러일으킨 쟁점이 '인터넷 실명제'의 확대이다.

이명박 대통령은 2008년 6월에 서울에서 개최된 OECD 장관회의 개막식에서 "인터넷의 힘은 신뢰가 담보되지 않으면 우리에게 약이 아닌 독이 될 수 있다"고 말했다. 촛불집회가 전개되고, 인터넷에서도 정부 비판이 분출하는 상황에서 인터넷상의 커뮤니케이션을 위험시하는 심정을 드러낸 것이다.

그러자 최시중 방송통신위원회 위원장은 '인터넷 실명제'를 확대하는 방침을 내놓는다. 그리고 '정보통신망법' 시행령을 개정하여(2009년 1월 28일), 그 대상을 '3개월간의 평균 이용자 수가 10만 명 이상'의 사이트로 확대한다.

'정보통신망법' 시행령이 개정됨에 따라 정부는 세계 최대의 UCC 사이트 '유튜브'가 동 법령에서 정하는 기준에 해당한다고 해서, 본인 확인 조치를 도입할 것을 운영자인 '구글'에 요구했다. 그런데 구글 측은 '제한적 본인 확인제'를 거부한다. 본인 확인 조치를 도입하는 대신, 사용자 설정의 국가표시가 '한국'으로 되어 있으면 동영상을 올리거나 댓글을 달지 못하게 해버린 것이다. '구글'의 글로벌 커뮤니케이션 담당 부사장은 한국의 공식 블로그에서 "구글은 구글의 모든 서비스에 있어서 표현의 자유가 우선되어야 한다고 본다"라고 하여 회사 측의 입장을 표명했다.

'정보통신망법'은 인터넷상의 게시물에 대하여 피해신고가 있을 경우, 권리침해 여하를 판단하기 어려운 게시물을 30일 이내로 임시 접근금지 조치를 취하도록 규정하고 있다. 지금까지 게시물에 이러한 임시조치를 실행해야 했던 '유튜브'로서는 본인 확인 조치의 도입은 받아들이기 어려웠을 것이다.

다만, 국가표시를 '전 세계'로 설정하기만 하면 서비스 이용에는 아무런 문제가 없다. 그러자 이러한 UCC나 댓글에 대한 '검열', 혹은 사적인 전자메일까지도 압수수사하는 검찰의 표현의 자유에 대한 억압에 대항하여, 사람들은 서버가 국외에 있어서 한국의 법 적용을 받지 않는 외국의 서비스 사업자에게로 옮겨가는 '사이버 망명'이라는 말을 만들어냈다.

## '인터넷 선거'에서 '인터넷 정치'로

2002년 대선은 인터넷 선거 시대의 개막이 아니라, 인터넷과 정치가 융합하기 시작한 것을 의미한다고 볼 수 있다. 아마도 대통령 선거에 있어서 인터넷이 결정적인 요소로 작용한 것은 2002년 대선이 처음이자 마지막일는지 모른다. 2002년 대선에서의 인터넷의 활약은 "새로운 대안매체가 전하는 신선함과 진보개혁 세력의 인터넷 독점, 종이신문의 구태 등 여러 상황이 겹쳤기에 가능했던 일이고 다시는 일어나지 않을 수도 있다"고 한 『프레시안』 대표의 지적은 어찌 보면 정곡을 찌르고 있다.

그렇다고 선거 결과를 좌우하는 것만이 인터넷 선거의 의의를 규정하는 것은 아니다. 더욱이 인터넷의 커뮤니케이션 구조가 시민을 선거에 있어서 한 표를 행사하는 '유권자'로만 보는 대의제 민주주의의 한계를 넘어, 시민의 정치참가를 일상적으로 보장하고 여러 현안에 대해서 논의하는 공공적 공간의 형성에 적합하다고 한다면, 인터넷은 선거보다도 일상적 정치 속에서 그 의의를 찾아야 할 것이다.

그렇기에 노무현과 같은 정치적 기반이 미약한 주류가 두각을 나타내기 위해서는 인터넷은 계속적으로 중요한 커뮤니케이션 수단으로서의 의미를 가질 것이다. 일본에서도 미디어 정치가 능숙한 주류 미디어에서의 노출도가 높은 '연예인 정치가'가 아닌 한, 시민과 직접 소통을 가능케 하는 인터넷은 비주류 정치가에 있어서 빼놓을 수 없는 커뮤니케이션 수단이 될 것이기 때문이다.

종장

# 일본에서 본 한국의 디지털 민주주의

## 퍼블릭 액세스의 실현과 좌절

### 한국식 퍼블릭 액세스—정부기구와 시민사회의 협치

노무현 시대에 꽃피운 디지털 민주주의는 『오마이뉴스』나 '서프라이즈'와 같은 인터넷신문과 정치칼럼 사이트 같은 인터넷 저널리즘만을 지칭하지 않는다. 참여정부가 지향한 시민참가형 정치는 '모든 시민은 기자'만이 아니라 '모든 시민은 방송 PD' 혹은 '리포터'가 되도록 요청했다. 이렇게 해서 실현된 것이 시민들이 직접 영상 프로그램을 기획·제작하고 그것을 공공의 전파를 통해 방영하는 퍼블릭 액세스이며, 이것이야말로 가장 궁극적인 시민참여 모델임과 동시에 참여정부 미디어정책의 최대 성과였는지도 모른다.

퍼블릭 액세스의 제도적 기반을 마련한 것이 2000년에 개정된 '통합방송법'이다. 개정된 방송법에서는 방송발전기금을 '시청자가 직접 제작한 방송프로그램'과 '미디어 교육 및 시청자단체의 활동'에 쓰이도록 규정하고(제38조), 나아가 한국방송공사 및 종합유선방송사업자는 "시청자가 직접 제작한 시청자 참여프로그램을 편성하여야 한다"고 의무화함으로써, 퍼블릭 액세스 활성화의 제도적인 근거를 마련했다.

이렇게 해서 실현된 것이 KBS의 〈열린 채널〉이며, 지역방송국과 케이블TV에서도 시청자 참여 프로그램을 적극 도입하게 되었다. 그리고 1996년부터 추진되어온 국민주방송 설립운동이 2001년에 '시민방송'(RTV)으로 결실을 맺고, 위성방송 스카이라이프에서 '시민 채널의 위탁사업자'로서 2002년 3월부터 정규방송을 시작했다. 위성방송을 통해 전국을 커버하는 퍼블릭 액세스 방송은 세계적으로도 독특할뿐더러, 이후 다양한 형태의 시청자 참여 프로그램을 개발하고 외국인 노동자, 장애인 등 사회적인 발언권을 갖지 못한 소외된 사람들이 스스로 자신들의 이미지를 만들 수 있는 기회를 마련해, 퍼블릭 액세스의 확산과 방송의 공공성 및 다양성 향상에 큰 기여를 했다.

한편, 이러한 시청자 참여 프로그램의 영상 제작 능력을 뒷받침하고 시민을 대상으로 한 미디어 교육을 통해 민주적인 영상문화를 이끌어나가는 시청자 미디어 센터가 각지에 설립된다. 특히 2002년 영화진흥위원회에 의한 영상미디어센터 미디어액트MediACT의 등장은 미디어 센터 설립운동의 커다란 출발점이 되었다. 미디액트는 미디어의 공공적 역할과 미디어 교육의 당위성을 확산시키는 데 절대적 역할을 했다고 평가할 수 있다.(김경환 외 지음, 『시청자미디어센터 운영 종합평가 연구』, 방송통신위원회, 2008) 그리고 이후 각지에 설립된 미디어 센터의 모델이 되었다.

하지만 이러한 퍼블릭 액세스의 성과마저도 이명박 정권의 미디어 장악의 사정권을 비켜가지는 못했다.

권력 측은 KBS, YTN, MBC 등을 수중에 넣고 눈엣가시였던 방송인들을 쫓아냈다. 한국예술종합학교 등 문화예술기관마저도 접수하자, 영화진흥위원회가 사업을 위탁하여 미디액트가 운영해온 영상미디어센터를 공모제로 전환해, 실적이 전혀 없는 보수단체에 운영을 맡겨버렸다. 독립영화의 산실 역할을 해온 인디스페이스도 폐관되었다. 이명박 정권은 방송국과 언론 관련 단체, 문화예술기관의 수장을 의중의 인물로 채워 방송 영역 전체를 장악하고, 남아 있던 시민미디어 영역에까지 촉수를 뻗쳤다.

MBC에 대한 압력이나 KBS사태에 가려져 있어 이슈화되지는 않았지만, 방송통신위원회가 '시민방송'을 석연치 않게 공공채널에서 탈락시키고 예산을 삭감함으로써 '시민방송'도 이미 빈사상태에 놓여 있었다. 현 정권의 시민미디어 부수기는 미디어 장악의 마지막 차례라기보다 애초에 의도되었던 것이라 볼 수 있다.

한국의 퍼블릭 액세스는 방송법에 의한 제도적 보장을 통해, 군사독재 시절에 언론에 대한 관리와 통제에 사용되던 '공익자금'을 '방송발전기금'으로 전환해 용도를 명확히 하고, 시청자 참여프로그램에 대한 지원을 확대하는 속에서 독특한 형태로 발전되어왔다. 그러나 보수정권이 들어서자 이러한 '정부기구와 시민사회의 협치'로 성장한 한국식 퍼블릭 액세스가 기로에 놓이게 된 것이다.

### 시민미디어의 한일연대

영상미디어센터나 인디스페이스의 운영주체 선정이 공모제로 전환되어 미디어 활동 경력이 없는 보수단체의 손에 운영권이 넘어간 사태에 대해서는, 한국 내에서만이 아니라 일본 미디어 운동 내에서도 비판의 목소리가 높다. 이명박 정권의 시민미디어에 대한 압박은 이미 '국제적인 이슈'로 대두되고 있는 것이다. 그리고 지금까지 영상미디어센터를 운영해온 미디액트에 대한 의도적인 배제에 항의하고 그것의 철회를 요구하는 움직임은 국경을 넘어선 연대를 통해 전개되고 있다.

특히 일본 미디어운동에서는 미디액트의 탈락 소식이 전해지자, 바로 한국 정부의 처사에 항의하는 공동행동에 돌입했다. 이는 일본과 한국의 미디어운동이 이미 긴밀한 연대관계에 이르고 있음을 의미한다.

지난 10년간, 한국은 아시아 미디어운동의 허브였다. 민주화운동이 언론 자유를 획득하는 것과 맞물려 진행돼온 까닭으로, 시민사회의 발전은 미디어운동과 더불어 이루어져왔다. 그것은 『한겨레신문』 창간이나 방송민주화라는 제도권 내에서의 성과뿐 아니라, 시민이 직접 기사를 쓰고 영상물을 제작하는 시민참여 저널리즘의 활성화로 이어졌다. 『오마이뉴스』의 활약은 물론이거니와, 정부기구와 시민사회의 협치를 통해 실현해온 한국의 퍼블릭 액세스는 일본에서도 선망의 대상이었다.

물론 시민사회와 권력과의 거리에 민감한 일본의 미디어운동 진영에서는 이들의 '협치'가 허상이라는 것을 지적해왔다. 하지만 이러한 '협치' 속에서 다이내믹하게 전개되는 퍼블릭 액세스의 제 형태를 배우기 위해 분주했다. 미디액트나 시민방송 등을 방문하여 교류해왔으며, 미디액트의 영상교육 시스템과 일본 특유의 시민교육 활동이 결합하여 '미디알MediR'이 설립되기도 했다.

2008년 홋카이도에서 열린 도야코 G8정상회담에 앞서 일본 독립미디어가 연대하여 G8미디어 네트워크를 설립했다. G8미디어 네트워크는 반反신자유주의적 관점에서 관련 뉴스를 생산했는데, 여기가 중심이 되어 만든 시민 미디어 센터가 세계 각지에서 모여든 시민기자와 활동가들의 거점이 되었다.

이러한 실천 활동을 바탕으로 한국과 일본의 미디어 활동가가 공동캠프를 통해 서로 문제의식을 공유하고, 자본의 권력에 대항하는 연대활동을 추진해왔다. 아시아 각지의 미디어 활동가들이 글로벌한 사회문제에 대해 콘텐츠를 공유하고 정보를 발신하는 인터넷 사이트 '짬뽕'(http://mediachampon.net)은 이렇게 해서 탄생했다.

이명박 정권의 언론 장악이 강화되는 속에서 일본 미디어운동의 구체적인 행동은 먼저 네팔 출신 이주노동자 미누의 추방을 규탄하는 성명을 통해 나타났다. 외국인노동자방송 MWTV에서 활약한 방송인이자 문화활동가이기도 한 미누는 일본 미디어운동에서도 익숙한 존재였다. 미누의 체포가 전해지자, 석방을 탄원하는 성명서가 '짬뽕'과 각종 시민미디어 네트워크를 통해 나돌았다. 정보의 제공과 번역, 그리고 성명서 작성 등도 이러한 네트워크를 통해 이루어졌다.

영상미디어센터 사태에 있어서는 더욱 적극적인 행동이 모색되었다. 한국대사관을 항의 방문하여 불공정한 공모의 철회를 요구하는 긴급서명을 보내는가 하면, '짬뽕'에는 영화진흥위원회의 결정에 이의를 제기하는 다양한 움직임이 영상으로 올라왔다. 이들은 영문기사로 제작되어 세계 각지를 향해 발신되었다. 항의 서명은 42개국에 이르렀다.

한국의 관련자를 초빙하는 모임도 잇달아 개최되는 등, 일본에서의 관심은 사그라들지 않고 있다. 이러한 해외에서의 반응은 아마 한국 정부에서도 예기치 않았던 상황이었을 것이다. 'Save MediACT!'는 한국 시민미디어에 대한 압박과 언론탄압에 항의하는 국제적 연대활동의 아이콘이 되었다.

### 시민미디어의 새로운 모델

이러한 움직임은 1970년대 이후 한국의 반독재운동에 대해 일본 시민사회가 표명한 '한일연대'가 다시 부상하고 있는 것이라고도 할 수 있다. 다만, 최근의 '한일연대'는 한국과 일본의 시민미디어, 대안 미디어가 각각의 사회운동의 특징 속에서 활동을 벌이고 정보와 경험의 공유를 통해 퍼블릭 액세스를 구현하는 실질적인 운동으로 전개되고 있다.

일본에서는 지난해 '오마이뉴스 재팬'이 폐쇄된 데 이어, 대표적 인터넷신문 『JANJAN』도 휴간되는 등 독립미디어의 존재가 위태롭다. 하지만 최근 문제가 불거진 도요타 자동차에 대해서 거의 모든 주류언론이 문제 제기마저 회피하는 '보도통제' 속에서 꾸준하게 비판적 시점을 견지해온 것이 주간지 『슈칸깅요비(주간금요일)』와, 최근에 한국에도 번역 소개된 『토요타의 어둠』을 출간한 인터넷신문 『My News Japan』 등 기존의 매스미디어의 정보독점에 대항하여 생활자의 시점에서 정보를 발신하는 독립미디어이다. 비단 자본과 권력에 의한 언론 통제만이 아니라 한일 양국은 고령화 사회, 급증하는 자살자, 양극화의 심화, 환경문제, 과도한 대학 등록금, 검찰의 표적수사 등 공통의 문제를 안고 있다. 그러기에 양자의 정보의 공유만이 아니라 미디어운동 경험의 교류도 더욱 절실해지고 있다.

민주화 과정 속에서 축적한 시민적 역량과 그것을 기반으로 등장한 김대중―노무현 정권의 지원으로 한국은 퍼블릭 액세스의 시대를 열었다. 그 근저에는, 여론의 다양성을 위한 공적인 지원은 언론의 공공성 측면에서도 필요하므로 제도적 장치를 통해 보장되어야 한다는 의식이 있다.

반면에 일본의 미디어운동은, 한편으로는 민주화 속에서 성장해온 한국의 언론운동과 시민미디어의 실천을 모델로 삼으면서도, 정부의 지원에 의지하는 형태에 대해서는 회의적이었다. 물론 이러한 시각과는 별개로 일본 미디어운동에 있어서도 허브로서의 영상미디어센터는 귀중한 존재임에 틀림없다.

일본 미디어운동이 우려했던 것이 현실로 나타난 지금, '협치'와 '독립' 사이에서 흔들리는 한국 시민미디어는 국제 미디어운동과의 연대를 통해 새로운 가치를 창출할 것을 요구받고 있는 것인지도 모른다.

## 노무현 추모에서 일본이 놓친 것

### 추모열기에 당황한 일본

노무현 전 대통령 서거에는 일본 미디어도 즉각 반응했다. 방송은 속보를 내보내고, 각 신문에서는 당일 석간 일면을 할애하는 데 이어 관련 사설도 게재했다. 하지만 딱 거기까지였다. 노무현 전 대통령이 '왜 죽음에 이르렀는지'에 대해서는 한국의 역대 대통령의 '비극'과 부정한 돈이 제공되는 정치풍토를 들어 그간의 정황을 전하는 데 그쳤다. 물론 이명박 정권의 정치적인 의도에 대한 지적도 있었다. 하지만 '왜 많은 사람들이 전직 대통령의 죽음을 그렇게 애도하는지'에 대해서는 거의 주목하지 않았다.

일본은 인권변호사 출신의 서민파 대통령의 출현에 한편으로 불안을 느끼면서도, 디지털 민주주의가 만들어낸 대통령으로 주목했다. 하지만 2005년에 독도문제를 둘러싸고 한일관계가 악화되자 노무현 대통령을 바라보는 시선은 급변한다. 이후 진행된 '반민족행위진상규명법' 등 과거사 관련법의 제정에 있어서도, 그것이 한국 사회의 미해결의 과제를 위한 것임에도 불구하고 보수지에서는 '반일법'이라고 비난하거나, 진보지마저도 "쓸데없이 일한관계를 악화시키는 것은 곤란"하다고 하여 대외적인 측면에서만 바라보게 된다. 결국 '햇볕정책'을 계승한 노무현 정권은 납치문제 해결에 도움이 안 되는 '좌파정권'이 된다.

천황제가 건재한 일본에서는 최고 정치권력자의 죽음 자체가 일반 시민의 추모의 대상이 되지 않는다. 정치인이 권력과 돈에 관련해서 자살하는 일도 드물지 않아, 한국 전직 대통령 서거는 권력과 돈에 관련된 오랜 폐습의 한 단면으로 비춰졌을 뿐이다. "청렴을 내세워 구세력을 비판했던 '좌파정권'도 결국 전임자와 같은 불행한 결말로부터 벗어나지 못했다"라는 것이 대체적인 시각이었다. '수뢰한 대통령'의 죽음이 어찌하여 끊임없는 애도의 물결을 일으키는지에 대해서 정면으로 다가서려는 언론은 없었다.

서거 직후 북한은 핵실험을 강행했다. 4월의 '미사일' 발사 때와 같은 충격이 휩쓸었다. 이와 관련한 전문가 대담프로에서는, 한국의 PSI(대량살상무기확산방지구상) 전면참여에 대한 북측의 반응을 두고서, 북한이 '선전포고'를 했는데도 한국에서는 한가하게 조문 따위나 하고 있는가라며 납득할 수 없다는 분위기였다. 결국 일본은 북한과의 교류협력을 증진시킴으로써 충돌 위험을 제거하고 평화공존을 지향한 김대중—노무현 정권을 통해 한반도 위기의 본질이 어디에 있는지 한국 국민이 간파하고 있다는 것을 알지 못한 채, 노무현 서거에 이은 추모의 의미를 놓치고 말았다.

거듭 말하지만 중요국일지라도 그 나라 전직 대통령 유고에 있어서 사회 내부의 동력 변화를 감지하는 것은 쉽지 않고, 독자들에게는 중요한 문제가 아닐 수도 있다. 하지만 일련의 보도사진에서도 엿볼 수 있는 한국의 애도 정국을 바라보는 일본 언론의 시선은 참담하다. 각 신문은 전통적인 방식으로 애도를 표현하는 추모 현장의 시민들의 모습을 담았다. 거기에는 『뉴욕타임즈』의 사진에서 다가오는 슬픔과 분노가 응축된 한 사람 한 사람의 사무치는 표정은 없었다. 단순히 이국적인 추모 풍경이 볼거리였던 것이다.

추모 분위기에 의문을 품은 것은 보수지인 『산께이신문』이었다. 그런데 그 해답은 한마디로 하면 "감정이입하기 쉬운 한국인이 국가원수의 죽음에 가슴 아파하여 일어난 군중심리"였다.

### 정치에 있어서의 '진정성'

일본에서는 '진정성'이라는 말을 사용하지 않는다. 간혹 정보의 진위 여부를 검증하는 차원에서 등장하기도 하지만, 적어도 정치인에게 요구하는 자질이나 덕성으로서 쓰이는 말은 아니다.

그것은 한국과 일본의 정치문화의 차이에서 기인하는 것이기도 하다. '진정성'을 함부로 들먹이게 되면 권력자는 독선적이 되고, 정치판은 정책이 아닌 이념만이 횡행하게 된다. 정책의 수행과 그 결과를 두고서 민의의 선택을 중시하는 한편, 전후 50년을 집권해온 자민당의 독점적 기반 위에 각 파벌 간의 '권력'이 교체하는 일본 정치에서 '진정성'이 설 자리는 없었다.

물론 한국과 일본의 민주주의의 과제가 같을 수는 없다. 그럼에도 2009년 중의원 선거에서 민주당이 정책의 기조를 '콘크리트에서 사람으로'로 전환하여 공공사업 중심의 성장으로부터의 탈각을 표방하고, 더구나 '우애'를 캐치프레이즈로 하여 정권교체를 이룬 속에서, 한국 시민사회가 노무현 추모를 통해 확인한 '진정성'은 깊은 의미를 갖고 있을 것이다. 중앙과 지방의 갈등과 차별이 심화되고 빈곤층이 급속히 늘어나는 일본이야말로 '진정성'의 정치를 요구받고 있기 때문이다.

일본에 노무현의 '진정성'을 설득할 의도는 없다. 하지만 애도 정국의 저류에 한 정치인이 남기고 떠난 '진정성'에 대한 갈구가 있음을 전파하는 것은 시민사회의 연대를 위해서도 필요하다. 아쉽게도 일본은 정치에 있어서 '진정성'의 의미를 깨우칠 기회를 끝내 놓치고 말았다.

2002년 노무현을 당선시킨 한국의 대통령선거와 2007년 오바마를 당선시킨 미국의 대통령선거를 보면서 일본에서는 선거에서의 인터넷의 도구적 효과만을 주목하였다. 다른 무엇보다 소통을 통해 '진정성'을 확인하고 사람들이 공감을 통해 일체감을 형성하는 것으로 역사 발전의 동력이 될 때, 인터넷은 정치에 있어서 의미를 가지게 되며, 비로소 사람들은 '진정성'에 걸맞은 정치가를 가질 수 있을 것이다.

일본에서도 그러한 정치가의 등장을 기대해본다.

## 작가 후기

이 책은 2005년에 일본에서 출판한 『한국의 디지털 데모크라시』의 한국어 증보판이다. 2002년 대통령선거에서 인터넷을 활용한 선거운동을 통해 비주류 정치인 노무현을 대통령의 자리에 올려놓은 새로운 정치 스타일의 등장과, 2004년의 탄핵사태라는 민주주의의 위기를 시민들이 직접 정치에 참여함으로써 극복한 실천적 과정을 소개한 것이다.

인터넷을 활용한 선거운동이 권력의 향배를 좌우할 정도로 커다란 영향력을 발휘한 온라인과 오프라인이 결합하여 만든 새로운 정치 스타일은, 일본에서는 독특한 현상으로 비춰졌다. 지난 총선거에서 일본도 정권교체를 이루어냈지만, 공식 선거 기간에는 후보자가 자신의 홈페이지나 블로그를 갱신하지 못하는 등 아직까지 선거에서의 인터넷 활용은 원칙적으로 금지되어 있는 것이 현실이다.

그 이유는 단순하다. 전후 일본 정치에서 다수당으로 군림해 온 자민당이 반대해왔기 때문이다. 비방·중상이나 악의적인 선전이 선거결과에 영향을 끼칠 수 있다는 것이 주된 이유이다. 프라이버시 보호 의식이 강한 일본에서는 현실사회에서의 자신과 다른 자신을 연출하는 가상공간이 존재하고, 그것에 맞는 행동양식이 있다. 한국에서의 인터넷 공간은 현실과 분리된 공간이라기보다 사회적 커뮤니케이션의 연장으로서의 의식이 강하다. 온·오프의 경계를 파악하는 방식이 한국과 다른 일본에서의 익명성은 절대적이다. 그래서 대표적인 게시판 사이트에서도 토론이 이루어지는 일은 극히 드물다. 일본에서 인터넷은 여전히 신뢰도가 낮은 매체로만 인식되고 있다.

이처럼 사이버스페이스가 익명의 공간으로서 온라인과 오프라인이 명확히 구별되는 일본이기에, 인터넷이 이미 사회적 커뮤니케이션의 수단으로 적극 활용되는 한국의 상황을 통해 일본에서의 전자민주주의의 가능성과 그 미래상을 가늠했던 것이다. 이러한 한국의 정치·사회적 현상을 민주화의 흐름 속에서 소개한 이 책은 언론 관련 단체나 시민단체의 주목을 받았다.

물론 한국에서 보면 새로울 것이 없는 진부한 내용일 것이다. 따라서 처음에 출판 제의를 받았을 때, 지금 상황에서 번역본을 출판하는 의미에 대한 고민에 주저했던 것이 사실이다.

그럼에도 불구하고 한국어판을 내게 된 것은, 이명박 정권이 출범한 이후 민주주의의 역행과 미디어를 장악하려는 권력의 탄압이 갈수록 거세지고 있고, 인터넷 대통령으로 불린 노무현 전 대통령이 보수세력의 집요한 공세로 인해 서거하게 됨으로써 '파탄'에 이른 디지털 민주주의를 재확립할 필요가 있을 거라 생각했기 때문이다. 그것을 위해서도 노무현 시대를 통해 구축했던 디지털 민주주의를 다시 한 번 되돌아보고, 그것이 성립되는 조건과 그 실천적인 파급력 및 제 성과를 재고하는 것이 의미 없지는 않을 것이라는 판단 때문이다.

한국에서 디지털 민주주의는 실천적으로 구축해나가는 과정이기에 일상적이고 진부할 수도 있지만, 그렇기 때문에 쉽게 망각되기도 한다. 예를 들어 '미네르바 사건'은 2002년 대선 직후에 파문을 일으켰던 '살생부 파문'에 대한 인식에서 한 치도 앞으로 나아가지 못했음을 보여준다. 2008년 촛불시위 당시 조중동이 광고주에 대한 불매운동을 불법으로 규정하여 비난한 것은, 자신들이 '황우석 사태'에 있어서 MBC 광고주에 대한 압박을 용인하거나 동조하는 입장을 보였던 것과 정반대였다. 최근에 더욱 가중되는 '인터넷 실명제'의 족쇄도 갑자기 생겨난 것은 아니다. 시민세력 역시 표현의 자유를 억압하는 문제들이 반복되는 속에서도 그때그때의 문제로만 대응해왔던 것이다.

한국에서는 무심코 지나쳐버린 것들이 일본에서는 흥미 있는 것들도 있어서 이미 잊혀져버린 듯한 내용도 디지털 민주주의의 한 단면으로 정리가 되어 있으니, 이 책이 그것들을 다시

되새겨볼 '디지털 민주주의의 역사'라는 의미라도 갖지 않을까 위안을 해본다. 물론 그것들을 바로 역사화해서는 안 되지만, 역사가 되었든 현실이든 지향해야 할 가치로서는 변함이 없을 거라 믿는다.

\*

  돌이켜보면 이 책의 일본어판을 집필하는 동안 고 김대중 전 대통령을 메인게스트로 맞이하는 심포지엄 준비에 쫓기고 있었다. 역사문제와 영토문제로 인해 한일관계가 냉각된 가운데 퇴임 후 첫 방일이라는 의미도 있고 해서 이 행사는 내외의 높은 관심을 모았다.

  2005년 5월 23일의 강연은 도쿄대학 야스다강당을 가득 메운 청중들에게 큰 감명을 주었다. 물론 재임 중에 한일의 신시대를 열고 남북정상회담을 실현시켜 한반도 평화공존의 의지를 관철한 김대중 전 대통령에 대한 국제적 평가는 상당히 높다. 그러나 현실정치에서 한걸음 물러난 정치가가 말하는 한마디 한마디에 담긴 무게는 재임 중의 업적만 가지고 평가되어지는 것은 아닐 것이다. 오히려 식민지로부터 해방되어 전쟁의 참화와 분단체제라는 고난의 시대를 거쳐 오늘날의 민주화를 이룩한 한국 민주주의 역사에 새겨진 발자취가 그의 '확신'에 어떠한 정치논리보다도 설득력을 가지게 하는 것이었으리라. 그리고 그것은 노무현 정권에 계승되어 한국 국민, 나아가서는 한반도의 '확신'이 되어가고 있었다.

  사실 이 책의 테마인 디지털 민주주의의 토대도 김대중 정권의 정보화 정책을 빼놓고서는 말할 수가 없다. 당일 연설에서 그는 군사독재 세력에 의한 투옥 중에 이미 정보화 시대를 예견하고 그 준비를 해왔다고 했다. 결과론이지만 네 번째 도전 끝에 대통령에 당선된 김대중 전 대통령은 그를 가장 필요로 하는 시대에 대통령이 되었는지도 모르겠다. 그 심포지엄과 이 책의 작업을 통해 새삼 느낀 것은, 그리고 늘 그가 강조해왔듯이, 민주주의에는 공짜도 없거니와 한꺼번에 여러 단계를 건너뛸 수도 없다는 것이었다.

  그의 남북관계에 대한 '확신'과 민주주의에 대한 신념은, 때로는 남북관계가 후퇴하고 민주주의가 역행하는 현실까지도 내다본 깊은 역사적 통찰에 기반하고 있는 것이었다.

  디지털 민주주의의 도정은 길지 않지만, 그것을 하나의 역사적 과정으로 보고 거기에서의 경험과 시대적인 요청을 돌이켜봄으로써, 이 책이 권력의 억압에 대항하고 민주주의의 새로운 모습을 전망하는 데 일조하기를 바랄 따름이다.

2010년 3월, 삿포로에서<br>현무암

**노무현** 시대와 **디지털** 민주주의

2010년 4월 26일 1판 1쇄 찍음
2010년 4월 30일 1판 1쇄 펴냄

지은이 | 현무암
펴낸이 | 김영현
주간 | 손택수
편집 | 김혜선, 이상현, 진원지
디자인 | 이선화
관리·영업 | 김태일, 이용희

펴낸곳 | (주)실천문학
등록 | 10-1221호(1995.10.26.)
주소 | (121-820) 서울시 마포구 망원1동 377-1 601호
전화 | 322-2161~5   팩스 | 322-2166
홈페이지 | www.silcheon.com

ⓒ현무암, 2010

ISBN 978-89-392-0631-1 03910

이 책 내용의 전부 또는 일부를 재사용하려면
반드시 지은이와 실천문학사 양측의 동의를 받아야 합니다.

이 도서의 국립중앙도서관 출판시도서목록(CIP)은 e-CIP홈페이지
(http://www.nl.go.kr/cip.php)에서 이용하실 수 있습니다.
(CIP제어번호 : CIP2010001445)